The Meat

차례

4 저자 서문

1편 　고기 소비의 시작

12　1. 인류의 시작
18　2. 식생활의 진화
40　3. 고기 소비의 역사

2편 　고기 소비의 문화

58　4. 인간생활에서 고기 소비의 함의(含意)
72　5. 고기 소비문화
94　6. 동서양 고기 소비문화의 차이

3편	고기 생산의 지리(地理)	**118**	7. 대륙별 생산
		130	8. 고기 종류별 생산
4편	고기 가공의 지리(地理)	**144**	9. 저장
		207	10. 다양성/간편성
5편	미래의 고기 소비	**232**	11. 소비자 요구와 기술적 진보
		253	12. 고기 소비의 미래
6편	우리나라의 고기 소비	**272**	13. 고기 소비의 사회적 진화
		283	14. 미래의 소비 조망
		300	참고문헌

저자 서문

인류의 진화과정에서 벌어지는 다양한 일들을 들여다보면 거의 대부분은 생존과 번식에 관련되어 있음을 알게 된다. 인간이 살아가는 데에 기본적으로 필요한 세 가지는 의식주이다. 이 중에서 생존과 번식에 필수적인 것은 먹는 것이다. 따라서 우리는 지구상에 인류가 나타나서 지금까지 생존해오는 과정에서 무엇을 어떻게 먹어왔는지를 고기를 중심으로 살펴보고자 한다. 왜냐하면, 고고학자 로버트 켈리 박사(2016)는 고고학자들은 미래를 알기 위해 과거를 공부하는 사람들이라고 말한다. 그러면서 "그들은 과거를 이해하여 미래창조에 힘을 보태고자 한다. 과거에 인류가 달라진 이유를 알면 미래가 현재와 달라질 이유도 알 수 있기 때문이다."라고 주장한다. 따라서 우리 식육과학자들은 이러한 고고학자들의 관점을 배워 미래의 고기소비가 어떻게 달라질 것인지 그리고 왜 그렇게 변화해 갈 것인지를 유추하고 나아가서는 후속세대가 이에 대비하여 미래를 준비하도록 도와주고자 한다.

인류의 식생활 역사에서 고기가 없었던 적은 거의 없었을 것이지만 작금의 지구환경 문제와 식품윤리 그리고 동물권리 및 복지 등을 고려할 때 미래의 고기생산과 소비는 상당한 난제에 봉착할 것으로 보인다. 인간이 고기를 먹는 이유가 자연에 대한 인간의 장악

내지는 통제력을 과시하기 위한 본능의 발현으로 보는 서양의 관점과 인간을 자연의 한 부분으로 인식하여 서로 조화를 이루는 것을 미덕으로 파악하는 동양의 문화적 관점에서의 고기 식욕은 미래 식육산업의 진화방향을 가름하는 생각의 지도가 될 것이다.

　우리 인간의 삶은 구체적으로 들여다보면 지리학이다. 그래서 지리학은 특정 지역의 식생활을 상당 부분 설명해준다. 인문지리학(Human Geography)에서 식품의 지리학(Geography of Food)은 자연 대 문화, 생산 대 소비, 농촌 대 도시, 지역 대 세계 등과 같은 이분적 분야 사이를 이어주는 다리 역할을 한다. 이러한 입장에서 지리와 문화의 관점에서 본 고기의 역사는 고기 소비와 생산을 세계적 유형 차원에서 살펴보고 고기 소비가 원초적 상황에서부터 시작하여 미래에 생산과 소비가 어떻게 상호작용하며 진화해야 할 것인지에 대해 대륙별로 개도국과 선진국의 입장에서 검토한다. 따라서 이 책에서는 젊은이들에게 초기 인류의 식생활 역사를 인류가 아프리카에서 나타나서 유럽과 아시아를 거쳐 아메리카 대륙까지 이동하는 경로를 따라서 살펴보고, 인류 역사에서의 고기 소비 문화와 생산을 공부하여 세계 속에서 고기 생산과 소비, 각국의 고기 문화와 한국의 고기 문화가 어떻게 진화할 것인지를 생각해보는 비판적 사고력을 키워주고자 한다.

 오늘날의 세계는 엄청난 속도로 변화하고 있어 경제사회환경의 불확실성이매우 높아졌다. 따라서 많은 사람들이 변화를 예측하고 제어하려고 노력한다. 하지만 21세기는 예측이 불가능한 시대다. 이러한 시대의 대응법은 예측이 아니라 불확실성에 대처하는 방법을 찾는 것이다. 불확실성에 대처하는 유일한 방법은 그 속에 뛰어들어 변화와 상황을 주도하는 용기와 능력을 키우는 것이다(임용한, 2014). 링컨(Abraham Lincoln)이 "미래를 예측하는 최선의 방법은 그것을 창조하는 것"라고 말한 것처럼 미래는 우리가 과거와 현재를 연구하여 예측하는 것이 아니고 그 연구를 통하여 어떻게 미래를 만들어 갈 것인가를 고민하는 것이 21세기에 학문을 하는 사람들의 올바른 태도일 것이다. 따라서 젊은이들이 미래를 만들어 갈 수 있는 능력을 키워주는 것은 우리 기성세대의 의무라는 생각이다. 부디 4차 산업혁명시대에 걸맞게 젊은이들이 이 책을 통하여 자연과학과 인문학의 소통을 배우고 미래를 창조하는 능력을 키울 수 있기를 기원한다.

2022. 저자들이 씀.

지리와 문화의 관점으로 보는
고기의 역사

1편
고기 소비의 시작

동물을 잡고 고기를 먹는 것은
우리 인간이 더 큰 뇌, 더 짧은 창자, 그리고 언어를 갖고
직립보행을 하게 만들어준 중요한 속성들과
상승관계를 가지고 인류 진화에 의미를 주는
구성 요소였다.

Vaclav Smil

사진 1-1. 신석기 시대의 다양한 동물을 보여주는 울산 반구대 암각화

식품은 인간 생존에 필수적이다. 과학이 발달하여 인간의 감각을 가상현실을 통해 만족시킬 수 있다 하여도 식품만은 섭취해야 생존할 수 있다. 왜냐하면 우리 몸이 필요로 하는 영양소는 가상현실로 해결할 수가 없기 때문이다. 더욱이 식품은 맛이 좋아야 한다. 식품이 맛이 없이 인체에 필요한 영양소만 공급하는 수단으로 전락하면 그것은 약이지 식품이 아니다. 인간은 태어나서부터 생존을 위해 선천적으로 가지고 있는 단맛에 대한 선호도를 제외하면 태어나서 성장해 가면서 식품에 대한 선호도를 습득해 간다고 한다. 인체는 수분이 부족하면 갈증을 느끼듯이 우리 몸에 특정 영양소가 부족하면 그 영양소를 섭취하기 위해 특정 식품에 대한 갈망을 증가시켜 그것을 섭취하게 하는 것이 자연스러운 생리적 반응(specific hunger)이다. 인류가 고기를 소비하기 시작한 것이 본능에서 나오는 자연스러운 행동의 발현인지 형성된 문화인지에 대한 논쟁은 결론을 내리기 매우 힘든 사항이다. 고고학자들은 여러 가지 과학적인 증거를 바탕으로 역사를 추론하여 인류 진화의 자연스러운 귀결로 고기소비를 마무리하려고 한다. 한편에서는 시간과 공간을 고려한 그 사회의 문화의 현상으로 고기 소비를 결론지으려고 한다. 고기 소비가 인간행동의 자연적인 귀결인지 문화의 유산인지, 아니면 둘의 조화로운 결과인지는 인류의 시작과 식생활의 변천을 살펴보면 각자 나름대로의 결론을 내릴 수 있을 것이다.

❶ 인류의 시작

우리 인류가 사는 이 지구는 빅뱅 이론에 의하면 우주먼지와 기체가 모여 형성된 태양계에서 45억 6700만 년 전에 형성되었다. 그러니까 지구의 나이는 약 46억 년이라는 것이다. 학자들에 의하면 지구 역사상 일어났던 여러 번의 극적인 생물 멸종 사태를 야기한 사건 같은 것들이 없으면 17억 5000만~32억 5000만 년 후에는 지구에는 생물이 살 수 없게 된다고 한다. 따라서 우리가 앞으로 이 지구상에서 얼마나 더 오래 살 수 있을지는 전적으로 우리 인간이 어떤 방식으로 살아가느냐에 달려있다. 지금처럼 지구환경을 악화시키는 생활방식으로 살아간다면 훨씬 일찍 지구의 종말이 올지도 모른다. 그래서 학자들중에는 지구를 떠나 다른 행성을 찾아나서야 한다는 주장을 하는 사람들도 있다.

아무도 정확히 언제 지구상에서 생명이 시작되었는지 모른다. 단세포 생물을 보여주는 가장 오래된 화석을 통해서 생명이 지구상에 나타난 시기를 대충 38억~43억 년 전으로 추정할 따름이다. 최초의 척추동물은 4억 8500만 년 전에 나타난 턱없는 물고기였다. 곤충은 4억 년 전에, 수상에서 육상으로 올라간 양서류는 3억 8500만 년~2억 7500만 년 전에, 공룡들은 3억 년 전에 지구상에 나타났다. 최초의 영장류는 대략 5500만 년 전에 나타났다.

인류진화 분석은 인류학적, 고고학적, 그리고 화석 증거 연구를 통하여 이루어진다. 학계가 공인한 바에 의하면 인간계통이 침팬지/보노보 계통과의 공통조상에서 분기해 나온 것은 중신세

(Miocene) 끝 무렵에 해당하는 약 700만~900만 년 전이다. 진화경로에 따른 분류에서 현생인류와 현생인류의 근연 종들을 집합적으로 사람아족 호미닌(hominin)[01]으로 부른다. 호미닌은 현생인류인 호모 사피엔스를 제외하고 모두 멸종했다. 현재까지 알려진 최초의 호미닌은 사헬란트로푸스 차덴시스(Sahelanthropus tchadensis)이다. 이 호미닌은 약 700만 년 전에 살았다. 그러나 사헬란트로푸스는 인간과 침팬지가 공통조상으로부터 분리되던 시기에 살았기 때문에 호미닌이 아니라는 주장도 있다. 그 뒤를 잇는 호미닌은 약 600

[01] 호미노이드(Hominoids)는 호미니드와 긴팔원숭이를 포함시킨 모든 유인원, 호미니드(Hominids)는 모든 멸종했거나 현존하는 대형 유인원류(인간, 고릴라, 오랑우탄 및 침팬지), 호미닌(hominins)은 침팬지보다 현대 인류에 더 밀접하게 관련된 초기 인류 종.

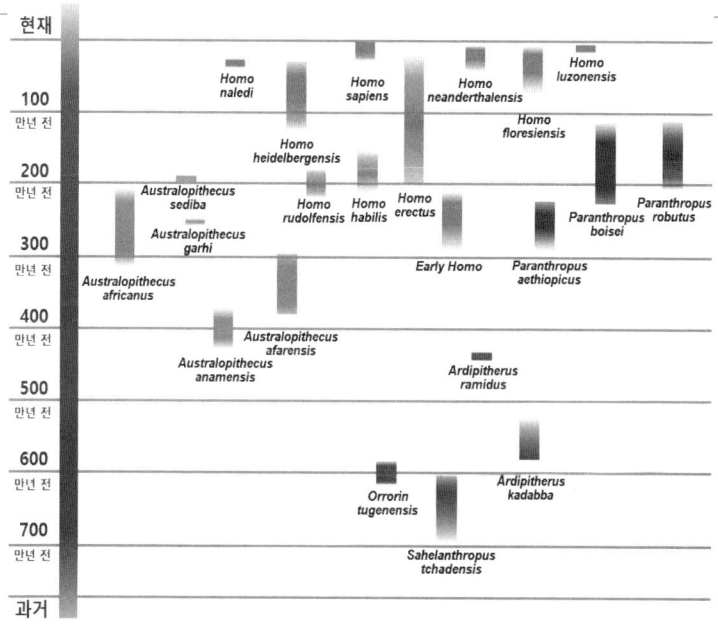

그림 1-1. 인류 진화의 시간표(스미소니언 박물관, 2019)

만 년 전의 오로린 투게넨시스(Orrorin tugenensis)이다. 이 둘 다 두 발로 걸었다. 이후 약 450만 년 전의 오스트랄로피테쿠스 아나멘시스(Australopithecus anamensis)로 이어진다(그림 1-1). 지금까지 인류의 최초 조상으로 인정받는 것은 골격자체로 직립보행이 증명된 320만 년 전의 오스트랄로피테쿠스 아파렌시스(Australopithecus afarensis)이다. 일명 '루시'라고 불리는 이 여성 화석은 에티오피아 아파르 주 아와쉬 계곡의 하다르 지역에서 미국 고고인류학자인 도날드 요한슨(Donald Johanson)이 1974년에 발굴하였다. 발굴 당시 비틀스 노래 "Lucy in the sky with diamonds"를 듣고 있다가 화석의 이름을 루시로 붙였다는 에피소드가 있다(사진 1-2).

인간속 호모(Homo)로 불리려면 직립보행, 도구의 사용 그리고 뇌 용량이 커야 한다. 루시 이후에 호모 하빌리스와 호모 루돌펜시스는 아프리카에 함께 살았다고 주장된다. 이것은 호미닌이 시대적으로 진화한 것이 아니고 동시에 여러 인간종이 공존했음을 보여준다. 200만 년 전에는 아프리카 전역에 호모 이렉투스가 나타났다.

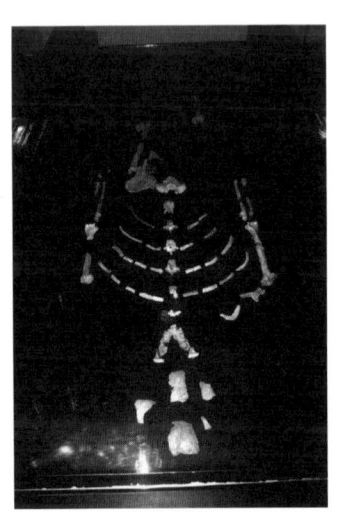

사진 1-2. 에티오피아 수도 아디스아바바 국립박물관에 전시되어있는 루시골격

200~300만 년 전에 지구상에는 심각한 기후변화가 발생하여 호미닌의 생존을 위한 식생활에 큰 변화가 초래되었다. 이러한 식생활의 변화는 호미닌의 신체상 진화를 가져왔다. 식량확보를 위해 빠른 이동에 필요한 신체조건, 함께 행동하게 하는 협동적이

고 사회적 행동발달에 필요한 뇌크기의 증가와 인지능력의 발전 등을 들 수 있다. 약 190만 년 전에 초기 호미닌, 호모 이렉투스 중의 몇몇은 아프리카 대륙을 벗어났다. 독일 지방에서는 호모 하이델베르겐시스, 유럽 전역에서는 호모 네안데르탈렌시스가 살았다. 수렵과 채집은 이들의 생활수단이었고 이들은 추운 지방에서 대동물들을 사냥하면서 지낸 호모 하이델베르겐시스(70만~20만 년 전)가, 이후에는 더욱 발전된 기술을 활용한 호모 네안데르탈렌시스(40만 년~4만 년 전)로 이어진다. 호모 네안데르탈렌시스는 현생인류보다 키와 뇌 용량이 더 컸다. 성인 남성은 약 165cm, 성인여성은 160cm로 추정되고 뇌용량도 약 1,500cc 이다. 이들은 추운 지역에서 살았기 때문에 체온을 유지하기 위해 체격이 커진 것으로 생각된다. 이들은 아프리카에 살던 종에 비해 햇볕이 충분치 못하여 피부가 멜라닌 색소도 부족한 흰색이었을 것이고 머리카락도 금발이었을 것으로 추정

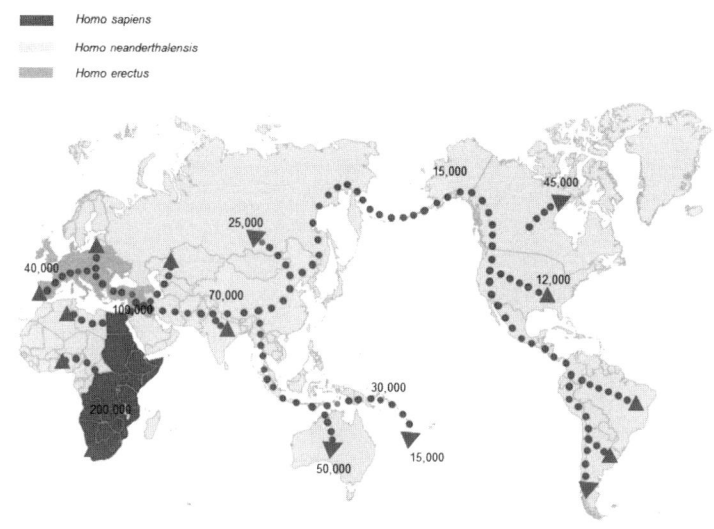

그림 1-2. 호모(Homo)속의 이동 (숫자는 ~년전, NordNordWest, 2014)

한다. 30만 년 전에 아프리카에 호모 사피엔스가 나타났다. 이들은 10~12만 년 전에 아프리카를 벗어나기 시작하여 나중에 중동을 거쳐 유럽, 아시아, 북아메리카와 남아메리카 대륙으로까지 이동했다(그림 1-2). 약 10만 년 전에는 호모 네안데르탈렌시스, 호모 사피엔스, 그리고 호모 데니소바(Homo denisova)가 함께 지구상에 살았다고 보고된다.

그러나 앞으로 더 많은 화석이 발견되면 새로운 종이 추가될 수도 있다. 호모 사피엔스는 호모 네안데르탈렌시스와의 혼혈이 있었음이 최근 유전자 연구에서 밝혀졌다. 인류는 결국 호모 사피엔스로 통일되고 1만 년 전에 농경사회를 이룩했다.

초기 수렵채집 호미닌들은 단순한 도구를 사용하였고 석기시대에 이르러 날카로운 돌을 사용해서 절단을 하다가 약 160만 년 전 아슐기(Acheulean)에 이르러 손도끼를 개발하였다. 호모 하이델베르겐시스는 돌촉 창을 개발하여 사냥에 이용하였고, 호모 네안데르탈렌시스는 정교한 돌도구들을 만들었고 최초로 뼈를 이용한 도구들을 사용하였다. 호모 사피엔스는 낚시바늘, 활과 화살, 작살 및 뼈와 상아로 가사 도구들도 만들었다. 따라서 식량을 구하기 위해 돌아다니면서 자신들을 보호할 옷과 거처를 더욱 효과적으로 준비할 수 있게 되었다.

150만 년 전에 호모 이렉투스 호미닌이 불을 사용한 흔적을 산불에 의한 것일 수 있다는 추정도 있지만 화덕을 이용한 흔적은 80만 년 전으로, 또 다른 증거는 백만 년 전까지로 거슬러 올라간다. 어찌됐든 불은 수렵채집 호미닌들을 추위에서 보호해줬고 날음식을 익혀 먹게 하여 질병에 걸리는 것을 방지해줬고 야생동물들로부터 보호해줬다. 불을 의도적으로 사용한다는 것은 조리와 더불어 화덕을 중심으로 집단적 시간을 갖게 함으로써 사회가 성장하게 만들어 준다. 더욱이 더욱 큰 뇌와 더불어 생리적 진화는 짧은 이유기와 긴 유년기 및 청년기를 갖게 했다. 인간의 이유기는 수명의 비율로 보면 다른 영장류에 비해 매우 짧은 것이다. 섭취 에너지의 20% 이상을 고기에서 섭취하는 동물들의 이유기는 초식동물들에 비해 비교적 짧다. 따라서 출산율이 높게 되어 진화측면에서 타 동물에 비해 유리하게 된다. 호모 네안데르탈렌시스는 인간의 특성을 보이기 시작하여 죽은 자를 매장하고 장신구들을 만들었다. 죽은 자를 매장한다는 것은 사후세계나 종교에 대한 생각을 하고 있음을 반영한다고 한다. 호모 이렉투스는 40만 년 전에 손으로 지은 거처에서 살았음을 보여준다. 호모 사피엔스는 이미 13만 년 전에 복잡한 사회를 구성하여 멀리 떨어져 있는 다른 집단과 교류를 하였음을 보여준다. 5만 년 전에는 나무와 돌 그리고 뼈를 이용하여 오두막을 만들어 거주하였다. 대략 1만 2000년 전에 비옥한 초승달 지대에서 이미 영구적 공동체가 형성되고 동물과 식물을 길들여 사육과 재배가 시작되는 농경기반 신석기 혁명이 시작되었다. '최초의 풍요사회' 라고 불리던 수렵채집의 사회가 종말을 고하고 더 열심히 일하고 더 열악한 식사를 하게 된 농업혁명의 시대를 연 것이 진화의 과정에서 인류가 스스로의 운명을 고달프게 만든 선택이었다는 학자들의 결론은 농경시대를 연 것이 인류에게 크게 유리한 것으로 주장되던 과거의 해석과 상반된다. 인류 진화과정에서 환경변화에 적응하기 위한 선택은 끊임없는 고고학계의 노력이 어떤 증거를 제시하느냐에 따라 해석이 달라짐을 우리는 인식해야 한다.

❷ 식생활의 진화

효율적 식량확보는 모든 생물체의 최대과제이다. 이 과업에서 실패하는 종을 기다리는 것은 멸종뿐이다. 식량확보 경쟁이 심화되면 생물체는 특화하는 경향이 있다. 따라서 식이는 생물의 생태에서 근본적인 사항으로서 식이의 변화가 인류 진화의 핵심 이정표로 각광을 받아왔다. 특히 관심의 대상은 초기 호미닌으로 700만 년 전 마이오-플라이오세(Mio-Pliocene)의 사헬란트로푸스(Sahelanthropus), 오로린(Orrorin), 그리고 440만 년 전의 아르디피테쿠스(Ardipithecus), 그리고 420만 년전 플라이오-플레이스토세(Plio-Pleistocene)의 오스트랄로피테쿠스(Australopithecus), 250만 년 전의 파란트로푸스(Paranthropus) 그리고 그 이후의 호모(Homo) 이다. 인류 식생활의 진화는 크게 3단계로 볼 수 있다. 첫째, 고기소비. 둘째, 불을 이용한 조리. 셋째, 동식물의 길들이기를 통한 사육과 재배. 이러한 식생활 진화에 맞춰 인체가 적응하는 과정에서 발생한 대사변화에 대한 연구는 현대인의 대사성 질환의 근저에 존재하는 메카니즘을 이해하는 데에 도움이 될 것이다.

1) 구석기 시대

인류가 선사시대의 유인원에서 인간종으로 분리 진화된 초기의 증거는 선신세(鮮新世, Pliocene)의 호미닌(hominin)들의 식이에 관한 화석에서 찾아볼 수 있다. 마이오-플라이오세(Mio-Pliocene)의 아르디피테쿠스(Ardipithecus ramidus)에서 오스트랄로피테쿠스 아프리카누스(Australopithecus africanus)까지 440만 년에서 230만 년 전까지의 시간, 약 200만 년 동안의 시간은 식생활 변화를 볼 수 있는 독특한 기회를 제공한다. 이것은 또한 중신세(中新世, Miocene) 유인원(hominoid) 식이에서 선신세 호미닌(hominin) 식이로의 변화를 추측할 수 있게 한다. 아르디피테쿠스는 개방된 사바나가 아닌 밀림으로 둘러싸인 지역에서 생활한 것으로 보인다.

구석기 시대는 대략 250만 년 전에 아프리카에서 호모 하빌리스가 나타나면서 시작된다. 이 시기에는 수렵채집으로 생존하였고 급속히 커진 뇌에 필요한 에너지를 공급하기 위하여 동물성 식품에 대한 의존도가 높아졌다. 아울러 꿀, 근경류 같은 에너지밀도가 높은 식량자원을 추구하였다. 화석, 현대 수렵채집인종, 그리고 유전자 분석 결과들에 의해 당시의 실상을 알 수 있는 확실성은 높아졌다. 호미닌의 식이는 그들이 사는 기후, 지리적 및 생태적 환경에 따라 다양하여 사막 및 열대 초원지대에 살던 수렵채집인들보다 북쪽 지방의 호미닌들은 동물성 식이를 더 많이 섭취했다. 그럼에도 불구하고 농업혁명 이전시대의 구석기 호미닌의 식이구성은 공통적으로 고기, 해산물, 알, 견과류, 과실, 채소(근경류 포함)로 되어 있었고 영양적으로 저칼로리 밀도, 저 혈당지수, 1미만의 나트륨/칼륨 비율, 고 항산화용량 그리고 고 미량영양소 밀도의 것 등으로 정리할 수 있다.

호미닌의 식생활을 보여주는 증거로 활용되는 내용들은 (1) 두개골 및 치아 특징, (2) 화석의 동위원소 화학분석, (3) 인간과 타 포유류의 비교 소화기관 형태학, (4) 신체 대비 뇌 크기 비율 증가로 인한 에너지 요구량, (5) 적정 식량 수집이동 이론, (6) 잔존한 수렵채집 사회의 식이형태, (7) 특수 식이관련 유전적 적응 등이다.

(1) 두개골 및 치아 특징의 변화

어금니 크기가 축소되고, 턱/두개골이 더 갸름해지고, 앞니가 잘 지지되었고, 치아에 절단하는 돌출부가 나타났는데 이 모든 것들이 분쇄는 덜 하고 물고 찢는 역할을 강조한 것을 보여준다. 치아 크기, 치아 형태, 에나멜 구조, 치아 미세마모 그리고 턱의 생체역학을 고려해 보면 기후 변화에 당면한 초기 오스트랄로피테쿠스의 식생활은 많은 변화가 있었던 것으로 보인다. 더욱이 선신세(Pliocene) 내내 단단하고 까끌까끌한 식품에 대한 적응이 매우 중요해졌음을 알 수 있다.

❶ 치아크기

일반적으로 신체 크기에 대한 앞니 행 길이의 상대 비율이 큰 호미닌은 크고 거친 과일을, 작은 앞니를 가진 호미닌은 작거나 혹은 앞니 활동이 덜 필요한 잎이나 딸기류를 소비한 것으로 나타났다. 그림 1-3에서 보는 것처럼 호미닌은 신체크기에 비해 매우 작은 앞

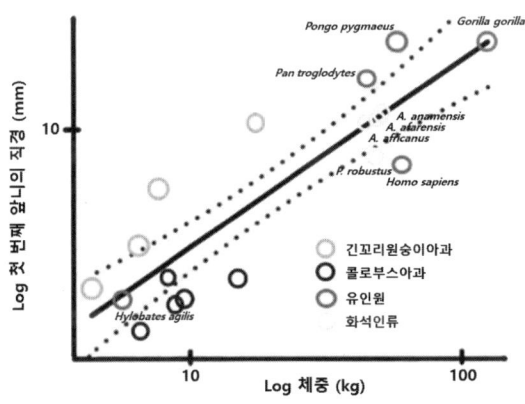

그림 1-3. 협비류(catarrhine) 및 호미닌의 상악골 첫 번째 앞니의 상대적 크기
(Teaford & Ungar, 2000)

니를 가진 것으로 나타나 두꺼운 껍질을 가지거나 크고 단단한 씨에 붙어있어 앞니 활동이 많이 필요한 식량은 덜 좋아했던 것으로 보인다. 식량의 외부특징 즉, 크기, 형태, 까칠까칠한 정도 등의 변화에 대한 적응방법으로 치아크기가 다양해진 증거로는 송곳니 뒤쪽 치아들이 상대적으로 점점 커진 것을 들 수 있다. 그림 1-4에서 보여주는 것처럼 어금니 M1 및 M3의 면적비를 보면 식이의 구성에서 잎, 꽃 및 순의 비율에 반비례함을 보여준다. M1/M3 비율이 높은 유인원들이 낮은 것들에 비해 과일을 더 많이 소비했음이 보고된다. 따라서 호미닌은 더 많은 과일을 소비했음을 추정할 수 있다.

❷ 치아형태

치아형태의 다양성은 식량의 내적특징 즉, 강도, 질김정도 및 변형도에서의 변화에 적응하는 수단이었다. 예를 들면, 부수기 힘든 것은 예리한 돌출부의 전면 가장자리 사이를 자른다거나 단단하고 잘 부러지는 식량은 치아평면 사이에서 부순다. 따라서 어금니의 상대적 전단능력을 측정하는 전단지수(shearing quotient)를 비교해보면 기본적으로 초식성 종이 높은 전단지수를 가지며 단단한 것을 먹는 종이 가장 낮은 지수를 가진다. 오스트랄로피테쿠스는 상대적으로 평평하고 둔탁한 어금니를 가져 초기 호미닌은 연한 씨껍질이나 잎줄기 같은 질기고 나긋나긋한 식량을 부수는 데에 어려움을 겪었을 것이다. 따라서 새싹이나 꽃 및 순을 소비했을 것으로 추정할 수 있다. 더욱이 초기 호미닌이 식품을 찢고 잡을 수 있는 상호 오목하고 돌출된 찢을 수 있는 이를 가지지 않았기 때문에 고기를 먹는 데에는 어려움이 있었을 것이다. 반면에 평평하고 둔탁한 이는 단단하고 부러지기 쉬운 식량소비에 적합하여 연한 과일을 소비하는 데에

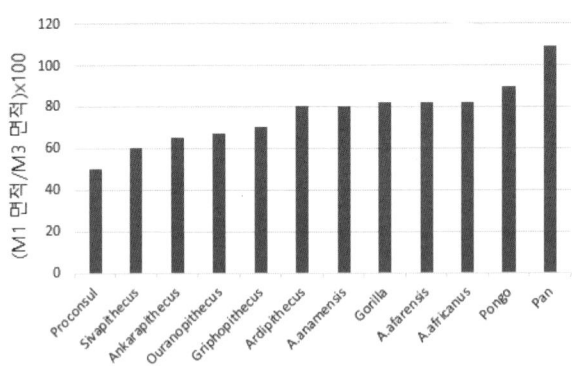

그림 1-4. 어금니 M1/M3 면적(maximal mesiodistal 길이 X buccolingual 길이) 비율
(Teaford & Ungar, 2000)

어려움을 겪었을 것이다. 결론적으로 치아형태는 단단하고 부러지기 쉬운 과일 및 견과류 그리고 연하고 약한 꽃 및 싹 소비에 적합하고 줄기나 연한 씨 꼬투리 및 고기 같은 질기고 나긋나긋한 식량을 소비하기엔 적합하지 않았다.

❸ 에나멜 구조

초기 호미닌인 오스트랄로피테쿠스의 에나멜층 두께가 두꺼웠다는 것은 두꺼운 에나멜층이 단단한 물질의 섭취 중에 이가 깨지는 것을 방지하고 치아가 연마되게 하는 음식을 소비하는 데에 오랫동안 적응하기 위한 수단이었음을 보여주는 증거이다.

❹ 치아 미세마모

초기 호미닌의 어금니가 길고 좁은 더 균일한 함몰자국을 보이는 것은 이들이 더 연한 과일과 잎들을 소비하였음을, 앞니가 더 많은 미세마모를 보이는 것은 앞니로 더욱 다양한 식품을 소비하였음을 보여준다. 호미닌의 치아의 특징과 조직의 미세마모를 백광 공초점 현미경으로 분석한 결과에 의하면 죽기 전까지 이들은 물리적으로 힘이 많이 드는 식량을 주기적으로 소비하지 않았음을 보여준다. 이들은 매우 질기고 단단하고 잘 부러지는 식품을 씹는 것을 좋아하지 않은 것으로 보인다(그림 1-5).

❺ 턱의 생체역학

오스트랄로피테쿠스의 독특한 턱 모양은 저작필요성과 관련되어 있다. 두터운 턱은 수평굴절이나 비틀림과 연관된 극도의 스트레스에 버티는 역할을 한다. 비틀림은 베어 물고 저작하는 데에 필요한 근육 운동에 기인하기 때문에 이들이 반복운동이 필요한 섬유질의 거친 식품을 소비하였음을 보여준다. 이로써 호미닌이 유인원과 달리 저작 스트레스를 분산시키는 능력을 보유하여 다른 식량을 소비하였음을 보여준다.

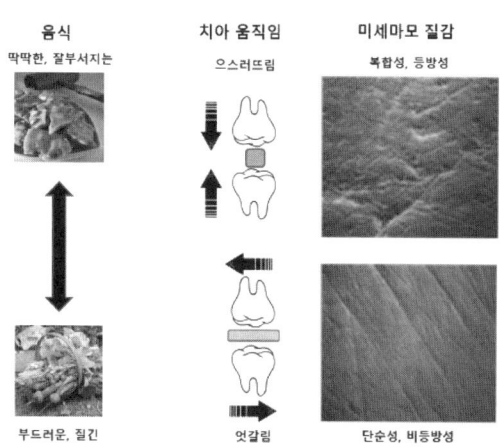

그림 1-5. 식이의 종류에 따른 치아운동과 미세마모 형태
(Ungar & Sponheimer, 2011)

인류는 호미닌으로 진화하면서 중소크기의 앞니, 평평한 어금니, 낮은 제일 어금니 및 제3 어금니 면적비율 그리고 비교적 두꺼운 에나멜 층과 두터운 턱을 보유하고 있었다. 이것은 식생활의 전환을 의미한다. 두꺼운 에나멜층과 평평한 어금니는 이들이 질긴 과일, 잎사귀 혹은 고기를 먹는 데에 어려움을 갖게 했을 것이고, 치아 미세마모는 현대의 씨앗 및 연한 과일 소비 동물의 형태와 유사하다. 비교적 작은 앞니는 과도한 앞니 작업이 필요한 크고 껍질이 많은 과일은 소비하지 않았을 것이다. 오히려 크고 평평한 어금니는 단단하고 부서지기 쉬운 식량은 쉽게 분쇄하게 하였을 것이다.

(2) 화석의 동위원소 비율

화석의 $C13/C12$ 비율은 식이의 내용을 보여준다. 활엽식물과 풀의 섭취 비율을 반영한다. 기본적으로 수목이나 관목들은 C3 광합성 과정을, 풀들은 C4 광합성 과정을 이용한다. C3 광합성 과정은 C12 탄소를 더 많이 활용하고 C4 광합성 과정은 C13 탄소를 더 많이 활용한다. 따라서 나뭇잎에는 C12 탄소가 더 많이 함유되어 있다. 초기 호미닌은 C13이 풍부한 식량을 소비한 것으로 보인다. 아르디피테쿠스는 C3 광합성 식물을, 오스트랄로피테쿠스 아프리카누스와 파란트로푸스 로부스투스 그리고 초기 호모는 50% 이상의 C3 광합성 식물과 나머지는 C4 광합성 식물을 소비한 것으로 보인다. 그러나 파란트로푸스 보이세이는 C4 광합성 식물을 주로 소비한 것으로 나타난다. 따라서 동시대 호미닌 내에서도 식이는 거주하는 기후 및 생태지리학적 범위에 따라 다양함을 알 수 있다. 이들이 남아프리카와 동아프리카 중 어디에 거주했느냐에 따라 같은 초식이라도 그 종류가 다름을 알 수 있다. 호미닌은 일반적으로 풀을 소화시키는 능력이 없고, 풀을 저작한 치아의 미세마모 형태를 보여주지 않고 있다. 따라서 이들은 C4 광합성 과정을 거친 C13 탄소가 풍부한 풀을 먹은 초식동물을 식이로 소비한 것으로 보인다. 학자들에 따라서는 인간의 식이는 절반가량이 옥수수, 쌀, 혹은 수수 등과 같은 C4 광합성 과정을 거친 곡물이고 또한 C4 광합성 식물을 먹은 초식동물 고기도 소비하였기 때문에 C13 탄소가 풍부한 채식동물의 고기만을 먹었다고 단정지을 수 없다고 주장한다. 뼈의 Sr/Ca 비율은 영양 수준과 반비례하며 완전 육식동물이 가장 낮은 비율을 보인다. 구석기 시대 동물 화석에서 Sr/Ca 비율을 분석해보면 초기 호미닌은 현재 육식동물과 초식동물의 중간 수준이다. 이러한 결과를 고려해보면 초기 호미닌은 식이의 상당 부분을 고기로 소비하였음을 보여준다.

(3) 현대 인간과 타 포유동물의 소화기관 형태 비교

플리오-홍적세(Plio-Pleistocene)시기에 호미닌은 과실과 씨앗을 주로 하여 어린 잎이나 꽃, 순 등을 보충하는 식생활을 영위하였다. 그러나 이러한 식량이 기후변화에 의해 지속적으로 구하기가 어려워지면서 식량을 구하기 위해 먼 거리를 활동해야 했다. 이것은 동일한 식량을 구하기 위해 더 많은 에너지가 요구됨과 소비한 식량 단위당 더 많은 영양소를 흡수해야함이 요구되는 것을 의미한다.

초식포유동물에서 신체의 크기가 커지는 것은 일반적으로 식이의 품질이 저하되는 것과 관련이 있다. 육식동물은 진화상으로 식이품질의 저하없이 신체의 크기가 커진다. 현재의 고릴라와 오랑우탄 그리고 침팬지의 신체크기와 식이구성을 고려하면 초기 인류의 에너지 요구는 증가하였고 식이 품질은 유지 또는 향상되었음을 추론할 수 있다. 침팬지는 잘 익은 과실류에 단백질이 풍부한 어린잎, 싹, 순, 꽃, 씨, 견과류 그리고 동물성인 개미류 등을 덧붙여 먹었다. 침팬지는 작은 맹장을 가졌고 식이 소화시간이 길다. 이것은 신체 영양소 요구량을 만족시킬 수 있을 만큼 충분한 식량을 매일 확보할 수 있었다는 것을 의미한다. 침팬지와 유사한 인류 조상은 생활하던 지역의 기후가 변하여 식생이 변함으로써 더 이상 식이 품질을 유지할 수 없게 되었다. 동일한 품질의 식이를 구하기 위해 더 많은 에너지를 소비해야 하는 상황이 되었다. 이러한 환경에 적응하는 방법은 대장을 키워 섭취한 많은 양의 저급 식물성 식이에서 오랜 시간 동안 영양소를 추출섭취하는 것이다. 반면에 식이 품질의 저하없이 증가된 에너지 요구를 만족시키려면 대장을 희생시켜 소장의 크기를 키우는 것이다.

　호미노이드는 육식동물이 아니고 창자 구조나 소화생리도 육식동물의 것과 다르다. 호미노이드는 생리적으로 필요한 에너지의 대부분을 고기에서 섭취할 수는 없지만 식물성 식이만으로 섭취하기에 부족한 필수 아미노산을 함유한 동물성 단백질을 적절한 보조식량으로 활용하기에 고기는 매우 우수한 식량자원이었음에 틀림없다. 따라서 인류조상 호미닌은 동물의 근육뿐만 아니라 뼈, 내장 등 기타 조직들도 섭취함으로써 필요한 각종 광물질 및 비타민류도 공급받고 에너지가 풍부한 식물성 식량들, 과실류, 견과류, 근경류, 꿀 등을 위한 창자의 공간을 확보할 수 있었다. 상당수의 식물성 식량은 시안생산 성질(cyanogenic)을 가지고 있으므로 고기를 섭취하면 메싸이오닌같은 함유황 아미노산들의 해독작용이 필수적이다.

　모든 호미노이드(hominoid)는 기본적으로 동일한 소화기관 구조를 보인다. 단순한 산성의 위, 소장, 맹장으로 끝나는 막창자, 그리고 소낭구조로 된 대장 등이다. 더욱이 사람은 신체크기에 비해 소화기관의 비율이 상대적으로 작다. 이것은 음식물을 소화하고 영양소를 흡수하는 주된 곳이 작은창자이고 영양적으로 밀도가 높고 소화가 잘되는 고품질 식이에 신체가 적응되어 있음을 보여준다. 인간의 소화기관 구조는 다른 호미노이드(hominoid)의 것과 유사하며 잡식성 동물보다 초식성 동물의 것에 가깝다. 특히 비타민 C를 합성하지 못하는 포유동물 계통이다. 그러나 한 가지 두드러진 차이가 있다. 유인원에서는 소화기관에서 많은 부분이 대장이고(>45%) 소장은 적은 부분(14~29%)을 차지한다. 반면에 인간에서는 작은창자가 많은 부분을 차지하고(>56%) 대장은 적은 부분을 차시한다(17~23%)(그림 1-6). 식이의 품질 변화없이 에너지 요구가 증가하면 작은 창자의 크기가 커지는 것으로 나타난다. 따라서 소화기관의 크기가 변경된다는 것은 주위 환경이 변하여 식생활 환경도 변했다는 것이다.

식이에서 동물성은 필수영양소 요구를 만족시키기 위한 주된 부분이고 식물성은 주로 에너지 공급을 위한 부분인 것을 호미노이드

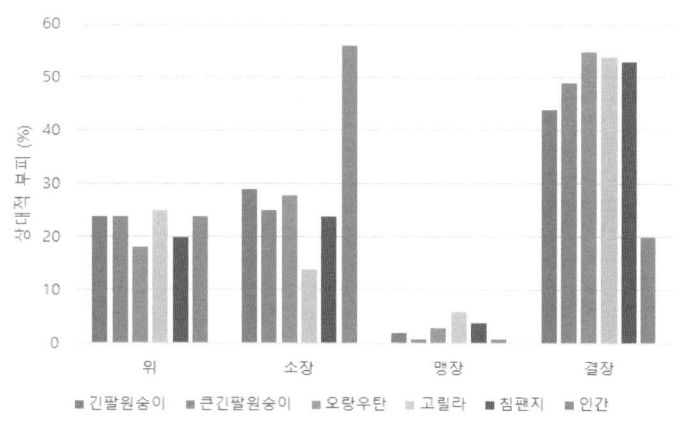

그림 1-6. 호미노이드의 총소화기관에 대한 각 기관의 비율
(Milton, 2003)

의 창자구조와 소화역학을 따져보면 알 수 있으며, 이러한 식이전략은 인간 화석 및 고고학 자료에서도 그 증거를 찾을 수 있다. 이러한 고급 식이구성은 고릴라나 오랑우탄 같은 영장류에서 볼 수 있는 저급 식이와 커진 신체(느려진 이동력 및 사회성)의 경우와는 다른 인간 진화를 주도하였다. 더욱이 항온동물에서 창자 용량에 대비한 대사 요구량의 증가는 신체에 비해 상대적으로 뇌가 큰 젖뗀 어린 아기에게 필요한 에너지와 영양소를 충족시키기 위해 섭취해야 할 많은 식물성 식이의 양을 감당할 수 없다는 문제를 야기한다. 따라서 날고기, 내장기관, 뼈 등의 동물성 식이는 고품질 단백질 및 지방에 덧붙여 필요한 미량 영양소, 광물질, 각종 비타민 등의 집약 공급원이 된다.

위장관의 구조적 특징은 특정 종의 식이 선호도와 적응도를 보여준다. 순 채식동물(엽식동물 및 과실식동물)과 순 육식동물들은 자신들의 식이에 적합하게 생리적 및 대사적으로 적응이 되어 있다. 인간은 양쪽 모두에 적합하지 않고 잡식성임을 보여준다. 소낭으로 이루어진 위, 잘 발달된 맹장과 대장은 초식과 관련되어 있다. 식물의 식이 품질이 낮을수록(섬유소 함량이 높을수록) 이런 위장의 특징은 뚜렷해진다.

표 1-1. 동물과 인간의 위장관 길이와 표면적 비교

종	장길이/신장	위장 표면적/체표면적
소	20:1	3.0:1
말	12:1	2.2:1
개코원숭이	8:1	1.1:1
개	6:1	0.6:1
인간	5:1	0.8:1
고양이	4:1	0.6:1

자료: Henneberg et al., 1998

반추동물은 위 부위의 부피가 가장 크다. 비반추 초식동물은 맹장과 대장 부분이 가장 발달되어 있다. 위장 길이나 표면적 대비 신장이나 체표면적 비율은 육식동물과 초식동물의 좋은 비교표이다(표 1-1).

육식동물은 잘 발달한 산성 위와 긴 소장을 가지고 있다. 인간은 단순한 위와 비교적 긴 소장 그리고 단축된 맹장 및 대장을 가져 두 집단의 어느 곳에도 적합하지 않고 과실식 동물과 육식 동물의 사이에 위치한다. 이것은 인류가 고기가 주로인 고품질 식이로 생활하였음을 보여준다.

(4) 신체크기에 대한 뇌의 비율이 커짐에 따른 에너지 요구량

영장류는 신체크기에 비해 뇌의 크기가 크다. 대략 400~500만 년 전의 오스트랄로피테쿠스 아프렌시스 이후로 인간의 뇌 크기는 대뇌화(encephalisation)로 불리는 현상이 일어나 3배나 커졌다(그림 1-7). 이러한 대뇌화는 만족시켜야 할 두 가지 조건이 있다. 첫

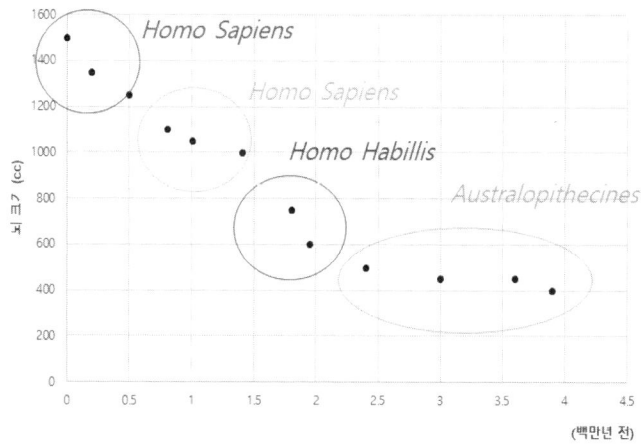

그림 1-7. 과거 400만 년 동안 호미닌의 뇌 크기 증가
(Henneberg, 1998)

째, 뇌는 장쇄다가불포화지방산 (PUFA), 특히 아라키돈산(C20:4n-6)과 DHA(C22:6n-3)를 필요로 하는 데 이것은 동물조직에서만 구할 수 있다. 둘째, 큰 뇌를 유지하기 위한 대사요구량이 증가하는데 이에 신체가 적응하려면 기초대사율(BMR)을 증가시키거나 다른 조직들의 대사에너지를 줄이는 방법밖에 없다. 학자들의 신체크기에 기초한 진수아류 포유동물(eutherian mammals)의 대사율을 정확히 예측한 계산에 따르면 인간의 기초대사율은 증가한 증거가 없다고 한다. 반면에 뇌크기가 커짐에 따른 에너지 요구량 증가는 위장관의 크기와 에너지 요구량의 감소로 균형을 잡았음이 증명되었다(표 1-2).

창자는 크기를 충분히 조절하여 커진 뇌의 대사율 증가를 상쇄해줄 유일한 기관이다. 소화율이 낮은 부피가 큰 식량은 부피가 있는 발효실(반추위와 맹장)을 가진 상대적으로 큰 창자가 요구된다. 반면에 고품질 식이는 단순한 위와 작아진 대장과 상대적으로 작은 창자, 그러나 육식동물에서처럼 체장에 비율적으로는 긴 소장을 필요로 한다. 인간의 커진 뇌의 영양적 요구를 만족시키기 위해서는 단백질과 지방이 풍부한 고기소비를 증가시켜야 했을 것이다.

표 1-2. 인간 장기의 크기와 대사율의 예상치와 실측치(체중 65kg 인간기준)

조직	크기(kg)		대사율	
	관측	예측	차이	증가폭(Watt)
뇌	1.30	0.45	+0.85	+9.5
심장	0.30	0.32	-0.02	-0.6
신장	0.30	0.24	+0.06	+1.4
간	1.40	1.56	-0.16	-2.0
위장관	1.10	1.88	-0.78	-9.5

자료: Aiello & Wheeler, 1995

(5) 적정 식량 수집이동 이론과 식이선택

호미닌의 수렵채집활동을 통한 생존 방식을 비용편익 분석으로 식이구성을 설명하는 방법이다. 초기 호미닌의 식이구성이 섬유소가 많고 에너지 밀도가 낮은 야생과실, 채소, 잎사귀 그리고 근경류였다면 이들을 구하기 위하여 소비하는 에너지/시간 비율이 낮아 필요한 에너지를 확보하는 데에 어려움이 예상된다. 따라서 적정 식량 수집활동 차원에서 수렵채집인 호미닌은 비록 식물성 식이가 섬유소와 미량영양소의 주된 공급원이었지만 고기 섭취가 높았을 것으로 예상한다.

(6) 생존 수렵채집 사회의 식생활 방식의 연구

현존하는 세계 229개의 수렵채집 사회를 분석한 결과에 의하면 대부분 (>56~65%)이 필요한 에너지를 동물성 식이에서 얻고 있었다. 이들의 에너지 섭취를 위한 대량영양소 섭취구성은 탄수화물 22~40%, 단백질 19~35%, 그리고 지방이 28~47%이었다. 또한 식이의 섬유소 함량이 높고 (>70 g/일) 거의 동일한 양의 오메가 6와 오메가 3 지방산 함량을 함유하고 있다.

(7) 비교유전체학

인류의 식이에 대한 유전적 적응의 진화를 연구하면 식이의 역사적 변천을 알 수 있다. 예를 들어, 단쇄 다가불포화지방산에서 장쇄 다가불포화지방산을 합성하는 데 관여하는 지방산 불포화화 효소 유전자 FADS1 및 FADS2의 변화를 분석한다. 고기나 해양산물이 많은 식이는 비교적 장쇄 다가불포화지방산(PUFA)이 많이 함유되어 있어 식물성기름이 많이 함유된 식이에 비해 FADS1 및 FADS2

의 활력이 적게 필요하다. 약 만 년 전 농업이 시작되기 전의 유럽인의 고대 DNA에는 FADS1의 발현을 증가시키는 일배체형(단상형, haplotype)D는 매우 드물었다. 후기구석기 및 중석기 시대에는 거의 전무하였다. 방사성동위원소 증거에 의하면 후기구석기 시대의 유럽은 단백질 섭취가 동물성 위주였음을 보여준다. 그 이후 빈도가 증가한 것은 8,500년 전부터 시작하여 농업적 생활형태와 식이가 확산되어 초기의 수렵채집 식이보다 단쇄 다가불포화지방산/장쇄 다가불포화지방산 비율이 높은 식이로 전환된 때문일 것이다. 현대의 예는 그린랜드 이뉴잇(Inuit)족은 장쇄 다가불포화지방산이 높은 해양자원을 주로 식이로 소비하기 때문에 FADS1의 활력이 낮다. 반면에 남아시아 사람들은 채식위주의 식이로 인하여 FADS2의 발현이 증가했다.

(8) 기타

인간은 세포막 기능과 뇌조직에 필수인 C20, C22의 장쇄 다가불포화지방산(PUFA)은 식물에 풍부한 C18 지방산을 이용하여 체내에서 합성이 어렵고 직접 동물조직 소비를 통하여 섭취해야 한다. 또한 뇌에 필수성분인 타우린은 아미노산 전구체에서 합성능력이 매우 낮아 동물 조직 섭취를 통해서만 외부에서 공급이 가능하다. 인간은 고기에 존재하는 헴(heme)이나 포피린(porphyrine)에 포함된 철분을 식물이 함유한 이온 철보다 더 잘 흡수한다. 반면에 초식동물은 헴철은 흡수하지 못하고 이온철만을 흡수할 수 있다. 포유동물과 그들의 기생충은 함께 밀접하게 진화한다. 조충과의 촌충류는 육식동물의 기생충으로서 고기를 먹음으로써 전파된다. 무구조충(Taenia saginata)과 유구조충(Taenia solium)은 숙주로 인간에게만 기생한다. 이것은 인간이 오래전부터 고기를 먹어왔다는 증거이다.

(9) 결론

  비인간 영장류와 포유동물을 초식성, 과일상식성 및 육식성으로 구분하여 이들의 신체크기에 대한 소장면적 비율을 비교한 결과에 의하면, 고품질 식이를 섭취하는 동물일수록 줄어든 소장의 흡수면적을 보여줬다. 인간의 소장은 육식성의 것과 유사하지 않고 오히려 과일상식성의 것과 유사하였다. 체중과 두개용량 비율 비교는 식생활 차이와 뇌크기 사이에 뚜렷한 관계가 보이지 않았다. 따라서 인류의 뇌크기의 변화를 야기한 에너지 섭취 대사 변화는 소장조직의 변화만을 가져왔다기보다 신체 전반에 영향을 주었다는 결론에 도달한다. 인류 진화상 식생활의 진화는 중신세(Miocene) 후반의 기후변화에 의해 초식성에서 점차 동물성을 더 많이 포함하는 형태로 변화하였다. 그 이후 수렵채집생활은 홍적세(Pleistocene) 중반까지 지속되다가 후기 홍적세인 빙하기에는 대형동물 사냥이 이루어졌다. 이후 서서히 인류는 동식물의 가축화와 재배를 통해 동물과 식물자원에 대한 점차적인 통제를 이루어 과거시대보다 점점 더 많은 채식을 영위하게 된다. 살코기가 주식이었을 가능성은 매우 희박하다. 고기는 지방질 섭취를 통해 에너지를 공급했기 때문에 에너지 공급원으로서, 특히 번식기에 추가 에너지가 필요할 때, 식물성 식이의 보충 식이였음이 틀림없다. 그 당시에 단백질은 에너지 총량의 25%를 넘을 수 없다.

  190만 년 전(Plio-Pleistocene)에 호모 이렉투스의 신체와 뇌가 커지고 치아가 작아졌다. 이것은 저작이 덜 요구되는 고칼로리 식이로 전환하였기 때문이고 조리를 활용함으로써 동물성 및 식물성 식이의 맛과 조직 그리고 칼로리 효율이 개선되었기 때문이다. 따라서 인류 식생활 진화에 있어서 육식은 필연적인 결과이며 호미닌의 융통성 있는 소장구조가 다양한 식이에 적응할 수 있게 하였다. 육식성을 가능케 하고 뇌크기를 증가시킨 것이 기후변화에 적응하기 위한 소장구조의 변화에 있었다기보다는 조리와 영양개선 그리고 사회적 행동의 변화 결과가 주된 이정표가 되었다고 믿어진다.

인류의 진화는 동물과 식물을 모두 소비하는 것을 선호하였다. 육식이었다는 증거들은 고기 단백질과 지방을 소화하는 효소들을 가지고 있다는 것과 동물조직의 소화를 돕는 염산으로 채워진 큰 통 같은 위를 가지고 있다는 것이다. 초식이었다는 증거들은 육식동물에는 없는 과채류의 탄수화물에 특화되어있는 타액 아밀레이스(amylase)를 가지고 있고 식물성 식이를 소화하고 흡수하는 데에 적합하고 전문화된 특별히 길고 작은 소장을 가지고 있다는 것이다. 결국 해부학적 및 생리학적으로 인간은 잡식동물이다. 고고학 자료는 뇌가 작은 호미닌은 주로 과실, 견과류, 씨앗 그리고 근경류 등을 소비했다는 것을 보여준다. 인간의 뇌는 식이가 품질이 좋아지면서 소장이 작아지고 고급 에너지를 필요로 하는 뇌에 에너지를 공급할 수 있었기 때문에 커지고 복잡해졌다. 사냥이 이것을 가능하게 했다. 사회조직과 언어사용을 독려하였고 식이품질을 개선하는 능력을 강화하였기 때문이다. 조리 또한 다양한 식량을 소화할 수 있게 하고 영양소를 섭취할 수 있게 하였다. 불을 이용한 조리와 사냥을 위해 창을 사용한 것이 인류를 타 영장류를 앞서게 하였다. 비정상적으로 크고 복잡한 뇌의 발달을 가능케 한 에너지 요구량은 인류의 조상들이 식이를 입에 넣기 전에 조리를 하기 시작함으로써 만족시킬 수 있었다.

2) 농업사회

　수렵채집 생활에서 농경사회로의 이행은 대략 1만 2000년 전에 발생하였다. 가장 빠른 예로는 비옥한 초승달지대(Fertile Crescent)였다. 농업으로의 이행은 인간에게 신장의 축소, 골연화증, 충치, 각종 영양결핍 그리고 전염병 등 상당한 생리적 스트레스를 제공하였다. 고고학적 증거는 인간의 식이가 발굽동물(가젤, 영양, 사슴), 근경류, 야생 두류, 다양한 견과류 및 과실에서 재배된 밀, 보리, 귀리, 쌀, 혹은 옥수수 등으로 지역에 따라 특정 재배곡물로 이동하였음을 보여준다. 따라서 이것은 수렵채집시대의 고단백 저탄수화물 식이에서 정반대의 식이로 이행되었음을 의미하며 지방산 종류도 변화되었음을 보여준다. 지방산 구성비도 P:S가 1.4:1에서 0.4:1로 떨어졌고, 오메가 6 :오메가 3 지방산 비율도 대략 3:1에서 12:1로 증가하여 현대 서양식생활과 유사한 수준이 되었다. 구석기 시대에는 없었던 낙농식품이나 곡물류가 농업혁명 이후에 주식으로 소비되어 식이가 전분, 유지방, 유당이 높고 오메가 3 지방산, 미량영양소 및 단백질이 낮은 것으로 변했다. 구석기 시대 인류는 강한 뼈와 잘 발달한 어깨, 넓은 구강, 곧은 치아, 그리고 우수한 치아건강을 가졌다. 더욱이 현대인들이 고통을 받고 있는 만성 건강 문제는 그들에게는 존재하지 않았다. 농업이 확산되면서 영양섭취의 다양성이 급격히 감소하였다. 구석기시대와는 달리 총 칼로리 섭취의 50~70%가 전분에서 공급되었다. 고기가 많고 탄수화물이 적은 식이에서는 인슐린 저항성이 문제가 되지 않았는데 농업이 발달하면서 고탄수화물 식이에서는 심각한 문제가 된다. 농업사회 이전의 구석기 시대의 수렵채집인 식이의 구성은 65% 식물성 식품과 35%의 동물성 식품이었다. 이것은 농업사회 이후의 식이보다 월등히 높은 단백질과 낮은 탄수화물 섭취를 의미한다. 따라서 수렵채집시대에서 농업시대로의 전환은 인슐린 신호체계에 강한 압박을 주었을 것으로 판단된다. 아울러 농업이 확산됨으로써 유당분해효소 유전자는 유럽인에게서만 발견되고 타액, 위 및 소장에서 전분을 분해하는 아밀레이스는 다양한 인종에서 발견된다. 이것은 초기 호미닌이 밀림지대에서 사바나 지대로 이동하면서 근경류를 주식으로 하였기 때문인 것으로 보인다. 농업 혁명과 이어진 산업혁명은 생산성과 인구를 폭발적으로 증가시켰다. 증가된 생산성은 과거 조상들과는 전혀 다른 식생활을 영위하게 만들었다. 식품은 더 많이 가공되었고 과채류는 덜 먹고 고기를 더 먹는다. 이러한 과거와 다른 서구화된 식생활은 건강을 악화시키고 비전염성 만성질환으로 고통을 받게 한다.

3) 산업혁명 이후

약 200여 년 전의 산업혁명 이전에는 곡물은 통곡물 위주로 소비되었다. 산업혁명은 더욱 효율적인 도정기술을 제공하여 섬유소 풍부한 속껍질과 영양가 높은 배아를 제거하고 전분이 풍부한 내배유만을 남겨놓는 결과를 가져왔다. 따라서 더욱 정제된 곡물과 가루로 만든 식품이 널리 확산되고, 영양소가 결핍된 정제설탕의 대량생산과 즉석식품의 보급으로 미량영양소 결핍과 고혈당지수(glycemic index) 식품으로 인한 에너지 과다와 영양소 결핍 인구가 점점 늘어나는 시대가 되었다. 산업혁명을 통한 다양한 기술발전은 곡물과 가축의 생산성도 높이고 수송을 더욱 원활하게 하여 가축들을 곡물에 기반한 사육이 발전하였다. 더욱이 항생제나 성장촉진제를 급여하여 비육시킴으로써 동물의 지방함량도 높아지고 지방산 조성도 포화지방산과 오메가 6 지방산 함량이 높은 고기를 집단사육으로 대량생산하게 된다(사진 1-3). 야생동물은 근육과 내장기관에 다가불포화지방산 및 단가불포화지방산이 풍부하다. 구석기 시대 야생동물들은 체지방 함량도 높지 않아 호미닌은 포화지방을 과다하게 섭취할 기회가 없었다. 오히려 신석기 시대 이후에는 동물지방의 저장과 소비를 위해 버터, 치즈 등과 같은 가공식품의 형태로 농축된 동물성 포화지방산과 정제된 식물성 기름이 인류 식이의 지방산 구성변화의 주된 요인이었다.

신석기 농업혁명 시대, 산업혁명 시대, 그리고 현대로 진행되어 오는 동안 인류 식이에 낙농식품, 곡물, 정제설탕, 정제 식물성 기름, 알코올, 소금, 비육된 고기 등이 도입되어 과거 호미닌 식이의 주요 영양적 특성을 근본적으로 변경시켰다. 이 식품들은 농업혁명 이전 시대의 인류 식이에서는 전혀 칼로리 공급원이 아니었다. 영양적으

사진 1-3. 미국 캘리포니아주 소 집단비육장

로 부실한 식이는 인간의 유전자 발현에 나쁜 영향을 준다. 인간 유전체는 환경과 지속적으로 반응하여 환경적 자극에 의해 발현촉진(upregulated)되거나 발현억제(downregulated)된다. 서구식 식이가 최적이 아닌 유전자 발현 상태를 유도하여 염증성 유전자 발현을 촉진한다는 증거가 있다. 유전자 발현에서의 식이관련 변화는 유전될 수 있는 세포의 전사가능성에서의 변경을 유발한다는 보고도 있어 부모가 조성한 식이환경이 유전체에 남겨진 후성유전을 통해 자손들에게 유전될 수 있음을 시사한다. 현대 식이가 면역체계에 부정적 영향을 줌으로써 만성 염증을 유발한다. 과다한 포화 및 트랜스 지방산 섭취, 높은 오메가 6 지방산/오메가 3 지방산 비율, 낮은 비타민 D 및 미량영양소 수준, 낮은 식이섬유 및 과채류 섭취, 고 혈당지수 탄수화물 섭취 등은 집합적으로 만성 염증 상태를 유발한다.

위장관에 존재하는 미생물들은 인체 면역체계와 대사 그리고 뇌 기능, 기분 및 행동에도 중요한 역할을 하는 것으로 밝혀졌다. 장내 미생물의 불균형은 비만, 제2형 당뇨 및 심혈관 질환을 포함한 다양한 질병과 연관되어 있다. 인간 유전체는 지난 수천 년 동안 별로 변화가 없었지만 인간 미생물군집(microbiome)은 식이와 생활형태 변화에 반응하여 신속히 변화하기 때문에 둘 사이에 불일치가 발생할 수 있음을 학자들은 염려한다. 현대 인류 식이의 변화로 인한 과거 수백 년 동안 인류와 함께 진화해온 장내 미생물들의 손실이 부실한 면역조절과 관련된 현대적 질병의 원인일지 모르기 때문이다. 서구식 식이는 장내세균 불균형(gut dysbiosis)을 가져오고 소장벽 기능 장애, 세균독소 침투력 증가를 가져오는 것으로 보고된다. 포화지방산 및 정제설탕 과다섭취는 소장 내의 염증성 미생물의 성장을 촉진하고, 적은 식이섬유 섭취는 유용 세균을 아사시켜 미생물 다양성을 해치고 단쇄 지방산 생산을 낮춰 건강한 pH 유지를 방해하여 소장벽 차단기능을 저해한다. 결국 호미닌이 수백만 년 동안 소비해 오던 식이와 다른 현대 식이는 인간신체가 함께 진화해온 미생물군(microbiota)과는 전혀 다른 장내 미생물들을 유발한다. 이것은 장내세균 불균형을 유발하고 이것은 다시 손상된 면역체계와 만성적 염증을 생성하여 다양한 만성 비전염성 질환의 원인을 제공한다.

현대인의 식생활은 주로 해당 나라의 식문화에 좌우되지만 국가 경제상태에 따라 식단의 구성이 동물성 위주인지 식물성 위주인지가 결정된다. 따라서 서양 선진국의 식생활은 식이가 과도하게 동물성이어서 많은 사람들이 비전염성 질병으로 고통을 받게 된 원인으로 지목받고 있다. 현대 식생활은 대략 12,000년 전의 농업혁명이 시작되기 이전의 수백만 년 동안의 수렵채집 시대의 것과는 상이하다. 농업혁명과 약 200여 년 전에 일어난 산업혁명을 통해 극적으로 변화된 식생활은 인류의 변화를 압박하였다. 그러나 인류는 이렇게 상대적으로 짧은 기간 동안에 식생활 환경 변화에 적응하는 것이 진화적으로 가능하지 않아 260만 년 전의 구석기 시대 이후로 유전체는 비교적 변화하지 않았다. 따라서 인간의 유전자와 식이섭취 사이에는 필연적으로 불일치가 발생할 수밖에 없다. 따라서 일부에서는 현대인의 식생활은 수렵채집 시대의 것에 맞춰야 건강할 것이라고 주장한다.

③ 고기 소비의 역사

　인간의 유전자는 구석기 시대 이후로 크게 변하지 않았다. 그러나 인간은 동물이기 때문에 타 동물과 같이 노출된 환경 압박에 의해 진화가 영향을 받는다. 우리가 살펴본 바와 같이 인간의 신체는 식생활 환경 압박에 의해 진화되어 왔다. 채식에서 육식으로의 전환이 두개 및 치아 그리고 위장관의 형태적 변화, 신체와 뇌 비율 증가에 따른 에너지 요구증가 만족, 대뇌화, 사냥에서의 중요한 이점인 효과적 이동과 운반에 유리한 이족보행의 강화 등을 가져왔다. 이러한 인류 진화에서의 고기 소비의 역할은 크게 4단계로 살펴볼 수 있다. 첫째, 기회주의적 사냥 시대. 둘째, 200~300만 년 지속된 사냥의 확대 시기. 셋째, 약 1만 년 전에 시작된 야생동물과 식물의 길들이기. 넷째, 고기가 인간 건강에 위해를 증가시키는 식품으로 낙인이 찍히는 단계.

1) 구석기 시대의 고기 소비

　초기 호미닌의 식이 구성은 잡식성으로 과일, 잎사귀, 꽃, 나무껍질, 벌레 등으로 되어있고, 치아형태와 미세마모 흔적이 씨, 견과류, 근경류도 포함하고 있었음을 보여준다. 대략 260만 년 전부터 식이 구성은 소형 및 대형 동물의 골수와 고기를 포함하기 시작했다. 호미닌이 고기와 골수를 먹은 강력한 증거는 동물뼈에서 고기를 날카로운 모서리가 있는 도구로 잘라낸 흔적을 남겼다는 것이다. 또한 뼈를 큰 돌로 두들겨 부수어 골수를 추출한 흔적도 남겼다. 학자들은 초기 구석기 시대의 화석에서부터 이러한 흔적들을 발견하였다. 호미닌이 고기를 채취한 뼈의 증거는 에티오피아에서 발견된 340만 년 전의 것이지만 그 증거가 빈약하고, 가장 잘 보존된 육식의 증거는 케냐에서 발견된 약 200만 년 전의 많은 돌도구와 함께 발견된 것들이다. 더욱이 거북이, 악어 및 물고기가 식량에 포함되기 시작한 것이 약 195만 년 전이고, 150만 년 전까지는 대동물은 호미닌 식량의 중요한 부분이 아니었다. 134만 년 전부터 대동물의 식량화가 나타나기 시작하여 탄자니아 지역에서는 고슴도치에서 코끼리에 이르는 다양한 크기의 포유동물들을 돌도구를 이용하여 잡아먹은 것을 보여준다. 작업한 동물의 수나 양을 통해 추측되는 고기소비량은 고기소비가 호미닌의 생리적 욕구를 충족시키기 위한 주된 식량공급원이었음을 보여준다. 고고학 및 고생물학적 증거들은 농경을 시작하기 전까지 고기는 인간의 식이에서 필수적인 구성 요소였음을 보여준다.

  250~260만 년 전에 나타난 호미닌들이 도축한 동물의 뼈는 화석에서 발견되지 않고 호모 이렉투스로 이어지는 오스트랄로피테쿠스 가르히의 화석 부근에서만 발견되고 있다. 호모 이렉투스는 육식성을 보여주는 치아와 장의 크기가 작아지고 신체와 뇌 크기가 증가한 생물학적 특징을 보여주고 있다. 이것은 호미닌의 식량이 섬유소가 적고 지방이 풍부한 씨앗과 견과류가 주종을 이루면서 지방의 소화가 이루어지는 소장의 크기가 커지고 섬유소를 소화시키는 맹장이 줄어드는 결과를 초래했을 것이다. 더욱이 씨앗과 견과류를 깨트리는 데에 필요한 돌도구들은 자연스럽게 동물 뼈를 부수고 사체에서 남아있는 고기를 발라내는 데에 이용되었을 것으로 추측한다.

육식성의 호미닌의 특징은 동물자원을 획득하기 위해 얇은 돌도구를 사용하였고, 호미닌 자신들보다 더 큰 동물들로부터 식량을 구했고, 찌꺼기를 치우는(scavenging) 형태로 동물성 식량을 획득했다는 것이다. 당시의 호미닌은 현대인보다 키도 작고 신체도 빈약한 데다 효과적인 도구도 없어 직접 사냥을 하기보다는 육식동물들이 먹다 남긴 채식동물 사체에서 남은 고기나 뼈의 골수를 섭취했을 것으로 추정된다. 그러나 호미닌들이 어떻게 이 새로운 동물성 식량자원을 인식히고 구해서 먹기 시작했는지는 아직 모른다. 학자들이 추론하기에는 대략 250만 년 전에 지구온도가 상승하고 비가 점점 적게 옴에 따라 호미닌들이 소비하던 과일, 잎사귀, 꽃 등이 줄어들었고 밀림은 사바나 초지로 변하여 초식동물이 좋아하는 양질의 풀들이 풍부해졌던 것으로 예상한다. 호미닌들은 충분한 식량을 구하기 어려워졌고 식량을 구하는 데에 더 많은 시간과 에너지를 소비하게 되었고 서서히 호미닌들은 사바나의 풍부한 초식동물에 눈을 돌려 고기를 취하기 시작한다. 고기를 추구하는 것은 풀이나 과실을 추구하는 것보다 더 먼 거리를 걷고 더 많은 에너지를 필요로 하기 때문에 두 다리로 걷는 인류만이 가능한 작업이었다. 추측건대 육식동물이 먹다 남긴 가젤이나 얼룩소 사체를 우연히 만나 주워 먹기 시작한 것이 육식을 시작한 계기가 됐을 것이다. 200만 년 전에는 호모 종 호미닌은 주기적으로 적극적인 고기 소비를 하고 있었다. 그 시기에 호미닌이 사용한 돌조각 칼이나 주먹 크기의 망치돌로 고기를 떼어낸 자국을 가진 동물 뼈 조각들이 발견된다. 발굴증거는 육식동물이 남긴 동물사체를 이용하던 호미닌의 생활이 의도적인 사냥으로 강화된 것은 70만 년 전으로 거슬러 올라간 것을 보여준다. 손잡이가 있는 창 형태의 사냥도구에 대한 가장 빠른 증거는 약 50만 년 전으로 거슬러 올라간다. 좀 더 복잡한 사냥 무기는 단지 7만 1,000년 전 밖에 안 된다. 따라서 발전된 사냥도구 없는 호미닌의 사냥은 먹이감이 지칠 때까지 쫓아다니는 "버티기 사냥(persistence hunting)"이었을 것으로 추측한다. 초기 구석기 시대를 연구하는 동물 고고학자들은 호미닌들이 소비한 큰 동물의 사체는 버려진 것을 주워 돌조각으로 잔여고기를 발라내거나 돌덩이로 뼈를 부수어 소비한 것으로 생각한다. 180만 년 전에 검치호랑이류가 많아 초식동물의 사체를 구하기 쉬웠을 것으로 판단한다.

고기와 골수는 필수 아미노산과 미량영양소를 가진 에너지밀도가 높은 식량이다. 수상동물 자원은 뇌성장에 필요한 영양소를 풍부하게 공급하였고 증가하는 동물성 식품소비는 이동성, 기민성 및 사회성의 상실없이 호미닌의 신체크기를 증가시켰다. 학자들의 계산으로는 약 180만 년 전부터 호미닌들이 중대형 뼈에서 골수를 채취하여 에너지를 섭취하기 시작함으로써 그들이 수집하는 비동물성 식량자원으로부터 획득하는 것보다 더 많은 에너지를 섭취하였을 것으로 추측한다. 계산상으로는 호모 이렉투스 개인당 하루에 2,090~2,290 칼로리가 필요하였다. 따라서 사체의 잔여고기와 골수 채취로 호미닌들은 매일 활동에 필요한 에너지를 충분히 공급받을 수 있었다. 고기와 골수를 소비하게 한 호미닌 신체의 해부학적 및 생리적 변화는 언제 일어났는지 분명하지 않지만 호모 이렉투스에서 장의 크기가 작아진 화석 증거는 수상동물을 소비하기 시작한 시기부터 나타난다(그림 1-8). 이것은 더 작고 효율적인 소화기를 보유함으로써 에너지가 더 필요한 뇌 크기의 성장을 가능하게 하였음을 추론하게 한다. 그러나 약 200만 년 전까지 뇌의 절대크기는 증가하였지만 아직 신체크기에 대한 비율은 증가하지 않았다. 현대인의 뇌의 크기는 오스트랄로피테쿠스의 세 배에 달한다. 우리의 뇌는 신체 총 에너지의 20%를 소비한다. 호미닌들이 과실, 잎사귀 및 씨앗에 의존하여 생존할 때에는 소화시키는 데에 많은 에너지를 소비하였다. 그 당시에는 창자는 식물성 식품으로부터 부족한 칼로리를 섭취하기 위하여 더 많은 노력이 필요했으므로 길이가 길고 운동은 완만하였다. 더욱이 소화에 많은 에너지를 소비하였으므로 인간의 뇌는 비교적 작아 현대 영장류의 것과 비슷하였다. 식물성 식품과 비교하여 고기는 에너지 밀도가 높고 단백질이 풍부하므로 호미닌의 식이에 추가되면서 창자가 길 필요가 적어졌다. 서서히 창자의 길이가 줄어들면서 더 많은 에너지가 뇌를 위해 이용되었고 뇌의 크기가 폭발적으로 증가했다.

인류가 조리를 시작하면서 소화는 더욱 신속하고 효율적으로 이루어졌다. 인류는 100만~200만 년 전에 불을 사용하기 시작하였다. 의도적인 불의 사용은 아마도 50만 년 전으로 추정하지만, 확실

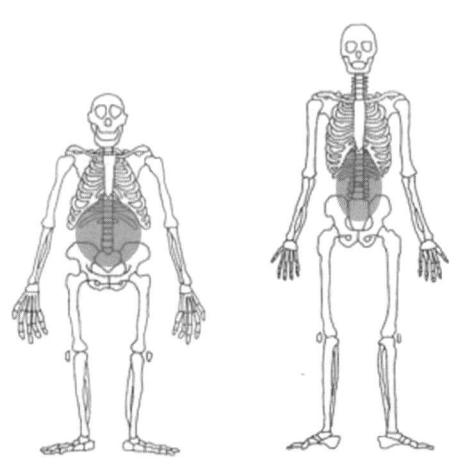

그림 1-8. Australopithecus afarensis(좌)와 Homo erectus(우)의 소장크기
(Pobiner, 2016)

하게는 약 25만 년 전부터 시작되어 고기를 더욱 맛있게 먹을 수 있게 해주었고 나중을 위해 저장도 가능하게 했다. 불을 사용한 조리는 식생활에 혁명을 가져왔다. 이것은 물리적 및 화학적으로 식량자원을 더 쉽게 저작하고 소화시킬 수 있게 만들어주어 동일한 양의 식량에서 날로 먹을 때보다 더 많은 에너지와 영양소를 섭취할 수 있게 만든다. 따라서 동일한 양의 에너지를 구하기 위한 활동시간이 줄어든다. 조리로 식물성 식재료의 활용도가 증진되고 에너지 섭취가 증가함으로써 빈번한 사냥활동을 가능하게 했다. 따라서 중소동물뿐만 아니라 거대초식동물 사냥도 시도하게 되었다. 소형포유동물은 포획하기도 어렵고 고기가 지방함량이 낮아 에너지 밀도가 상대적으로 낮기 때문에 대형포유동물을 선호하였다. 거대초식동물 사냥은 계산상 투입된 에너지의 30~50배 수확을 하게 된다. 따라서 후기구석기 시대에는 식이 에너지 섭취의 80%까지 고기 섭취로부터 유래했음을 보여준다.

초기 호모종의 최대 저작강도는 오스트랄로피테쿠스의 절반 이하였다. 그리고 호모 하빌리스는 크고, 두터운 후부송곳니(postcanine)를 포함한 원시저작 얼굴특징을 가지고 있지만 호모 이렉투스는 작은 얼굴에 비교적 작은 후부송곳니를 가졌다. 이러한 저작 얼굴특징은 호모종이 힘이 덜 드는 저작을 하고 최대 물어뜯는 힘을 줄이는 먹기 쉬운 식량을 소비했다는 것을 보여준다. 오스트랄로피테쿠스와 초기 호모종 사이의 식이 차이를 이해하려는 노력은 증가된 고기소비와 조리의 이점에 초점을 맞춰 왔다. 고기는 에너지 밀도가 식물성 식량보다 높지만 호미노이드의 윗표면이 낮은 굴곡(bunodont)을 가진 어금니로는 씹기가 힘들다. 따라서 조리가 일반화되기 전에는 씹기가 힘들어 식이에 포함된 날고기의 양은 매우 적

없을 것이다. 조리는 고기를 씹기 편하게 만들어줄 뿐만 아니라 식물조직도 연화시켜 전체적인 에너지 섭취를 증가시킨다. 초기 호모종은 전기구석기 돌도구를 최소 세 가지 방향으로 이용하였다. 첫째, 식량을 두들기거나 갈아서 연화시켰고, 둘째, 돌조각을 이용하여 식량을 작은 조각으로 썰어 씹기 편하게 만들었고, 셋째, 껍질이나 연골 등 물리적 힘이 많이 요구되는 조직을 다지는 데에 돌조각을 활용하였다. 이러한 물리적 처리방법은 조직이나 세포벽을 부수어 소화될 식량 입자들의 부피 대 표면적 비율을 높여 직접 소화되는 영양소가 증가하게 됨으로써 순에너지 섭취가 증가하게 만들어준다. 학자들은 육식을 늘리고 전기구석기 도구를 이용한 것이 호모종에서 작은 치아와 최대 물어뜯는 힘 그리고 저작부위에서의 다른 변화들이 진화적으로 선발되게 하였다는 주장을 과학적으로 뒷받침하고 있다. 가공하지 않은 근경류에 비해 날고기는 kcal 당 평균 39% 적게 씹고, 삼키는 데에는 46% 더 적은 힘이 요구된다. 하지만 호미닌의 치아는 날고기를 작은 입자로 부수는 능력이 없었기 때문에 상당한 양의 날고기를 소비하는 데에는 한계가 있었을 것이다. 전기구석기 도구를 이용해 얇게 썰었던 근경류의 저작에는 큰 영향이 없었지만 날고기를 씹는데 소요되는 근육의 동원은 시료 당 31.8%가 감소되었고 고기 한입 속의 입자크기는 40.5%가 감소하였다. 다짐은 고기를 저작하는 데에는 별 영향이 없었지만 근경류를 소비하는 데에 필요한 평균 사용동원근육은 줄어들었다. 조리는 날것에 비해 저작에 힘이 덜 소요되고 더 큰 입자 상태에서 삼킬 수 있게 하였다. 따라서 조리는 호미닌의 최대 저작 노력을 상당히 감소시켜주었고 아울러 큰 치아를 유지할 필요를 감소시켜주었다. 계산에 의하면 익힌 근경류로 인해 저작근육 사용이 15% 감소되면 대략 어금니의 면적이 14% 정도 감소되며, 이것은 호모 이렉투스에 비해 호모 사피엔스의 후부송곳니가 15% 정도 작은 것과 거의 같은 수치이다. 더욱이 호미닌의 일당 소비 에너지를 2,000kcal로 가정했을 때 날고기가 식량에 더해지면 일당 저작요구는 고기에서 오는 칼로리 %당 총 저작력이 0.5%씩 감소된다. 호미닌이 고기가 1/3인 식이를 돌도구를 사용하여 고기는 얇게 썰고 근경류는 다진 후에 소비하였다면 17% 덜 씹을 것이고 힘은 26% 덜 쓸 것이다.

결국 호미닌은 식이에 고기를 포함시키고 돌도구와 불을 이용하여 식량자원의 물리적 성질을 변경시킴으로써 저작과 삼킴에 소요되는 힘을 줄였다. 이 결과로 인체 구조의 진화가 얼굴과 치아의 크기를 줄여 말을 할 수 있게 되고 이족보행을 강화하고 체온조절과 뇌의 크기를 증가시키는 방향으로 생존을 진행하게 된 것이다. 고고학적 자료에 의하면 진화역사에서 최초의 조리증거가 보이는 시기에 가장 큰 뇌 크기의 증가를 볼 수 있다.

2) 신석기 시대(1만 2000년 전~) 이후의 인간의 고기소비

먹이사슬에서 자원의 밀도와 다양성이 낮아질 경우에 정착생활이 발생할 가능성은 더욱 커진다. 대형동물을 주로 사냥해서 먹고 사는 사람들에 비해 잎사귀, 조개류, 과실류, 견과류, 소형 어류 등으로 생존하던 사람들은 이것들이 대형포유동물이나 어류보다 영양가는 낮지만 더 밀집해 있고 채집하기가 상대적으로 수월하여 이동생활을 할 가능성이 훨씬 줄어든다. 따라서 비록 영양가는 낮지만 생계자원이 풍부한 습지에서 정착생활 공동체가 형성되기 시작하였다. 인간이 야생동물을 가축화하여 기르기 시작한 것은 농경시대가 시작된 이후이다. 가축화는 약 만천 년 전에 양과 염소를 시작으로 소, 말 그리고 낙타로 연결되었다. 농업은 약 만 년 전에 시작되었으며 전통적인 농업사회에서의 평균 일인당 고기 소비는 연간 5~10kg 정도이었다. 호모 사피엔스가 정착생활과 더불어 점점 더 곡물 위주의 식이에 적응하면서 가축과 인간 모두 이동성이 더욱 제한되고, 과밀한 생활공간에서 식이종류가 한정됨에 따라 단백질 섭취가 적어지게 되어 신체적인 변형이 일어났다. 치아크기가 작아지고, 얼굴과 턱이 작아지고, 신장이 줄어들었다. 따라서 신석기 시대에 인류가 수렵채집의 이동생활에서 정착생활으로 들어서면서 동물과 식물의 길들이기 시작하였지만 이것은 오히려 인류가 자연세계에 대해 가지고 있던 관심과 실용적 지식의 축소, 식이의 축소, 공간의 축소를 가져왔다고 생각할 수 있다. 신석기 시대가 중반을 넘어 후반기로 넘어가면서 가축은 점점 더 역용, 알, 젖, 털 그리고 비료의 공급을 위해 활용되었고, 곡물은 가축에게 먹이기에는 너무 값진 것이었다. 따라서 가축 소유나 고기소비는 정치경제적이고 문화적인 차원이 주도하였다. 정착 공동지에서 인구는 늘어나고 가축의 과도한 방목으로 토질은 악화되어 고기소비의 의미가 변화를 가져왔다. 청동기(BCE 3,300~)에는 가축은 부의 상징이었고 고기는 영웅의 음식이었다. 고대 그리스인들의 고기소비는 연간 1~2kg 정도였다. BCE 1,400년에 메소포타미아에서 돼지고기 소비를 금지한 기록이 있고, 고대 이집트에서 정복의 상징이었던 돼지고기 소비가 금기로 되었다. 중동에서는 이슬람 문화가 들어오기 전까지는 낙타고기 소비가 금지되었었다.

 철기시대(BCE 1,200~)에는 인구가 증가하면서 농업이 강화되고 가축에 대한 의존성이 커졌다. 곡물은 인간의 생존을 위해 필수적이라 과다한 이익취득을 제한했지만 고기는 사치품으로 간주되어 거래에 제약이 없어 축산은 부를 창출하는 전략이 되어버렸다. 로마인들에게 가축은 부의 축적 수단이며 사회적 신분의 과시를 의미하는 것이었다. BCE 800년에서 CE 500년 경까지는 농업이 융성하여 곡류 소비가 주로 이루어져 고기는 식사의 극히 일부를 차지하였다. 고기소비는 일주일에 1회 정도였고 축제기간에나 다량의 고기가 소비되었다. 이 시기의 고기 소비는 금기 사항과 밀접하게 연관되어 종교가 상당한 영향력을 행사하였다. 동물의 혈액이나 내장은 영혼의 거처로 인식되어 종교적으로 소비를 금하였고, 유대교나 이슬람교에서는 돼지고기가 병을 전염시킨다고 소비를 금하였다. 학자들 중에는 유대교에서 돼지고기의 소비를 금지하는 근본적인 이유는 이집트나 팔레스타인 인들과 차별화하여 문화적 정체성을 지키기 위함이라고 주장한다. 왜냐하면 청동기 후기까지 이스라엘에서는 돼지고기를 소비하였다는 화석증거가 있기 때문이다. 고대 이집트, 메소포타미아, 이라크 사람들 모두 돼지고기를 소비하였다.

중세(5세기~15세기)초기에는 기독교의 영향이 지대하여 교황이 고기 소비에 관여하였다. 이교도들이 말, 염소, 개를 제물로 바치고 그 혈액과 날고기를 먹는다는 이유로 교회에서 이를 금지하였을 뿐만 아니라 혈액과 지방이 포함된 소시지의 소비도 금지하였다. 이 시기에는 종교 다음으로 병의 원인에 대한 미신이 고기 소비에 큰 영향을 주고 있었다. 초기(CE 500~CE 1500)까지는 고기생산이 환경에 심각한 악영향을 끼쳤다. 고기는 주식이 아니었지만 맛과 사회적 특권으로서 먹었기 때문에 많은 토지를 초지로 전환하였다. 더욱이 중세말에 유럽을 휩쓴 흑사병(The Black Death)은 인구의 1/3~1/2을 희생시켰고 식량수요와 노동인구의 심각한 감소를 가져왔다. 따라서 지주들은 토지의 이익을 극대화하기 위해 축산을 강화하였다. 15세기의 농촌경제는 가축이 주도하였다. 노동인구 감소는 임금의 상승을 가져왔고 고기수요를 증가시켰다. 그래서 14세기의 고기소비량의 배 이상이 15세기에 소비되었다. 이러한 고기소비를 충족시키고 털 생산을 강화하기 위해 가축 사육용 방목지가 더 많이 필요하게 되었고 따라서 이후에는 방목지의 공급한계로 인하여 가축사육이 제한을 받게되어 고기소비는 상대적으로 위축되었다. 더욱이 집약농업에서는 대동물(소, 말 등)은 고기용으로 보다 역용이나 교통수단으로 이용하고 배설물도 연료로 이용하고자 하여 산업혁명 시대 이전에는 총섭취 식이단백질의 15% 이하, 총섭취 에너지의 10% 정도만이 동물성 식품이 공급했다. 16세기에 들어서서 소위 "인클로저 운동(Encloser Movement)"으로 부자지주들의 토지독점이 강화되고 축산은 더욱 강조되었다. 더욱이 농사에서 역용으로 사용되던 소가 말로 대체되어 우유와 고기생산이 증가하였고 소, 양, 돼지, 닭의 크기가 증가하였음을 보여주는 동물고고학적 증거를 고려해 볼 때 가축의 생산성과 생산량의 향상이 16세기에 들어서서 이루어졌음을 알 수 있다. 또한 계몽주의의 과학교육은 식생활과학과 영양적 차원에서 고기의 중요성을 강조하여 고기소비의 문화적 이유에 소비이유를 하나 더 추가해 주었다. 16세기 이후는 산업화 이전 사회로서 빈번한 식량부족과 기근으로 고통을 받던 시절이다. 상류층을 제외하고는 동물성 단백질이 부족한 채식위주의 식생활을 영위하였다. 개인식단의 고기의 양은 사회적 신분의 차이를 반영하여 부유층은 다양한 종류의 동물로부터 유래한 고기를 즐기는 반면에 빈곤층은 병들어 죽은 가축이나 내장도 마다하지 않고 소비하였다. 따라서 내장과 곡류, 채소, 과일류를 혼합한 소시지나 요리를 만들어 소비하였다. 우리는 16~19세기의 요리책에서 오늘날보다 더 다양한 동물의 내장이 사용된 것을 볼 수 있다.

　18세기 후반에는 유럽의 부유한 나라의 가정에서조차 고기는 귀한 대접을 받았다. 프랑스의 일반농가에서는 부활절과 결혼식에서나 고기를 소비했기에 총에너지 섭취의 3%이하를 고기에서 섭취하였다. 잉글랜드나 웨일즈에서는 1787~1796년 사이에 시골 노동자들은 연간 8.3kg을, 이태리 도시에서는 1,700년대에 연간 30kg 정도 소비했다. 식민지시대의 미국(1607~1776년)은 이주민들에게는 고기소비가 일종의 심리적 임금이 되어 그 당시 영국 인구의 절반만이 고기를 먹을 수 있는 형편이었는데 미국 이주민들은 연간 거의 68kg의 고기를 소비하였다. 당시 유럽인 섭취 단백질의 15% 만이 고기로 공급되었다. 독립국가 미국 시대(1776~)는 모든 사람들이 고기소비를 즐기는 시대였다. 돼지고기가 가장 많이 소비되는 고기였다. 이유는 염지를 해서 일년 내내 소비할 수 있었기 때문이었다. 냉장 기술이 도입되면서 소고기 소비가 돼지고기를 앞질렀다. 19세기 동안 서양에서는 고기를 먹지 않는 사람은 조롱당하고 이상한 사람으로 낙인 찍혔다. 그러나 아시아지역에서는 상대적으로 고기소비가 빈약하여 중국은 1920년 초까지 가구당 연간 소비량이 1.7kg에서 30kg 소비까지 빈부 차이가 심했고, 일본에서는 더욱 적어 15세기까지 가축의 고기를 소비하는 것은 금기였다. 인도는 연간 1kg 이하의 고기를 소비하였고, 산업혁명시대 이전에 전 세계적으로 유일하게 유럽수준으로 고기를 소비한 나라들은 몽골, 아르헨티나, 호주, 뉴질랜드였다.

　19세기에는 곡류소비에서 벗어나 감자에 의존하게 되고 일반 노동계층에 대한 고기공급을 개선하기 위하여 중소가축의 사육이 적극 권장되었다. 서구사회에서 고기소비의 분기점은 1850년부터 시작된 산업화 및 중상주의의 발달이었다. 중상주의의 발달은 개인소득의 향상을 가져왔고 이것은 고기를 포함한 축산물 시장의 성장을 의미하였다. 산업화는 도시화를 가져왔고 도시수입은 농촌수입보다 많아져 이 또한 고기에 대한 수요증가를 가져와 시장의 팽창을 야기하였다. 산업화는 생산, 유통, 저장 및 가공에서 구조적인 변화를 가져와 산업화에 참여한 국가들은 주기적인 식량기근에서 벗어났다. 대규모 식품산업의 발전은 식품가격을 낮췄고 계층간의 차이도 줄였다. 따라서 한때 부유층의 전유물이었던 고기는 일반적인 식품이 되었고 부족했던 고기는 한 세기 내에 산업화된 국가의 소비자들이 과잉소비를 걱정하는 형태로 바뀌었다.

유럽에서 주된 식생활 전환은 19세기 중반부터 일어났다. 가장 두드러진 변화는 농업생산성 향상, 신속한 산업화 및 급속한 도시화에 기인한 고기소비의 증가이다. 이에 따라 곡류 및 두류의 소비 감소와 함께, 낙농제품, 설탕 및 과일의 소비증가가 일어났다. 이러한 식생활의 전환은 19세기 후반 서유럽에서 시작하여 이후 1900년 대 초에 지중해 유럽 그리고 1950년 대 이후에 동아시아로 이어졌다. 특히, 세계 2차 대전 이후에 식생활의 전환은 더욱 가속화되는데 이것은 기계화 영농의 발전과 더불어 정부의 영농보조금으로 전통농업이 고수확 대량생산 농업으로 전환되었기 때문이었다. 곡물의 고수확-대량생산은 곡물을 가축사료로 이용 가능하게 만들었다. 1900년에는 세계생산량의 10% 정도가 가축사료로 이용되었던 곡물이 1950년에는 20%에 도달했다가 1990년대에는 40%를 넘어섰다. 세계 고기수요가 계속 증가하면 이 비율은 더욱 증가할 것이다.

식생활 전환은 나라별로 각기 특색을 가진다. 유럽에서는 2차 세계대전 이후 완만히 변했지만 일본에서는 2세대도 안 되어 급속한 변화 후 새로운 평형을 이루었고, 중국에서는 1980년 이후에 급속히 변하였다. 프랑스의 예를 보면 19세기 전반부에는 큰 변화가 없다가 고기 소비가 두 배가 되는 데에 80년 이상이 소요되었다. 두번째로 소비량이 배가 되는 데에는 단지 25년이 소요되었다(1950~1975). 영국에서는 19세기에 급속히 증가했다가 1940년대 후반까지 완만한 증가를 보인후 1970년까지 연간 70kg으로 증가하였다(그림 1-9). 미국의 경우에는 유럽보다 훨씬 소비량이 많아 1909년에 연간 일인당 51kg을 소비하였다가 1990년대에는 82kg에 도달했다. 일본은 1955년에 3kg이었다가 2000년에 45kg에 도달했다. 중국은 통계에 신빙성은 없지만 1975년에 11.2kg이었다가 1990년 말에 50kg에 육박한 것으로 FAO가 중국 국가공식통계를 이용하여 발표했다.

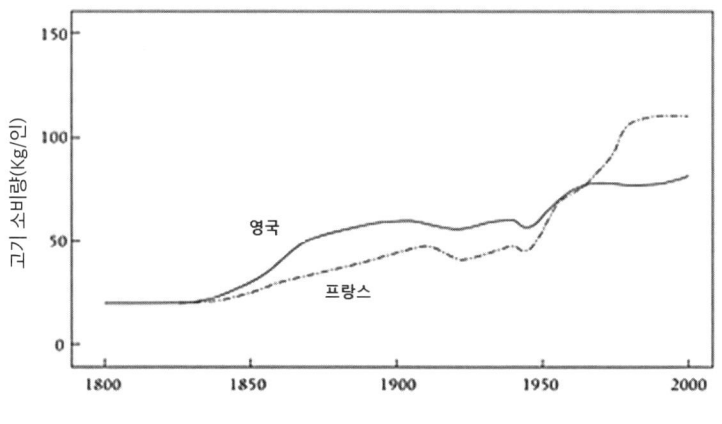

그림 1-9. 영국과 프랑스의 일인당 고기 소비량 변화
(Smil, 2002)

3) 결론

　인류의 진화는 동물을 희생하여 그 고기를 먹는 것과 밀접하게 관련되어 있다. 인간은 초식동물이기엔 소화관이 너무 짧고 단순하며 고기의 소화를 원활하게 도와주는 효소를 보유하고 있다. 더욱이 인간의 대뇌화와 신체성장은 고기소비로 인하여 촉진되었고 대동물을 사냥하기 위해 협력하는 사회화와 소통을 위한 언어를 발전시켰다. 인류의 정착화가 진행되면서는 야생동물의 가축화를 촉진시켰다. 고기는 인체에 필수적인 다양한 영양소들의 우수한 공급원으로서 다른 식품에 비해 인체성장 및 발달을 촉진시켰다. 따라서 고기소비는 높은 사회적 신분의 상징이었으며 선호되는 식품이었다. 인간은 고기를 다른 식품에 비해 월등히 좋아하는 의심할 여지가 없는 잡식성 종이다. 역사적으로 환경적 제약과 문화적 구성만이 고기소비를 낮출 수 있었다. 산업화와 도시화는 유럽과 북미에서, 최근에는 아시아와 남미에서 고기소비를 증가시키는 주요 원인이다. 1950년대에 5,000만 톤이던 세계식육생산량은 1975년에 1억 1,000만 톤, 2010년에는 2억 7,500만 톤, 2025년에는 3억 5,700만 톤에 이를 것으로 예상한다. 이러한 지속적으로 증가하는 대규모 고기 생산은 지구환경에 큰 부담을 가져온다. 지하수 오염, 온실가스 생산, 토양유실 및 산림훼손 등을 이유로 지구기후 변화를 줄이기 위해 북미 및 유럽 선진국에서는 고기소비를 줄이자는 주장이 호응을 얻고 있다.

2편
고기 소비문화

식품은 합리적인 것이 아니다.
이건 문화이고 습관이고 갈망이며
정체성이다.

Jonathan Safran Foer

Sophie Bessis는 "당신이 무엇을 먹는지 나에게 말해주면 나는 당신이 어떤 신을 숭배하고, 어느 위도에서 살고, 어떤 문화에서 태어났고, 어떤 사회집단에 속하는지를 말해줄 것이다. 전통요리를 공부하는 것은 각 사회의 자의식 속으로, 그들이 자신의 정체성으로 가지고 있는 이미지 속으로 가는 멋진 여행이다." 라고 말했다. 이처럼 우리가 무엇을 먹는지는 지리학과 문화의 반영이라고 볼 수 있다. 특정 지역의 전통식생활은 크게는 지형, 기후, 식물상, 동물상, 종교 등에 영향을 받아 형성되지만 좁게는 같은 지역에서도 문화가 다른 부족간에 각자 독특한 전통요리가 있고, 같은 부족 내에서도 가계에 따른 유전적 특성에 의해서도 특정 식품에 대한 선호도가 영향을 받게 된다. 더욱이 문명의 발달로 특정 지역의 고기소비는 크게는 경제적, 자연환경, 그리고 사회적 요인에 의해 영향을 받으며 구체적으로는 인구증가, 도시화, 소득수준, 교육수준, 사회계층, 성별, 연령, 여성 취업율 그리고 고기가격에 따라 양적 증가와 질적 변화를 가져온다. 따라서 고기의 지리학에서 우리가 보고 있는 지리적 소비 패턴의 차이는 세계화에 의해 평준화되고 있지만, 식품소비문화는 지역의 특성에 의해서 뿐만 아니라 지역 문화 및 가정문화에 의해 영향을 받기 때문에 단기간에 완전히 세계화되지 않을 것임을 이해할 필요가 있다.

  사전적 정의에 의하면 문화란 특정 시대에 특정 집단의 인간사회가 보이는 사회적 행동이나 기준, 신념, 관습 등을 말한다. 따라서 인간사회의 문화는 끊임없이 변하는 것이고 변해 갈 것이며, 인간이 지구상에서 진화해 가는 과정에서 나라와 지역마다 독특한 문화는 유지되어 갈 것이다. 특히 식문화는 매우 보수적인 경향을 보이는 것으로 알려진다. 식문화는 인간이 생활하는 지역에서 다양한 요인들의 영향을 통해 형성된다. 해당 지역의 기후, 토양, 물, 연료, 생산되는 식량 등의 자연 자원; 종교, 교육, 교류 등과 관련한 신념과 정보; 인종(원주민 혹은 이민); 수렵, 채집, 농경, 축산, 수산, 양식, 가공, 저장, 운반, 조리 등과 관련된 기술; 식민지화 등과 같은 여러 가지 요인들에 의해 형성되므로 이러한 요인들이 변화하면 식문화가 변하게 된다. 따라서 과거에는 식문화가 매우 느리게 변화하였으나 현대에 와서 이러한 요인들의 변화속도가 빨라져 지역 식문화의 세계화가 쉽게 이루어지고 있다(Globalization of the locality). 그러나 인간의 습관은 상대적으로 변화가 느려 어릴 때 가정에서 습득한 식습관은 나이가 들어도 잘 변하지 않는다. 따라서 어려서부터 어떻게 식생활을 영위하게 하느냐가 특정 국가의 미래 농식품 산업의 운명을 결정짓는 요인이라고 해도 과언이 아닐 것이다. 최근의 경향이 건강에 좋은 음식을 추구하는 것이기에 어려서부터 건강한 식생활을

영위하려면 지역 농축산물을 적극 소비하도록 사고방식을 바꿔줄 필요가 있다. 앞으로의 한국 식육산업을 포함한 농축산업의 향방을 주도할 젊은이들이 미래를 주도하는 능력을 키우려면 인류가 지구상에 나타나 고기를 먹기 시작한 과정과 현재 지역별 소비문화를 이해하는 것은 필수적이라 믿어 의심치 않는다.

사진 2-1. 에티오피아 결혼식 피로연

4
인간생활에서의 고기 소비의 함의 含意

누군가가 고기를 왜 먹느냐고 물으면 우리는 고기는 우리 음식의 중요한 부분이고 맛이 있고 영양가 높고 만족감을 주기 때문이라고 당연한 듯이 대답한다. 반대로 고기를 먹지 말아야 한다는 주장을 이야기할 때에는 고기는 포화지방이 많고 항생물질이나 농약 등 위해물질이 많이 들어 있어 건강에 해롭고, 고기생산이 지구환경에 가하는 폐해를 성토하고, 집약축산의 잔인함을 지적하며 고기를 먹는 습관을 버려야 한다고 쉽게 이야기한다. 그러나 이 시대의 우리 사회에서 이렇게 상식적인 것 같은 이야기들이 역사 속의 다른 사회의 신념과 관행의 범주내에서 비교되면 문화적 정통성의 문제로 전개된다.

1) 고기소비 전통의 형성

고기는 인류진화 유산의 핵심요소이다. 고기의 획득, 소비 및 사회적 통합이 서로 얽혀 있음(고기 전통)으로써 인류의 생물학적, 문화적 작동 방식에 영향을 미쳐왔다. 고기는 사회적, 문화적 의미가 풍부한 가장 의미있는 식품이기 때문에 고기전통이 가지는 사실적 의미에 대한 이해는 앞으로의 고기소비 경향을 예측하고 고기소비를 조절하는 데에 도움이 될 것이다.

(1) 생리적 욕구

구석기 시대에는 고기가 에너지와 단백질의 공급원으로서 호미닌이 지성적이고 사회적 동물로 진화하는 데 공헌하였다. 비록 인간 진화과정에서 고기에 대한 열망(meat hunger)이 생리적 욕구에 의한 것이라는 주장은 너무 단순화한 것이라고 생각할 수도 있지만 고기가 진화과정에서의 뇌발달 과정에서 필요한 영양적 요구를 만족시킨 것은 부정할 수 없는 사실이다. 더욱이 반복되는 고기소비에 대한 인간 행동과 대사적 융통성이 유전적으로 전사되어 타고난 고기 추구성향으로 우리 몸속에 자리매김을 하였을 수도 있을 것이다. 그러나 특정식품에 대한 열망은 기저에 있는 인시적, 감정적, 환경적 과정을 통하여 일어나는 복잡한 현상이고 식생활 경향은 사회적 문화적 요인으로 인하여 제어될 수도 있기 때문에 고기에 대한 열망이 단순한 인간의 자연스러운 욕구라고 주장할 수만도 없을 것 같다.

(2) 사회적 안전 시스템 구축

식량안보를 극대화하기 위해 필요한 사회적 상호작용을 형성하기 위한 수단으로 고기가 사용된다. 생존을 위해 사회공동체는 가용자원과 노동력 조성에 의존하는 방향으로 환경에 적응한다. 원래 버려진 것을 주워 먹는 것에서 유래한 고기공급 전략이 궁극적으로 단체사냥으로 이어져 호미닌은 협동하여 식량을 구하러 다니게 되었다. 이러한 성향은 인간에게 내재 되었고 시대에 걸쳐 진화하였다. 사냥역할은 남성위주로 진화하였고, 이것은 여성의 역할이 식량채집과 가공에 집중하게 만들었고 임신과 육아를 보장하기 위한 측면이 강했다. 사냥감이 풍부하고 실패가능성도 낮은 경우에는 여성의 사냥 참여도 상당했다. 이는 사냥역할이 성별구분의 기준이 된 것은 아니라는 것을 보여준다. 사냥으로 확보한 고기를 이웃과 나누는 것은 예측할 수 없는 사냥의 특성으로 인한 미래 위험부담을 줄이고자 하는 목적이 강하지만 학자에 따라서는 고기를 가족 이외의 사람들과 나누는 것은 사회적 압박(social pressure), 상호공생, 성적 특혜(sexual preference) 등으로 인하여 실행되었다고 주장한다.

(3) 사회적 발생(sociogenesis) [01]

사회적 뇌(social brain) 이론은 사냥을 위해 협력하고 전략을 짜는 데에 요구되는 복잡한 사회적 상호작용이 필요해짐으로써 호미닌의 인지기능이 발전했다는 주장이다. 협력하여 사냥하고 고기를 나누기 위한 필요에 따라 점증하는 복잡한 사회구조 속에서 주도권을 잡기 위한 경쟁이 생겼으며, 남자들간의 다툼을 말리고 공동체 전체의 이익을 위해 협조하도록 설득하는 소통능력, 공감하는 능력을 포함한 다양한 사회적 재능이 우수한 여성을 중심으로 한 사회가 형성되었다. 사냥과 고기나눔은 공동체 내의 관계유지발전에 중요한 역할을 해왔다. 공동체내의 결속수단이었을 뿐만 아니라 소통의 강력한 수단이고 가치공유 선언이며, 유대, 친절, 감사, 호감 등의 표현수난이었다. 여기에 더해 공동체의 의식거행 수단이었다. 결국 사냥과 고기소비는 인류의 인지능력 향상과 언어개발에 공헌을 하였고 사회적 연대 및 소속감을 강화하는 수단이었다.

---

[01] 사회적 발생: 특정 사회나 공동체의 진화를 의미하거나 사회조직의 개발을 의미한다.

(4) 사회적 가치를 통한 위계질서 확립

후기구석기 시대에 점증하는 인구수와 풍부한 사냥감으로 인해 사회는 점차 정착성이 커지고 평등주의가 약화되었다. 환경에 맞는 특화, 개인소유권 인정 및 강한 남성 주도권이 확산되었다. 이에 맞춰 사회적, 경제 계층화가 고기분배에서 나타나기 시작했다. 사냥꾼 사회에서 잡기 어려운 사냥감의 고기 분배시 위계질서가 도입됐다. 사냥의 성공에서 용기, 힘, 헌신, 아량 등이 강조되고 경쟁적 담대함이 높이 평가되었다. 사회계층화와 더불어 집단확립과 집단간 경쟁이 늘어나면서 새로운 사회규범이 생겼다. 더욱이 집단의 모임이나 특별한 경우에 소비되는 고기의 종류가 사회적 계층을 반영한다. 18~19세기 이후에는 고기공급문제가 민주혁명에 이바지했고 고기공급에서의 사회적 차별에 대한 불만은 사회지도층의 정통성과 고기독점을 붕괴시키는 데에 공헌하였다. 현대에 와서 고기의 소비는 경제적, 문화적, 상징적 자본을 보여주는 힘을 의미하여 계급과 성별을 구분하게 만든다. 고가이며 이국적이고 멸종위기종의 고기를 소비하는 것이 여전히 신분과시를 의미하며 고기가 여전히 서양식단에서 중심위치를 고수하는 것은 고기가 성공과 권력을 내포하기 때문이다. 아직도 지구상의 여러 곳에서는 소비되는 고기의 양과 빈도수가 한 사람의 계급적 위치에 상응함으로써 특권 신분의 상징으로 받아들여진다.

(5) 총체적인 상징적 영향

여러 가지 면에서 고기처럼 높이 평가받는 식품이 금기사항도 많은 것은 일면 모순되어 보인다. 금기사항이 만들어진 이유들에는 기능적이거나 상징적인 것 혹은 진화심리학적 배경을 가진다. 기능적인 측면에서는, 생태관리 차원에서 취약한 동물종에 대한 사냥 압박(Hunting pressure)을 줄이기 위한 것이거나 기생충이나 질병 감염을 방지하기 위한 것이다. 상징적인 측면에서는, 순결(purity), 공감주술(sympathetic magic)[02], 전형성(prototypicality)[03], 우주론(cosmology)[04]에 대한 주제에 집중되어 있다. 진화적인 관점에서는, 식품안전 위험과 새로운 것에 대한 공포에 기인한 혐오감과 조건성 혐오(conditioned aversion)[05]가 주를 이루고 있다.

  금기의 예에는 다양한 문화권에서 종교적인 것들이 많은데 대부분은 유일신교들에 초점이 맞춰져 있지만 미개종교나 다신교들에서도 많다. 고기는 단순한 음식이 아니고 삶의 방식이다. 옷이 단순히 몸에 걸치는 것 이상의 의미를 가지는 것처럼 고기는 식사 이상의 의미를 가진다. 식품은 명성, 신분, 부유함을 상징하고 소통과 인간관계, 친절, 우정, 사랑, 이웃 유대, 어려울 때의 위로나 공감을 표현하는 수단이 된다. 또한 강인함, 체력, 건강 및 성공의 상징이기도 하고 즐거움, 자기만족, 스트레스 해소, 잔치, 축하의식, 특별한 날을 기념하는 수단이기도 하다. 개성 및 세련됨의 표현이다. 문화에 따라 사람들의 필요와 신념을 만족시킨다. 이것은 연령이나 성별에 따라 다를 수도 있다. 그러나 상징이란 고정된 것이 아니라 스테이크처럼 한 사람에게는 풍요로움, 미식의 솜씨, 촛불과 함께 하는 기념식사에 대한 추억의 상징일 수 있지만 또 다른 사람에게는 도축

---

02 공감주술: 어떤 사물이나 사건 등이 공감작용에 의해 떨어진 곳의 사물이나 사건에 영향을 미칠 수 있다는 신앙
03 전형성: 인간의 머릿속에 존재하는 개념이나 범주의 속성.
04 우주론: 우주의 생성을 주도한 절대적 힘을 강조하는 차원
05 조건성 혐오: 불쾌한 것으로 경험된 어떤 자극과 관련시켜 다른 자극을 회피하는 경향.

장의 폭력, 무자비함, 피 등을 통한 잔인함과 구역질을 의미할 수도 있다.

고기는 문화에 따라 다양한 상징성을 가지고 있다. 서양세계에서는 고기를 먹으면 신체적으로 더 우월해진다는 생각이 만연해 있고 고기는 활력의 상징으로서 남성, 지배 혹은 사나이다움의 아이콘으로 인식되고 있다. 따라서 미래 고기소비 추세는 문화적 경향과 규범이 중요한 결정요인으로 남아 있을 것이다. 고기의 상징성은 지역적 특성을 보인다. 잉글랜드와 칠레에서는 로스트 비프, 미국과 이스라엘에서는 바비큐가 남성들에게 선호되는 고기소비 형태이다. 미국에서의 카우보이와 햄버서는 개척자 남성의 상징으로 부각되어 있다. 이러한 고기 전통은 극단적인 경우에는 미국의 맥도날드처럼 다른 나라에서는 문화적 침략의 수단으로 인식되기도 하고, 중도적인 관점에서는 문화종교적 집단의 신원을 확인해주는 도구로 인식되고 있다. 따라서 고기전통이 모순된 편견이나 이성적 욕구, 혹은 유행이나 습득된 생각의 결과로 인식되는 것을 피하기 위해 우리는 고기가 왜 중요하고 우리와의 관계는 어떠해야 하는지에 대해 치열하게 고민해볼 필요가 있다.

2) 고기의 상징성

살이 쪘다는 것이 칭찬이고 신분과시의 상징이 되는 나라나 사회 혹은 고기를 먹으면 날씬해진다고 믿는 사회, 소득수준에 비해 상대적으로 값이 저렴해진 고기의 소비가 계속 감소하는 경향, 오랫동안 걱정없이 고기를 즐겁게 소비해왔는데 별안간 고기소비 윤리가 제기되는 이유 등을 고려할 때 고기의 상징성이 무엇이냐는 질

문은 기존의 상식적인 대답으로는 충분치 않고 우리 문화 속에서 고기는 무엇을 상징하는지의 해석을 통해 좀 더 충실한 대답을 찾아야 할 것 같다.

생물학적으로 식품의 선택과 소비는 그 의미가 매우 크다. 식품은 우리의 생각과 행동을 통제하는 뇌 발달에 가장 중요한 요인이다. 인간은 내적 및 외적 관계를 제어하기 위해 분류시스템을 사용한다. 따라서 우리가 고기를 식품으로 이용하는 것은 우리의 의식 속에서 동물을 경쟁자, 동반자, 혹은 자원으로의 분류화를 반영한다. 그러므로 고기를 특별한 사회적 혹은 의식적 행사를 위해 선택하는 것은 우리의 의식구조상으로 그냥 자연스러운 것이다.

서양에서는 14세기까지 고기(meat)는 모든 자양물(nourishment)을 의미했다. 세월이 지나면서 단어의 의미는 동물성 식품으로 제한되다가 최근에는 그 의미가 가금육(poultry)과 생선(fish)은 제외하는 데까지 이르렀다. 선진국이든 개도국이든 소득이 높을수록 식사의 동물성 식품의 비율이 더 높고 고기를 통해서 섭취되는 지방, 단백질 및 칼로리의 비율이 높다. 인간이 본능적으로 고기를 좋아하게 유전적으로 코딩이 되어있는 것이 아니고 특정식품을 인식하는 식습관은 사회적 현상으로 사회가치 구조속으로 통합된 것이다. 고기는 문화에서, 사회적 집단에서, 한 시대에서 중요한 상징이었다. 고기를 먹는 것이 문화적 표준일 때 고기는 많은 사람들에게 "진정한" 식품과 동일시된다. 고기는 가장 좋아하는 식품의 범주를 초월하여 식품의 상징이 된다.

인류학에서는 상징을 사용하는 능력을 곧 인간문화의 본질로 본다. 상징을 사용할 줄 안다는 것은 서로 상대의 행동을 해석할 수 있고 나아가서는 세상을 이해한다는 것을 의미한다. 수렵채집 시대의 생활방식은 공유 문화이었다. 특히 사냥에서 획득한 고기 분배에서 공유는 집단 내에서 사회적으로 호응을 받을 수 있어 생존과 번식에 유리한 위치에 서게 한다. 호미닌의 고기 소비는 인간과 가장 가까운 침팬지 내에서 단순히 생존을 위한 고기소비와 비교되어 왔다. 고기 획득은 사회적 및 영양적 목적을 가진다. 사냥은 사회적 활동이다. 190만 년 전의 호미닌 호모 이렉투스는 뇌가 크고 짧은 소화기를 지녀 고기를 주로 섭취했음을 보여준다. 더욱이 이들은 먼 거리를 이동할 수 있어 아시아와 유럽으로 이동하였다. 호미닌이 버려진 사체에서 고기를 뜯어 먹는 것에 덧붙여 의도적인 사냥을 시작한 것은 대략 70만 년 전이다. 불을 이용하면서 고기는 더욱 맛이 좋아졌고 소비하기도 편해졌다. 더욱이 사냥꾼들은 연기로 고기를 저장할 수 있게 되면서 대형동물을 사냥하기 시작했다. 소형 동물의 고기는 에너지 밀도가 높지 않을 뿐만 아니라 종종 잡기도 어려웠다. 대동물은 사냥하기에 힘이 들지만 리더십을 통한 공동의 노력을 필요로 하였다. 정주하는 농경사회에서는 인구밀도는 증가하고 획득하는 고기의 양은 줄어들었고 더욱이 사냥 활동도 줄어들어 고기는 사치품이 되었고 그러한 사고방식은 현재까지 유지되고 있다.

  과학이 자연을 제어할 필요를 강조하기 시작한 17세기 이후 고기 소비는 양적으로나 그 의미적으로나 크게 증가하였다. 산업혁명과 더불어 도시화의 확산은 인간이 환경을 제어할 필요를 더욱 강조시켜 고기는 자연을 압도하는 인간의 힘을 표현하는 이상적인 상징이 되었다. 고기소비가 자연 세계에 대한 인간의 우월성을 반영한다는 것은 자연스러운 상징이다. 따라서 현대의 소비자 행동 연구결과는 고기소비가 권력과 신분에 대한 느낌을 주기 때문에 경제사회적으로 신분이 낮은 계층의 고기선호도가 신분이 높은 계층보다 월등히 높다는 것을 보여준다. 유럽에서 노동자 계층과 저소득층 가구가 고소득층 가구보다 적색육과 가공육을 더 많이 소비한다. 반복되는 주장이지만 고기소비는 권력, 강력함, 남성다움과 같은 상징성과 연관이 있어 축제잔치의 중심이고 손님을 대접하는 전통적으로 높은 신분 식품이었다. 결국 고기를 추구하는 이유가 단순히 영양적 유익이나 식욕을 만족시키는 것이 아니라 인간의 신분에 대한 욕구 때문인 것이다.

역사적으로 고기소비는 신분을 상징하는 의미를 갖고, 사냥은 주로 남자들의 활동이었기에 적색육의 소비는 특히 남성적인 상징을 갖고 있다. 따라서 생선이나 가금육의 소비는 여성적이라고 간주되어 왔다. 소고기를 비롯한 적색육의 가격이 생선이나 가금육보다 비싸기 때문에 적색육 소비는 상류신분의 상징으로 작용하였다. 그러나 현대에 와서 적색육 소비는 건강에 나쁘고 시구환경에 악영향을 끼친다는 부정적 의미가 강조되다 보니 이제는 사회적 신분의 고하가 적색육 소비에 영향을 미쳐 오히려 고소득 상류층 소비자들이 적색육소비를 기피하고 가금육이나 해산물의 소비를 선호하는 것이 현실이다. 더욱이 고기가 상징하던 남성다움이 더 이상 인정받지 못하고, 과거에 고기가 상징하던 기력과 강한 힘은 잔인성과 침략성으로, 남성적 힘과 용기는 폭력과 파괴력으로 인식되는 시대가 되었다.

3) 고기를 좋아하는 이유

우리가 고기를 먹기로 결심할 때는 우리가 단순히 구할 수 있는 식량자원 중에서 가장 효과적이고 효율적으로 우리의 영양적 필요를 만족시키기 위해서가 아니고 문화환경 속에서 행동하는 것이다. 행동에 대한 우리의 결정은 사실 종교, 개인적 신념, 편견 등을 포함한 문화사회적 맥락을 반영하고 있다. 사회적 현상으로서 고기소비를 설명해주는 증거는 크게 두 가지 측면에서 볼 수 있다. 하나는 고기소비의 유해와 유익을 보여주는 고고학적 및 통계적 증거이며 다른 하나는 일반인들의 생각이다. 고고학적 및 통계적 증거는 과거 역사에서 찾기에 충분치 않지만 중세유럽에는 가축이 주로 역용으로 이용되었기에 고기는 주식의 보충용으로 대부분의 사람들은 소량을 소비했다. 18~19세기에 와서야 고기소비가 증가하기 시작하였고 19세기 후반에 냉장 및 운송기술이 발전하여 저렴한 고기가 외국에서 수입됨으로써 더욱 증가하였고 20세기 초에 소비의 정점을 찍었다. 다음으로 일반인들의 생각 측면에서의 증거는 역사적으로 보면, 서양에서는 전통적으로 사냥의 시작을 인류의 시작을 알리는 증거로 사용해 왔다. 따라서 초기 인류를 수렵인으로 단정하고 고기를 많이 소비하는 것이 선사시대 습관의 증거이거나 현대인의 믿음의 진정한 증거로 본다. 우리 식품 시스템상에서 고기의 우월성은 인간의 자연에 대한 우월성을 반영한다. 이것이 주는 태생적 메시지는 긴 인류 역사속에서 인간은 자연에서 오는 위험을 줄이고 생존을 위해 필요한 자원과 식량의 안정적 공급을 확보하기 위해 환경을 제어할 필요를 느꼈고, 따라서 인간이 다른 생물을 압도하기 위해 그것들을 죽이고 먹는 능력을 발휘하기 시작할 때 문명화되었다는 것이다. 이런 맥락에서 중세 유럽을 포함한 대부분의 겨우겨우 살아가는 사회에서의 고기소비는 주식의 보충식량이었지만 정치적 경제적 권력을 추구하는 지배층에서는 일반인들보다 월등히 많은 양을 소비하였고 종교적으로 세속적 권력을 피하는 사람들은 고기소비를 회피하였다.

잡식을 하며 현대를 사는 우리는 일상생활에서 채식주의를 주장하거나 동물권리를 주장하는 사람들과 마주하게 되는 경우가 점점 많다 보니 "고기의 역설(Meat paradox)"에 부딪치게 된다. 이에 따라 도덕적으로 동물에 해를 끼치는 행동과 식생활에서 고기를 즐기는 행동 사이에서 느끼는 소위 인지부조화(cognitive dissonance) 현상을 경험하게 된다. 이 갈등을 해소하는 방법은 자기 행동을 도덕적 이상에 맞춰 고기소비를 중단하던가 아니면 자신의 신념이나 태도를 고기소비 행동을 정당화하는 방향으로 정리하는 것이다. 현재 세계인구의 대부분은 후자를 택하고 있다. 후자의 결과는 고기소비를 비난하는 의견을 무시하거나 자신의 입장을 옹호해주는 증거를 과도하게 평가하는 소위 "자기편견(myside bias)" 혹은 "과잉신념(belief overkill)"을 통해서 이루어진다. 전 세계적으로 고기를 소비하는 사람들이 자신을 정당화하는 이유로 언급되는 4N을 보면, 첫째, 인간이 고기를 먹는 것은 자연스러운(natural) 행동이라는 것이다. 우리의 조상들은 항상 고기를 먹으면서 진화해 왔으므로 채식만 하는 것은 부자연스러운 것이다. 인류는 자연스러운 고기 소비자들이다. 둘째, 문명사회의 대부분의 사람들은 고기를 먹고 있고 먹지 않는 것은 사회적으로 비정상적인 행동이다. 고기를 먹는 것이 정상적(normal)이다. 셋째, 우리는 건강하기 위해 고기를 먹을 필요(necessary)가 있다. 우리 몸이 필요로 하는 단백질, 비타민, 광물질 등은 식물성 식품에서만 섭취할 수는 없다. 넷째, 고기는 좋고(nice) 맛이 있다. 식사를 맛있게 해주는 고기인데 그것을 제외한다는 것은 이상하다. 고기는 식사를 맛있게 해주어 인간에게 만족감을 제공한다. 인간이 어떤 종류의 음식을 소비하는가는 특정 지역에 거주하는 사람들이 믿음을 실천하는 이념(ideology)의 문제이고 식습관은 그 지역의 문화이기 때문에 옳고 그름의 기준이 없는 행동이다. 세계화라는 흐름 속에서 식품윤리적인 차원에서의 고기소비 중단이나 감소 주장조차도 잘못하면 선진강대국 소비자들의 풍요로움 속에서의 한가한 주장(idle argument)이라고 오해받을 여지가 있다.

우리가 어떤 음식을 선호하는 것은 습관, 전통, 간편성 등의 이유로 오랫동안 접해온 조건들에 의해 영향을 받은 우리 태도에 의한다. 선호도는 이렇게 사회적 요인에 의해 결정되는 것을 종종 먹는 사람들이나 집단의 신분이나 지위로 인해 해당 식품의 자연적 특징으로 착각한다. 선호도가 해당 식품의 성질에 의한 것이 아니고 사회 내에서 그리고 역사적으로나 현재 전 세계적으로나 문화에 따라 다양함을 보여주는 증거는 많다. 식품이란 소통, 이미지의 집합체, 용도와 상황과 행동의 종합을 의미하는 시스템이다. 따라서 친숙함이나 전통이 식품 선택을 좌우한다. 그래서 전통식품은 종족 정체성의 상징이 된다.

미국의 인류학자 Marvin Harris에 의하면 동물성 식품은 식물성 식품보다 인간의 영양과 생리에 중대한 역할을 한다. 식물성 식품은 생명을 유지시켜 주지만 생존 이상의 건강과 복지는 동물성 식품에 의하여 성취된다고 한다. 그 이유는 동물성 식품은 식물성 식품보다 조리된 중량당 더 많은 단백질을 함유하고 있고 그 단백질의 품질도 필수 아미노산 구성과 소화율 측면에서 비교할 때 식물성 식품보다 우수하다. 더욱이 동물성 식품은 이 밖의 필수 광물질 및 지방산, 비타민 등을 공급해 줌으로써 인간이 성장하고 활동하는데 영양적으로 결정적인 역할을 담당한다. 농경사회에서 동물성 식품은 비록 영양적으로 우수하지만 생산하기가 힘들었기 때문에 그 효용성과 희귀성으로 인하여 상징적인 힘을 얻게 되었다.

인간이 고기를 좋아하게 된 배경은 이러한 영양 생리적 이유뿐만 아니라 사회 문화적인 이유에서도 찾을 수 있다. 사냥 및 수집으로 살아가던 원시시대에는 다양한 문화권에서 공통적으로 동물성 식품에 대한 선호도를 보여주고 있다. 인류학자들의 연구에 의하면 석기시대의 네안데르탈인들의 식사는 90%가 고기로 구성되어있다고 한다. 인류학자들이 수집한 사례 중에서 공통적인 것은 집단이나 친척을 결속시켜주는 사회적 연대를 강화하기 위해 고기를 사용함으로써 부락사회는 특별히 고기를 숭상하게 되었다는 것이다. 이들은 식물성 식품은 드물게 나누었지만 동물성 식품은 생산자(수확자)와 소비자(비수확자)들 사이에 상호 나누어야 했기 때문에 고기소비는 모든 집단에서 가장 중심적인 사회적 행사였고 항상 나누어 먹었다. 동물성 식품이 부족해지면 부락사회는 다툼에 들어가고 결국 갈라지게 된다. 부락이 커지면 사냥감이 줄어들어 고기에 대한 욕구(meat hunger)가 증가하게 되고, 서로를 불신하게 되고 원망하게 되어 상호 적대적인 집단으로 분할되어 사냥감이 많은 지역으로 새로운 부락을 형성하여 나가게 되든지 아니면 사냥지역을 확장하기 위하여 이웃 마을을 공격하게 되었다.

더욱 발달한 원시 사회에서 추장이나 영웅들이 승리를 기념하기 위하여 연회를 열어 추종자들이나 손님들에게 고기를 제공하는 것도 이러한 나눔에서 유래한다고 해석된다. 나아가서는 가축화된 동물의 고기, 피, 젖을 조상들과 신들과 함께 나누는 것은 사냥꾼들이 그날의 수확을 서로 나누어 상호 의리를 지키는 조직을 구성하여 시기와 다툼을 방지하고 보이지 않는 세상의 지배자들과 그들의 창조물을 포용하는 공동체를 유지시켜야 했던 것과 비슷한 맥락에서 일 것이다. 동물을 희생시키는 도살을 신성화하고 고기를 신들에게 바치는 것은 고대 사람들의 고기나 동물성 식품에 대한 갈망을 표현하는 것이다. 아니면 동물의 고기는 인간이 소비하기에 너무 좋은 것이기에 신들이 인간들과 기꺼이 나눌 수 있도록 조심할 때에만 인간이 먹을 수 있게 되기 때문일 수도 있다.

  결론적으로 고기는 영양 생리적으로 식물성 식품보다 우수하지만 확보하기에는 노력이 더 많이 요구되므로 상징적으로 소중한 것이 되었으며 원시 사회에서의 공동체 유지와 종교적인 필요와 연결되어 더욱 귀중한 식품으로 인식되어 인간이 일상생활 속에서 기회가 주어질 때마다 우선적으로 추구하게 된 것으로 판단된다. 따라서 고기는 정치적으로, 종교적으로, 사회적으로 주도권을 가진 자의 음식으로의 상징성으로 갖게 되었다.

⑤ 고기 소비문화

고기 풍미를 구성하는 성분은 지방과 수용성 물질이다. 그러나 수용성 물질은 고기 종류별로 비교적 비슷하여 지방이 없는 고기의 풍미는 고기 종류별로 크게 차이가 없다. 고기 종류별 풍미의 주된 차이를 만드는 것은 지방부분이다. 고기를 먹는 사람이 느끼는 고기 풍미에 영향을 주는 것은 고기가 함유하고 있는 지방조직의 지방산의 총량과 구성비율이다. 초사료는 다양한 발향성(發香性)이며 반응성인 지용성 성분들을 함유하고 있어 이를 섭취한 동물 근육에 최종적으로 풍미 전구물질로 축적이 된다. 이러한 성분들은 시간이 지남에 따라 동물의 지방조직에 축적되어 소비자의 문화적 혹은 지리적 유래에 따라 긍정적이거나 부정적인 고기 풍미로 인식된다. 풍미에 영향을 주는 성분들은 동물의 나이가 많을수록 우세해져 늙은 동물과 나이 어린 동물 고기의 독특한 풍미 차이를 가져온다. 일반적으로 동물의 나이가 많을수록 풍미는 강해져 지역에 따라 풍미가 강하고 연하지 않은 고기를 선호하는 사람들은 거세하지 않은 나이들은 수놈의 고기를 즐긴다. 결국 지리적으로 특정 지역에 오래 거주해 온 사람들은 해당지역의 식생(植生)에 따른 풀사료로 인해 조성된 고기의 풍미, 소위 고기 떼루아(meat terroir)에 익숙하여 그 지역에서 주로 사육되는 가축의 고기를 선호하는 문화가 형성된다. 그러나 현대 축산에서 곡물을 위주로 한 농후사료로 사육되는 단위가축(주로 돼지나 가금류)이나 비육되는 반추위가축의 고기는 지방산 조성이 곡물에 의해 영향을 받게 되므로 생산되는 지역의 식생에 크게 영향을 받지 않게 된다. 따라서 고기소비 문화는 지리적으로 형성된 고기의 종류별(축종별) 선호도가 고기 풍미의 선호도를 압도하는 결과를 가져왔다.

1) 대륙별 소비

고기 문화는 나라마다 달라 소비하는 고기의 종류가 나라마다 다르다. 서양 선진국에서조차 기본적으로 소고기, 돼지고기, 닭고기, 양고기는 소비가 되지만 유럽의 몇몇 국가에서는 말고기나 토끼고기가 소비되는 반면에 미국을 비롯한 영어권 국가에서는 기피하는 경향을 보인다. 또한 중동이나 아프리카의 이슬람국가들에서는 양고기, 염소고기나 낙타고기가 소비되고 있고 호주에서는 악어나 캥거루 고기가 소비되는 실정이다. 비록 선진국에서 고기생산이 지구

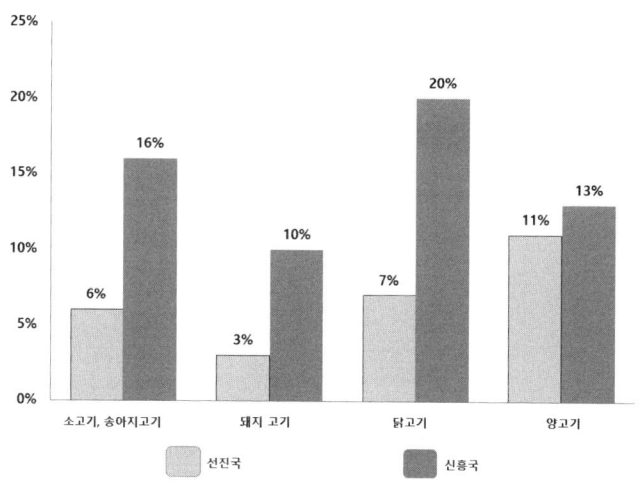

그림 2-1. 2018년부터 2028년까지 10년간의 세계 고기소비량 변화 추세
(OECD-FAO Outlook 2019).

환경에 악영향을 주고 있고 적색육 소비가 소비자 건강에 나쁘다는 주장이 확산되면서 서양 선진국에서의 적색육 소비는 정체 또는 감소하는 경향을 보이고는 있지만 세계 고기 소비량은 앞으로도 계속 증가할 것으로 판단된다(그림 2-1).

고기 수요는 주로 인구증가와 소득향상에 의해 증가하는데 중산층이 많은 아시아, 라틴아메리카 및 중동지역에서 증가세가 두드러질 것으로 예상된다. 선진국의 고기 소비도 지속적으로 증가하겠지만 증가비율은 개도국에 비해 낮을 것이다. 또한 인구증가율이 높은 저개발국가들, 특히 사하라이남 아프리카에서 고기소비가 소고기와 닭고기를 중심으로 급속히 증가할 것으로 전망된다. 돼지고기 수요도 비무슬림 국가를 중심으로 증가하고 있다. 기원전 6,000년경에 아프리카 사람들은 서아시아에서 양, 염소 그리고 돼지를 도입하였다. 기원전 1,500년경 이집트 신왕조시대에 이집트 사람들은 닭고기를 먹기 시작했다. 같은 시기에 부유한 사람들은 돼지고기 소비를 멈췄다. 이것은 나중에 그들에게 금기사항이 되었다. 아프리카에서 어떤 종류의 고기를 소비하느냐는 가격과 구득 가능성, 맛과 선호도, 문화 및 종교에 크게 영향을 받는다. 앞으로 전 세계에서 인구증가율이 가장 높은 아프리카는 경제상태가 양호한 남아프리카, 앙골라, 나이지리아를 제외하고는 현재 고기소비가 높지 않지만 장기적으로는 꾸준히 증가할 것이다. 세계적 유행병의 창궐로 세계 경제발전이 지연되고 고기 생산과 공급에 차질이 생기면 소비 또한 상당한 영향을 받게될 것이다. 전 세계인구의 절반 이상을 차지하는 아시아는 고기소비의 40% 이상을 차지하고 있고 2030년에는 절반이상을 차지할 것으로 전망한다. 오스만(Osman) 제국은 13세기부터 터키 아나톨리아 지역을 중심으로 수도를 콘스탄

티노플, 현재의 이스탄불로부터 해서 남동유럽, 서아시아, 북아프리카 지역을 다스리던 이슬람 제국이다. 터키는 오스만 제국에 편입되면서 사냥과 가축떼를 몰고 다니는 전원생활의 유목민 문화가 이슬람의 세련된 도시화 문화와 접목되어 사냥으로 획득하던 토끼나 사슴고기 그리고 말고기 소비가 사라지고 양고기나 닭고기 소비가 늘어났다. 무슬림이므로 돼지고기는 당연히 제외되었다. 오스만 제국의 식문화는 이베리아 반도, 이집트, 그리스, 발칸, 중앙아시아까지 폭넓게 확산되어 있다. 남아시아는 인도를 정점으로 닭고기 소비가 중심을 이루지만 주변 무슬림 국가들에서는 소고기 소비가 증가한다. 동아시아는 중국을 정점으로 돼지고기 소비가 주를 이루고 동남아시아는 불교, 기독교, 이슬람교 중에 우세한 종교가 없어 닭고기와 돼지고기 소비가 균형을 이루고 있다. 북아메리카는 미국을 정점으로 소고기, 닭고기, 돼지고기를 주로 소비하며 양고기 소비는 상대적으로 미약하다. 고기소비가 정점을 찍었다고 주장되는 상황에서 닭고기 소비가 가장 많은 것이 특징이다. 라틴아메리카는 브라질, 아르헨티나, 멕시코 등 닭고기, 소고기, 돼지고기 수출국들이 많아 고기소비가 양고기를 제외한 세 가지 고기를 골고루 소비하고 있다. 유럽에서 고기소비가 가장 높은 나라는 스페인과 오스트리아이고 낮은 지역은 상대적으로 개인소득 수준이 좋지 않은 동유럽과 발칸지역이다. 이 지역은 돼지고기를 가장 많이 소비하고 닭고기와 소고기, 양고기 순으로 많이 소비한다. 오세아니아는 소고기와 양고기의 주된 수출국인 호주와 뉴질랜드를 중심으로 소비는 닭고기가 가장 많고 돼지고기, 소고기, 양고기 순이다(그림 2-2).

 소고기 소비는 대부분의 선진국이 존재하는 유럽이나 북아메리카에서는 정체되고 경제발전이 빠른 중국, 카자흐스탄, 한국, 터키,

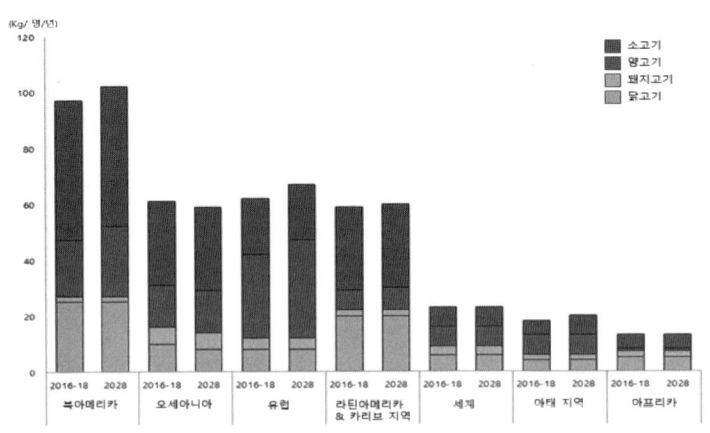

그림 2-2. 대륙별 일인당 고기소비량
(OECD-FAO Agricultural Outlook, 2019)

베트남에서 지속적으로 증가하는 등 아시아에서는 계속 증가할 것이다. 돼지고기 소비는 선진국에서는 포화상태여서 북아메리카나 유럽에서는 정체되고, 라틴아메리카에서는 지속적으로 증가할 것이고, 중국, 일본, 한국, 베트남에서의 증가로 아시아에서도 증가할 것이다. 닭고기 소비는 전세계적으로 공히 증가한다. 양고기는 이슬람 문화권에서 소비가 증가하지 않으면 정체되기 때문에 아프리카, 북아메리카, 라틴아메리카에서 그 소비가 정체될 것이고 특히 중동지역은 석유시장 변화에 연동되어 진다. 주 수출국인 오세아니아에서도 소비는 정체될 것이다. 다만 중국에서 닭과 돼지 질병으로 인하여 양고기 수요가 증가하여 아시아 지역의 양고기 소비가 증가한다. 일인당 가장 고기를 많이 소비하는 나라는 미국, 호주 그리고 아르헨티나, 이스라엘, 브라질(2019년 기준)이다(그림 2-3).

이러한 대륙별 고기 소비 경향은 대륙별 인구 변화에 의해 고기 종류별 소비에도 영향을 미칠 것이다. 세계인구는 기원전 1만 년엔

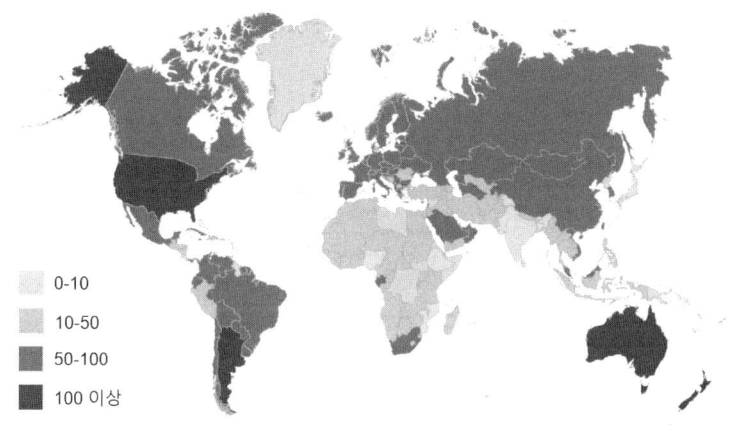

그림 2-3. 연간 일인당 고기소비량(kg) 세계지도
(Wikimedia Commons, 2020)

400만 명이었고, 기원전 5000년에는 500만 명, 서기 1년에는 2억 명, 1000년에는 4억 명, 1800년에는 10억 명이던 것이 1980년에 44억 4000만 명 그리고 2020년에는 78억 명이다. 2050년에는 약 98억 명에 이를 것으로 전망한다. 대륙별로는 표 2-1에서 보는 바와 같다.

표 2-1. 세계 대륙별 인구 현황 및 전망

(단위: 백만)

대륙	2020년	2050년
아시아	4,641	5,290
아프리카	1,341	2,489
유럽	748	762
라틴아메리카 및 카리브해	654	710
북아메리카	369	425
오세아니아	43	57
세계	7,796	9,733

2020년 기준 전 세계적으로 인구가 1억 명이 넘는 나라들은 중국

(1,439백 만), 인도(1,380), 미국(331), 인도네시아(274), 파키스탄(221), 브라질(213), 나이지리아(206), 방글라데시(165), 러시아(146), 멕시코(129), 일본(127), 에티오피아(115), 필리핀(110), 이집트(102)인데 연간 인구 증가율이 1% 이상이 되는 나라들은 인도, 인도네시아, 파키스탄, 나이지리아, 방글라데시, 멕시코, 에티오피아, 필리핀, 이집트이다. 상당수의 국가가 무슬림 국가이며 아시아에 속해 있다. 따라서 소비되는 고기량이나 종류에도 이러한 지리적인 인구 현황과 전망이 크게 영향을 줄 것으로 예상할 수 있다.

일반적으로 한 나라의 고기소비는 그 나라 경제수준과 밀접한 관계를 가지는 것으로 알려진다. 따라서 국민소득이 높은 나라일수록 소득이 낮은 나라에 비해 고기 소비량이 많은 것을 알 수 있다(그림 2-4). 따라서 대륙별로 선진국(고소득 국가)이 많은 곳(그림 2-5)은 고기소비가 상대적으로 많은 것이 사실이다(그림 2-3). 소위 선진국은 세계은

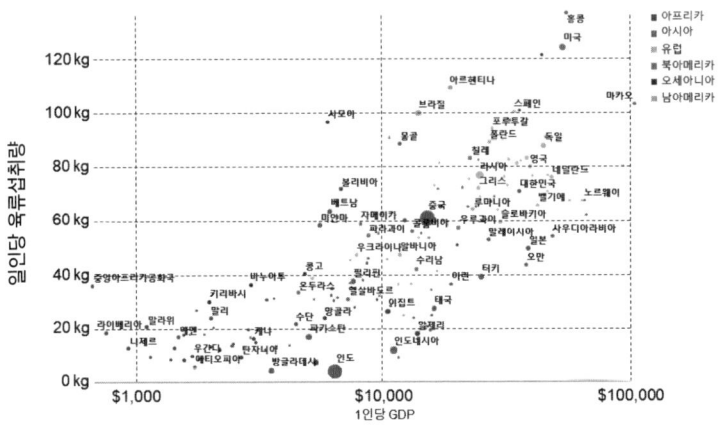

그림 2-4. 연간 개인소득 수준과 고기 소비량의 관계(2017)

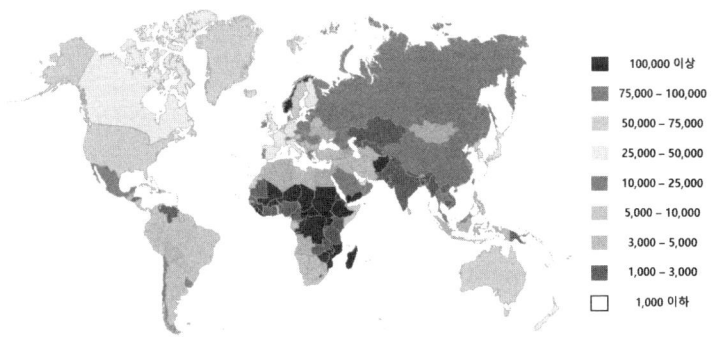

그림 2-5. 세계 연간 개인당 소득 지도

행 기준으로 연간 개인소득이 1만 2,536달러 이상인 고소득 국가들이다.

2019년 기준으로 유럽에는 총 33개국이 소재하며 안도라, 오스트리아, 벨기에, 크로아티아, 체코, 덴마크, 에스토니아, 핀란드, 프랑스, 독일, 그리스, 헝가리, 아이슬란드, 이탈리아, 리히텐슈타인, 라트비아, 리투아니아, 룩셈부르크, 말타, 모나코, 네덜란드, 노르웨이, 폴란드, 포르투갈, 루마니아, 산마리노, 슬로바키아, 슬로베니아, 스페인, 스웨덴, 스위스, 영국이 그들이다. 아메리카 대륙에는 12개국으로 바하마, 바베이도스, 캐나다, 칠레, 코스타리카, 파나마, 푸에르토리코, 세인트키츠네비스, 트리니다드토바고, 미국, 우루과이 등이다. 아시아 지역에는 총 13개국으로서 바레인, 브루나이, 사이프러스, 이스라엘, 한국, 일본, 쿠웨이트, 오만, 카타르, 사우디아라비아, 싱가포르, 타이완, 아랍에미리트 등이다. 오세아니아에는 4개국으로 호주, 나우루, 뉴질랜드 및 팔라우이다. 아프리카 대륙에는 2개의 나라, 모리셔스 및 세이셸이 있다. 그러나 50년간의 자료를 분석한 결과는 상관관계가 0.62 정도로 나라에 따라 약간씩 변이를 보여준다. 예를 들면 브라질이나 베네수엘라는 국민소득에 비해 고기를 많이 소비한다. 같은 맥락에서 아프리카의 가봉이나 아시아의 몽골도 소득수준에 비해 예상보다 고기소비량이 많다. 터키, 루마니아, 벨라루스도 연간 개인소득에 비해 상대적으로 고기소비량이 많은 것을 볼 수 있다. 반면에 소득에 비해 고기 소비량이 많지 않은 나라들도 있다. 아프리카의 남아공, 보츠와나, 리비아와 중동의 오만 등은 부유층과 빈곤층 사이의 차이가 극심한 경우이다. 아시아 지역의 일본, 한국, 말레이시아, 싱가포르 및 타이완은 국민소득에 비해 고기소비량이 많지 않은 경우이다. 따라서 고기소비량은 반드시 경제적 수준만이 영향을 주는 것이 아니고 해당 국가의 역사적, 지리적, 문화적 그리고 종교적인 요인에 의해 좌우됨을 알 수 있다.

2) 고기 종류별 소비

사람들이 먹거나 마시는 것 자체는 문화가 아니고 생명을 유지하기 위한 생물학적 필요조건이다. 다양한 식품들이 완벽하게 식용가능하고 영양가가 풍부함에도 불구하고 어떤 식품은 먹고 어떤 것은 기피하는 상황과 하루의 특정시간에 그리고 특정 장소에서 먹고 마시는 것은 사회의 일원으로서 습득한 즉, 문화적인 것이다. 문화가 주로 언어를 통해 전해진다는 것을 생각해 보면 유사한 언어권(그림 2-6)에서의 식문화가 서로 유사한 것은 어쩌면 당연한 일인지도 모르겠다. 그러나 종주국의 언어를 식민지 입장에서 강제로 받아들인 경우에는 상황이 다를 수도 있을 것이다.

공식 언어로 채택된 국가의 수로 본 주요 언어별 분포는 영어가

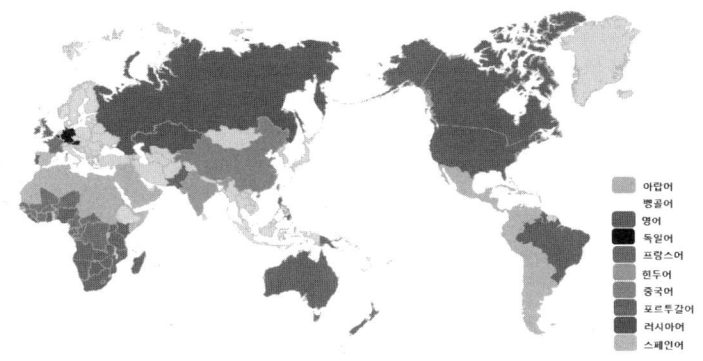

그림 2-6. 세계언어지도

가장 많고 다음이 프랑스어, 아랍어, 스페인어, 포르투갈어, 독일어, 그리고 스와힐리어이다(표 2-2). 종교는 특정 사회에서 소비되는 고기의 종류를 선택함에 있어 가장 큰 영향력을 발휘하는 요인이다. 따라서 세계 종교의 분포도를 보면 소비되는 고기의 종류를 대충 예상할 수 있다(그림 2-7). 예를 들면, 힌두교와 불교에서는 돼지고기와 소고기 소비를 금하고 있다. 힌두 경전에서 이들의 소비를 금하고 있고 불교와 함께 살생을 금하고 있다. 비록 힌두교에서는 닭고기와 양고기는 허용하고 있지만 신자들은 고기를 먹지않는 채식주의

표 2-2. 주요 언어별 공식언어 채택 국가 수

언 어	아프리카	아메리카	아시아	유럽	오세아니아	세계
영어	24	14	4	4	12	58
프랑스어	21	2	-	5	1	29
아랍어	13	-	13	-	-	26
스페인어	1	18	-	1	-	20
포르투갈어	6	1	2	1	1	11
독일어	-	-	-	6	-	6
스와힐리어	5	-	-	-	-	5

그림 2-7. 세계 종교분포 지도

자들이다. 이슬람교와 유대교에서는 돼지고기의 소비를 금하고 있다. 그 밖의 고기들은 소비가 허용되지만 준비에 특별 기도와 의식을 요구하는 할랄(halal)과 코셔(kosher)이어야 한다. 극명하게 대비되게 기독교는 어떤 조건도 없이 모든 종류의 고기의 소비를 허용하고 있다. 다만 에티오피아 정교는 돼지고기 소비를 금하고 있다. 반면에 정반대로 자인교(Jain)는 모든 종류의 고기와 지하에서 자란 일체의 채소의 소비를 금하고 있다.

전 세계에서 소비되는 고기종류는 수없이 많지만 소비량을 기준으로 가장 많은 것부터 열거하면 닭고기, 돼지고기, 소고기, 양고기(그림 2-8), 염소고기, 칠면조고기, 오리고기, 거위고기, 토끼고기, 낙타고기 그리고 말고기이다. 말고기는 북미에서는 멕시코와 캐나다, 유럽에서는 벨기에, 스페인, 아일랜드, 프랑스, 러시아, 아시아에서는 중국과 일본, 그리고 남미와 동남아시아 일부 국가들에서 소비한다. 낙타는 주로 중동 국가와 인도 및 방글라데시에서 소비되고 있다. 토끼고기는 프랑스에서, 거위는 중국에서, 오리는 중국, 프랑

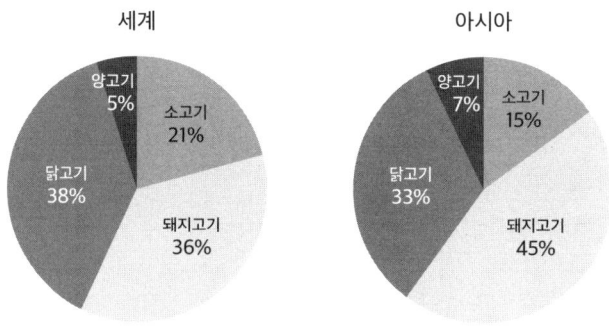

그림 2-8. 세계고기소비량의 종류별 비율
(OECD & FAO Outlook, 2019)

스, 말레시아에서, 칠면조는 주로 미국에서 소비되고 있다. 선진국 소비자들의 호기심과 입맛을 자극하는 이국적(exotic) 고기들로서 악어, 들소, 멧돼지, 캥거루, 사슴, 노루, 순록, 엘크, 타조, 에뮤, 뿔닭 등 여러 가지가 있지만 최근 야생동물고기 소비에서 야기된 인수공통전염병이나 세계적 전염병(pandemic) 바이러스 사태로 인하여 특수한 고기의 소비는 위축되리라 생각된다.

(1) 소고기

소고기는 선사시대부터 인간이 먹어왔다. 소는 1만 250~8,000년 전에 서남아시아에서 가축화된 이후 줄곧 인간의 입맛을 즐겁게 해줬다. 가축화된 이후에 용도에 맞춰 육종을 하여 역용과 젖소로 이용되어 오다가 현대에 들어와 육용이 추가되었다. 현재 소는 콜럼버스가 1493년에 남아메리카 대륙에 도입하여 지금은 남미 경제의 중심산업이 되었다. 소고기 과다소비는 대장암 유발과 심혈관 질환의 원인으로 지목되고 있다. 소고기는 곡물비육과 풀사료비육을 통해 생산되어지는 두 종류가 있고, 두 가지 소고기의 품질비교는 끊임없는 논쟁의 대상이 되어 왔으나 한 가지 확실한 것은 동물복지 차원에서는 풀사료 비육이 우월하다는 것이다. 소의 품종은 크게 열대지방에서 사육되는 등에 혹이 있는 Bos indicus와 온대지방에서 사육되는 Bos taurus가 있고, 전 세계적으로 근내지방(마블링)이 제일 잘 축적되어 고기 맛이 우수하다는 일본의 화우나 우리의 한우는 Bos taurus에 속한다.

  소고기는 전세계적으로 닭고기, 돼지고기에 이어 세 번째로 많이 소비되는 고기이다. 총량으로 가장 많이 소비하는 나라는 미국, 브라질 그리고 중국이지만 개인당 가장 많이 소비하는 나라는 우루과이, 아르헨티나 그리고 브라질이다. 소는 인간 생활에 매우 유용했기 때문에, 특히 농경사회에서는 역용으로 소가 활용되었기 때문에 국가적으로 도살을 금하는 경우가 많았다. 따라서 전 세계적으로 각종 종교에서 도살을 금하거나 국가적으로 농업생산을 위하여 도살을 금지하였다. 종교적으로는 과거에는 많은 종교에서 고기 소비를 금기로 한 경우가 많았으나 현대에 남아있는 것은 힌두교가 유일하다. 힌두교에서는 암소는 신성한 것이 아니고 생명의 상징이며 식량공급원이기 때문에 결코 죽여서는 안 된다는 것이다. 고대 이집트, 그리스, 켈트, 중국, 일본 등 다양한 국가에서 소를 신성시한 경우는 많았지만 현재 남아 있는 경우는 거의 없다. 일본은 불교의 살생금지의 영향과 식량생산을 위한 목적으로 7세기 경부터 동물성 식품의 소비를 국가적으로 금했으나 메이지 유신 이후에 허용하여 지금에 이른다. 서양에서는 소고기가 가장 비싸고, 남성다움의 상징으로서 영양가도 높다고 생각하여 소득수준이 높아지거나 사회적 신분이 높을 때 많이 먹는 경향이 있었으나 이제 선진국 상류층에게는 더 이상 이러한 상징성이 효과를 보여주지 못하고 있어 소비가 정체되고 있다.

(2) 돼지고기

돼지는 8,500~10,000년 전에 서남아시아와 중국에서 가축화되어 인간의 이동에 따라 아시아, 중부유럽 및 지중해 지역으로 확산되었다. 이에 따라 아시아종, 켈트종 그리고 지중해종으로 각기 발전하였다. 돼지육종은 고대중국, 이집트 그리고 그리스에서 발전하였다. 따라서 고대 그리스인들과 로마인들은 돼지고기를 제품 제조에 집중적으로 이용하였다. 당시 로마의 책자에는 다양한 돈육제품의 이름들이 기술되어 있다. 결과적으로 중세, 르네상스 시대를 거쳐 지금의 서구 기독교 문명까지 돼지고기 이용이 활발하게 이어져 왔다. 남미 대륙에는 콜럼버스가 1493년 2차 여행 때 돼지를 가져갔고, 북미대륙에는 1539년 에르난도 데 소토(Hernando de Soto)가 소개하여 그는 미국 돈육산업의 아버지로 불린다. 돼지는 다산이고 성숙이 빠르고 잡식성이라서 농가에서 아무것이나 잘 먹고, 인간이 남긴 잔반으로도 사육이 가능하여 사육두수가 단기간에 급속히 불어났다. 돼지고기는 전 세계에서 가장 많이 소비되는 고기였지만 ASF(아프리카돼지열병) 질병으로 인해 이제는(2019년) 닭고기에게 그 자리를 내줬다. 개인당 가장 많은 양을 소비하는 나라는 세르비아, 몬테네그로 그리고 중국이다. 총량으로는 중국, 미국 그리고 러시아이다.

서양에서는 생산된 돼지고기의 70% 이상이 가공육제품 생산을 위해 사용된다. 이것은 단기간에 생산이 많이 되고 실온에서 쉽게 부패하여 저장성이 떨어지기 때문에 건조나 염지 혹은 훈연으로 부패를 지연시키고자 함이다. 따라서 돼지고기를 활용한 다양한 가공제품 종류가 존재한다. 그런데, 유대교와 이슬람교에서는 소비를 금하고 있다. 기독교 중에서도 에티오피아 정교회같은 교파에서는 돼지고기 소비를 금하고 있다. 이것은 돼지가 폐기물을 먹고 기생충이 있기 때문에 더럽다고 생각을 하였을 뿐만 아니라, 유목민들은 소, 낙타, 양 혹은 염소 등보다 이동시에 관리하기가 어렵고 필요한 물과 사료가 타 초식동물과 달라 어려움을 가중시켜 소비를 금한 것으로 추정된다. 돼지고기에서 특히 문제가 되는 기생충은 선모충으로서 서양에서는 법으로 규제를 하고 있을 정도로 심각하게 여기는 기생충이다. 음악가 모짜르트가 덜 익은 고기를 먹어 선모충에 감염되어 죽었다는 주장도 있다.

(3) 닭고기

닭고기는 전 세계적으로 가장 널리 소비되는, 소비에 금기사항이 없는 고기이므로 사전에 무슨 음식을 좋아하는지 잘 모르는 손님을 접대할 때에 가장 위험부담이 없는 음식이지만, 반대로 너무 평범하여 귀중한 손님을 접대할 때에는 기피하는 음식이기도 하다. 야생닭은 4,500~8,000년 전에 인도와 인도차이나 지역에서 가축화되어 중국과 유럽으로, 그리고 아프리카로 전파되었다. 이집트에서는 3,370년 전에 식용이 아닌 싸움닭으로 키웠다. 콜럼버스가 아메리카 대륙을 방문하기 전인 서기 1200년경에는 폴로네시안에 의해 남아메리카 대륙에 소개되었고 이후 스페인 탐험가들이 북아메리카 대륙에 전파하였다. 야생닭은 식용이 아니고 닭싸움을 위해 가축화된 것으로 알려진다. 따라서 역사적으로 다른 가축들에 비해 닭은 별로 중요하게 여기지 않고 그냥 작은 가축으로 지칭되다가 20세기에 들어와 알과 고기를 생산하는 닭을 구분하여 대량생산의 산업화가 시작되면서 경제적이고 영양적으로 중요한 위치를 차지하게 되었다. 원래는 알 생산이 주였고, 알생산이 부진한 암탉을 고기생산용으로 전환하였으나 20세기 중반을 넘어서면서 닭고기 수요가 증가하여 육계가 개발되었다. 닭은 다른 동물에 비해 많은 문화권에서 양육과 다산의 상징으로, 나아가서는 신성시 되어 수천 년간 문화, 예술, 음식, 과학 및 종교에 큰 공헌을 하였다. 시간을 알리는 역할을 하며, 서양에서는 머리가 나쁘거나 겁쟁이를 상징하고 있다.

인간이 닭고기를 소비하기 시작한 것은 바빌로니아에 기록이 나타난 기원전 600년경이라고 생각된다. 중세 프랑스에서는 부유층만이 소비할 수 있는 고기였으며, 1800년대의 미국에서는 돼지고기나 소고기보다 닭고기가 더 비쌌다. 2차대전 중에 돼지고기와 소고기가 부족하여 닭고기를 장려함으로써 소비가 대폭 상승하게 되었다. 닭고기는 적색육보다 불포화지방산이 많이 함유되어 있어 서구 선진국 소비자들이 선호하는 고기가 되어 그 소비가 늘고 있다. 이제는 세계에서 가장 많이 소비되는 고기이다. 세계에서 닭고기를 개인당 가장 많이 소비하는 나라는 이스라엘, 미국 그리고 트리니다드이며 총량으로 가장 많이 소비하는 나라는 미국, 중국, 브라질이다.

(4) 양고기

양은 9,750년 전에 서남아시아 지역에서 가축화되었다. 그 이후 중앙아시아, 아프리카 그리고 유럽에 전파되었다. 1493년 콜럼버스의 2차 항해 때 아메리카 대륙에 전해졌고, 1519년 스페인 장군 코르테즈에 의해 멕시코에 전파되었다. 18세기 말(1788년)에는 희망봉에서 호주로 양을 가져왔고, 뉴질랜드에는 쿡 선장이 1773~1777

년경에 가져왔다. 하지만 산업적으로는 호주가 선도하여 뉴질랜드가 그 뒤를 따랐다. 양은 풀만 있으면 사육이 가능하고, 덥거나, 춥거나, 바람이 많이 불거나, 건조하거나, 습한 기후에 잘 적응하여 전 세계 여러 지방에서 널리 키워진다. 양은 가축화된 이후 고기와 의복을 위하여 사육되었다. 중세기에는 양은 고기, 젖, 의복, 그리고 양피지를 공급해 주었기 때문에 가장 생산적인 가축이었다. 양고기는 유대교와 기독교 구약성경에서 전해지는 것처럼 종교적으로 희생제물로 바쳐지곤 했기에 매우 중요한 음식으로 여겨져 환영식이나 출생, 할례식, 혹은 결혼식 같은 중요한 의식에서 활용되었다. 5~17세기에 유럽에서는 귀족들에게 양고기가 소고기보다 선호되었다.

양은 1년 이하의 램(lamb), 2년생의 호깃(hogget), 그리고 3년 이상 나이 먹은 양의 고기 머튼(mutton)이 유통되고 있으나 일반적으로 신선육으로 소비되는 것은 램이다. "스프링 램(봄 양고기)"는 겨울철에 태어나서 3~10월 사이에 도축된 담백하고 연한 양고기를 의미하며 영국에서는 민트젤리를 얹어 먹는다. 양고기 지방은 고기 지방 중에 포화지방산이 가장 많아 녹는 온도가 가장 높지만 단가불포화자방산인 올레산 함량도 가장 높다. 사람에 따라 양고기 알러지가 있는 경우가 있다. 시양인들은 양고기 중에서 담백한 풍미의 램을 선호하는 반면에 중동지역 사람들은 머튼의 강한 풍미를 좋아한다. 세계적으로 개인당 소비량이 가장 많은 나라는 수단, 카자흐스탄, 그리고 호주이며, 총량으로 많이 소비하는 나라들은 중국, 호주 그리고 뉴질랜드이다. 양고기는 북미 대륙에서는 별로 인기가 없고 중동의 이슬람국가들에서 많이 소비된다.

표 2-3. 고기의 영양가 비교

고기 100g 당	염소	양	돼지	소	송아지	닭
열량 kcal	143	258	211	187	150	223
단백질 g	27.1	25.55	29.41	27.42	28.07	23.97
총 지방 g	3.03	16.48	9.44	7.72	3.39	13.39
포화지방 g	0.93	6.89	3.3	2.773	1.22	3.74
철분 mg	3.73	1.96	1.12	2.24	0.9	1.26
콜레스테롤 mg	75	93	94	79	103	76

(5) 염소고기

염소는 양과 비슷하게 9,750년 전에 서남아시아 지역에서 가축화되어 북아메리카 대륙과 북부 유럽을 제외하고는 전 세계적으로 널리 식용화하고 있다. 주로 개발도상국가가 많은 아시아, 아프리카, 중남미 대륙에서 많이 사육하고 있다. 염소는 척박한 환경에서 잘 자라고 나뭇잎에서부터 풀까지 광범위한 식물자원을 먹이로 활용하기 때문에 특히 개도국에서 고기와 젖을 생산하기 위해 많이 사육한다. 염소고기는 맛이 양고기보다는 약간 더 달지만 소고기보다 덜 달고 독특한 냄새를 가진다. 소고기나 양고기보다 지방함량이 낮아 저칼로리, 저 콜레스테롤 적색육으로 각광을 받는다(표 2-3). 세계에서 가장 널리 소비되는 고기는 염소고기이다. 왜냐하면 전 세계 인구의 60~75%가 염소고기를 먹기 때문이다. 총량으로 가장 많이 소비하는 나라들은 중국, 인도, 파키스탄이고 개인당 많이 소비하는 나라는 중국, 수단이며, 가장 많이 생산하는 나라들은 중국, 인도, 그리고 나이지리아이다.

(6) 칠면조 고기

칠면조는 북미대륙에서 약 2,000년 전에 가축화되어 16세기에 스페인 사람들이 유럽에 가져갔다. 19세기 후반 전에는 가격이 매우 비싸 영국에서는 거위고기와 더불어 크리스마스 만찬에 이용되는 고급식품이었다. 1940년대 후반부터 집약축산이 활발해져 대량생산으로 가격이 낮아졌다. 북미에서는 전통적으로 추수감사절에, 기타 나라들에서는 크리스마스 계절에 주로 소비된다. 최근에는 적색육이 건강에 해롭다는 주장으로 인해 가금육의 인기가 높아져 칠면조고기 수요가 증가하고 있다. 총량 기준으로 가장 많이 소비하는 나라는 미국, 브라질, 그리고 독일이며, 개인 당으로는 미국, 독일, 오스트리아이다. 생산량은 미국, 브라질, 그리고 독일 순으로 많다. 칠면조는 매우 사회적 동물이라서 혼자 고립되면 스트레스를 많이 받는다. 특히 독특한 행동 때문에 사람들은 칠면조가 멍청하다고 생각하여 우둔한 사람을 지칭할 때 turkey라고 놀린다.

(7) 오리고기

오리는 1,000년 전에 남중국에서 가축화되었다. 현대에는 오리는 고기, 알, 그리고 오리털(duck down)을 위해 사육된다. 오리고기는 닭고기와는 달리 가슴부위도 다리부위처럼 색깔이 짙다. 오리고기는 지방 함량이 높지만 불포화지방산이 많이 들어있고, 건강에 유익한 성분들이 많은 것으로 알려져 있다. 오리고기는 상대적으로 서양에서 선호하는 고기는 아니지만 총량으로 가장 많이 소비하는 나라는 중국, 프랑스 그리고 미얀마이다. 일인당 소비량이 가장 많은 나라는 프랑스, 말레이시아 그리고 헝가리이다.

(8) 거위고기

거위는 6,000여 년 전에 중국에서, 3,000여 년전에 이집트에서 가축화되어 지금은 고기와 털(goose down)을 생산하기 위해 사육된다. 또한 농장이나 수로의 잡초제거나 경비견 대용으로 사육하기도 한다. 유럽에서는 크리스마스 계절에 주로 소비하였으나 칠면조가 대체하는 경우가 많다. 프랑스 요리에서 유명한 거위 지방간(포아그라)은 이집트에서 시작되었으나 지금은 헝가리가 가장 많이 생산하고 그 다음이 프랑스이다. 고기소비 통계는 일반적으로 오리고기와 합쳐서 사용된다.

(9) 토끼고기

토끼는 구석기 시대에 사냥을 한 증거가 있고 로마시대(BCE 1세기) 때 이미 토끼와 토끼장에 대한 기록이 있으나 정확히 언제 가축화 되었는지는 모른다. 미국에는 1888년 영국에서 도입되었다. 토끼는 고기, 털 그리고 털가죽을 위해 가축으로 사육되며, 실험동물과 애완동물로서도 사육된다. 고기는 저 지방, 저 콜레스테롤 그리고 불포화지방산 함량이 높은 기능성 식품으로 유럽에서 많이 소비된다. 전 세계적으로 가장 많이 소비하는 나라는 중국, 북한, 그리고 이집트이다. 생산은 중국, 북한, 그리고 스페인이다.

(10) 낙타고기

낙타는 단봉과 쌍봉 낙타의 두 종류가 있으며, 단봉낙타(dromedary camel)는 6,000년 전에 아라비아 지역에서 가축화 되었고, 쌍봉낙타(bactrian camel)은 5,500년 전에 투르크메니스탄/이란 지역에서 가축화되었다. 세계적으로 단봉낙타가 94%, 쌍봉낙타가 6%를 차지하고, 사육목적은 젖과 고기 그리고 직물을 얻기 위해서 뿐만 아니라 교통운반수단으로 활용하기 위함이다. 고기 맛은 거친 소고기 맛으로 저지방, 저콜레스테롤 그리고 불포화지방산을 많이 함유하고 있어 건강에 유익하다. 소비는 주로 중동지역과 북아프리카, 서아프리카 그리고 동아프리카의 많은 국가들, 그리고 카자흐스탄에서 이루어지고, 가장 많이 소비하는 나라는 사우디아라비아, 아랍 에미레이트, 그리고 오만이다.

(11) 말고기

말은 6,000년 전에 우크라이나/카자흐스탄 지역에서 가축화가 시작된 후 전 세계적으로 진행되어 대륙마다 말 종류가 존재한다. 말은 사역과 교통수단 그리고 전쟁에서 사용하기 위해 사육하였지만 젖과 고기를 공급한다. 또한 말은 역사적으로 예술, 신화, 그리고 영웅들과 연계하여 많은 이야기들이 존재한다.

말고기는 세계적으로 동유럽, 남아메리카, 동남아시아 등에서 널리 소비되지만 영국과 미국에서는 먹지 않고, 호주와 뉴질랜드에서는 고기에 포함시키지 않는다. 이슬람교와 유대교에서는 소비를 금지하고 있고, CE 732년에 로마카톨릭 교황은 말고기가 이교도 식품이라는 이유로 소비를 금지했던 잔제기 아직 남아 있고 고대에는 말을 영물로 숭상하였던 풍습이 남아 있어 아직 소비를 꺼리는 나라들이 많다. 미국에서는 특히 개척정신과 카우보이와 연계하여 사람들이 감정적으로 말과 연결되어 있어 고기소비를 꺼리는 것으로 분석된다.

말고기는 저지방, 저콜레스테롤이며 불포화지방산 함량이 높다는 이유로 건강한 고기로 홍보가 되지만, 생산에서 소보다 사료효율이 떨어져 비육용으로 사육을 꺼리고 승마용이나 사역용에서 퇴출시 도살하여 고기를 생산하는 것이 많아 종종 약물잔류가 문제가 되고, 가격이 상대적으로 저렴하여 소고기 대체용으로 이용하는 불법사례가 종종 적발된다. 더욱이 가난한 사람들이 먹는 고기라는 인상이 강해 소비를 피하는 심리적 이유도 있다. 소비총량으로는 중국, 카자흐스탄, 그리고 멕시코의 순으로 많다. 개인당 소비량은 이탈리아, 카자흐스탄 그리고 몽골의 순서로 많다.

⑥ 동서양의 고기 소비문화의 차이

식품 소비는 인류의 생존을 위해 필요한 기본적인 활동이며 인류 존재의 필수적인 부분으로 진화했다. 식습관뿐만 아니라 음식물을 수확하여 보존하고 음식을 준비하는 방법은 지리적 위치, 기후 조건 및 식재료의 풍부함에 영향을 받는다. 이러한 식문화는 인간의 행동을 형성하고 일하는 방식을 개발하는 주요소가 되었으며, 이는 세대에서 세대로 이어지는 전통을 만들어 지구상의 독특한 문화를 이룬다. 따라서 다른 국가나 민족의 문화를 이해하는 데 성공한 것은 음식 소비 관습에서 그들의 의식을 이해하는 것일 것이다.

특징적인 식문화가 만들어지기까지 차별화된 환경 요인, 사회적인 상호작용, 경제적 지위, 산업화 정도의 차이가 작용하게 되는데, 이러한 요인들은 서로 밀접하게 복합적으로 작용하여 특정 국가나 지역의 음식 문화를 형성한다. 기후는 인간의 생리적 요구 조건에 매우 직접적인 영향을 미치는 주요인이기 때문에 다른 기후 조건에서 사는 사람들이 다른 음식을 섭취하는 것은 당연하다. 지리적으로 가깝다는 것은 유사한 환경적 요인, 예를 들면 유사한 기상 조건, 수질, 토양의 질, 지리적 특성을 공유한다. 환경 조건에 따라 식량 생산을 위해 수확한 농축산물의 종류와 품질특성이 다를 수 있다. 보편적으로 물과 토양의 질이 좋은 지역에서는 곡류나 채소와 같은 농작물 생산이 발전되어 있으며, 그렇지 못한 곳에서는 차나 커피와 같은 척박한 지형에 재배가 가능한 다른 생산 유형이 이루어진다. 이러한 기후적 요건만 살펴보더라도 동양과 서양 식문화에는 공통점이 존재하겠지만 문화적 스펙트럼의 반대편에 서게 하는 뚜렷한 차이점이 있을 수밖에 없다. 고기 소비도 지리적으로 형성된 식습관과 식문화에 의해 오랫동안 축적되어 동서양의 고기 소비 문화의 차이를 가져왔다.

1) 대륙별 고기소비

인류 진화의 역사를 보면 우리는 사회적으로 수렵채집 사회를 시작으로 농경사회, 산업사회를 지나 지식정보 사회를 살아왔고, 현대는 생명사회라고 주장된다. 이러한 과정에서 인류집단은 군집사회, 부족사회, 족장사회를 거쳐 국가를 형성하였다. 국가는 생물학적으로 인종을 중심으로 형성되어 언어와 문화를 공유하는 민족으로 표현됨으로써 소위 말하는 국가별 독특한 국민성을 보이게 된다. 따라서 아프리카에서 시작된 원조 인류의 이동경로에 따라 대륙별 인종특성이 상이할 것이라는 예상이 가능하다. 민족특성은 문화의 반영이므로 고기소비는 대륙별로 인종 특성에 영향을 주었을 것으로 추론할 수 있다. 호모 사피엔스는 아프리카를 떠나 이동하기 시작하였음을 우리는 고고학을 통해 알고 있다. 이들은 중동의 동지중해 해안에서 네안데르탈인을 만났을 것으로 생각된다. 여기서 만들어진 혼혈인들은 서부 및 북서부 유럽으로 이동하였다. 반면에 아프리카에서 아시아 방향으로 이동한 호모사피엔스는 네안데르탈인을 만나지 않고 데니소바(Denisovans)인들을 만나 혼혈이 되었다. 유럽인들은 아시아인이나 아프리카인들보다 지방대사를 위한 네안데르탈 유전인자를 세배나 많이 가지고 있다는 보고는 이 주장을 뒷받침해 주고 있다. 이러한 유전적 배경은 유럽인들이 아시아인들이나 아프리카인들보다 보다 더 공격적인 문화로 진화하게 만들었다고 주장된다. 동물을 더 많이 잡아 고기를 소비하기 위해 호모 사피엔스는 더욱 빠르고 신속해야만 하였기 때문이다.

인류는 아시아에서 아메리카 대륙으로 이동하였음이 북아메리카 인디언과 에스키모인들의 유전자 분석을 통해 증명되고 있다. 지금으로부터 약 47,000~14,000년 전에 베링해를 건넌 것으로 알려진다. 남아메리카 대륙이 유럽인들에게 손쉽게 정복된 것은 남아메리카 원주민의 성향과 유럽인들의 공격성을 보여주는 반증이다. 남아메리카인들은 공격성이 없어 야생가축들을 인간에게 유용한 용도로 사용하려고 유전적으로 변형시켜 가축화하지 않고 자연이 제공하는 것에 순응하는 성향을 보였다. 따라서 북아메리카나 남아메리카 대륙은 유럽인들이 정복하여 발전시켰으므로 현재의 아메리카 대륙은 고기소비가 많고 국민성은 아시아인들이나 아프리카인들보다 더 공격적이다.

인류 진화과정에서 농경민과 목축인이 공생하였으나 목축인의 이동성과 농경민의 취약성 때문에 목축인이 군사적으로 더 유리했고 따라서 착취와 지배는 목축인들의 몫이었다. 아시아에서도 스텝지역에서 목축을 생업으로 삼았던 유목민들이 상대적으로 공격적인 성향을 보인다. 비유럽인으로 공격적 유전성향은 중국인들에게서 볼 수 있다. 이것은 역사적으로 유럽을 정복한 유일한 아시아인인 몽골의 피가 중국인들 속에 흐르기 때문이다. 이들은 상대적으로 아시아 다른 지역의 나라들보다 고기소비가 많다. 유엔 안전보장이사회 이사국들의 국가(National anthem)를 분석해 보면 이들 국가들의 공격성이 나타나고 있다는 연구도 있다. 덧붙여 식물성 대체식품이나 배양육 같은 새로운 식육자원 개발을 주도하는 학자들도 고기를 많이 소비하는 공격적인 백인(Caucasian)임을 알 수 있다. 고기소비는 국민성을 기저로 하여 소득수준과 도시화 정도에 따라 영향을 받을 것이므로 장기적인 소비전망은 예측이 가능할 것이다.

(1) 아프리카

아프리카 대륙은 비옥한 나일 상류 지역(수단)과 사하라 지역에 사는 종족들은 채식성(herbivorous)이거나 잡식성(omnivorous)이다. 사막의 남부지역에 거주하는 종족은 육식성(carnivorous)이지만 동부지역은 주로 젖 소비성(lactivorous), 서부지역은 채식성이다. 중앙지역은 육식성과 채식성 종족이 섞여 있고 대륙의 남부는 육식성, 잡식성 및 채식성 종족이 섞여 있다(그림 2-9). 이러한 식성의 차이는 이들이 살아가고 있는 자연환경에 따라 농경, 목축 혹은 혼합농이냐가 중요하게 작용한다.

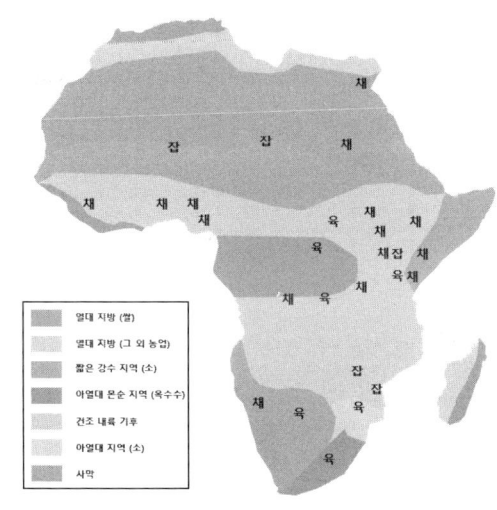

그림 2-9. 아프리카 대륙의 지역별 식성(육, 육식성; 채, 채식성; 잡, 잡식성)
(Davenport, 1945)

(2) 아시아

아시아 지역은 기후조건이 타 대륙에 비해 엄청 다양하여, 극지방에서 열대, 해안지방에서 고산지대, 사막지대에서 강우량이 엄청 많은 지역까지 광범위한 환경변이를 가진다. 이러한 환경에 사는 종족들 또한 다양할 수 밖에 없다. 전체적으로 보면 극지방에 사는 종족과 유목민, 비농경민들은 절대 육식성이고, 동아시아 지역 종족들은 주로 농경민들이라 채식성이며 해안에 사는 종족들은 물고기 소비성(piscivorous)이다(그림 2-10).

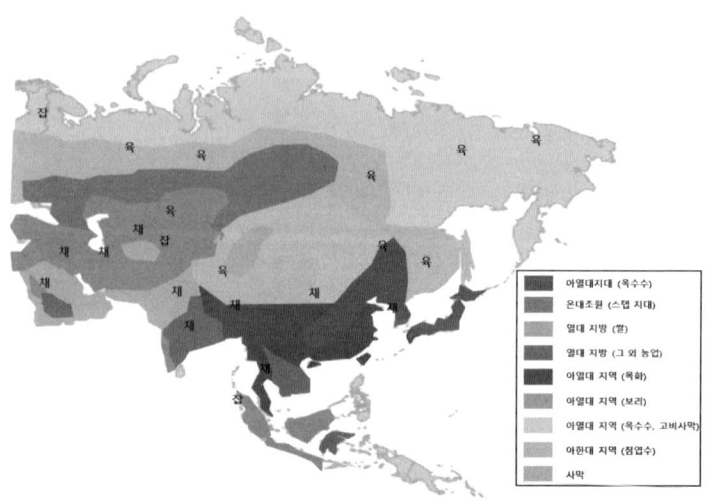

그림 2-10. 아시아 대륙의 지역별 식성(육, 육식성; 채, 채식성; 잡, 잡식성)
(Davenport, 1945)

(3) 북아메리카

극지방의 에스키모는 육식성이며 대륙의 북부지역의 식이는 3/4이 동물성인 반면에 남부지역의 식이는 3/4이 식물성이다. 그러나 생활하는 지역이 해안, 산악, 호수지역, 평야 등이냐에 따라 식량공급 상황이 영향을 받기 때문에 원주민 인디언들의 식성은 절대육식성에서 잡식성, 채식성 등으로 다양하다.

(4) 남아메리카

남아메리카 대륙의 북쪽 해안을 따라 사는 종족들은 광활한 사바나 지역이 펼쳐있어 농경으로 먹고산다. 반면에 밀림지대에 사는 종족들은 수렵에 의존한다. 아마존 강을 끼고 사는 나라들은 농경 위주의 식생활에 물고기잡이도 곁들인다. 페루지역은 주로 육식성이다. 일반적으로 열대우림 지역 종족은 채식성이지만 물고기잡이에 집중하여 식생활을 영위한다. 고산지대 종족들은 주로 농경에 의존하여 채식성이고 팜파스 지역에 사는 종족은 유목민으로 육식성이다(그림 2-11).

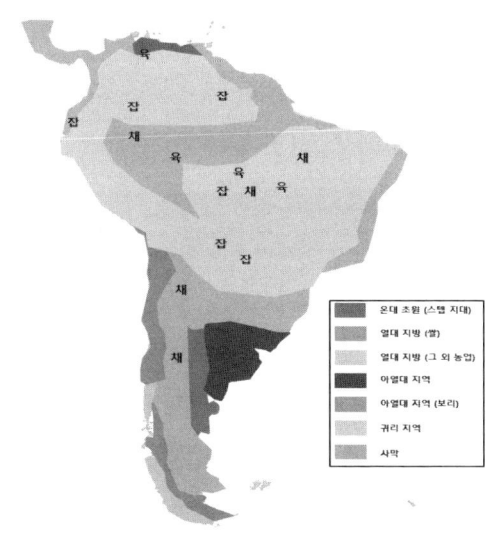

그림 2-11. 남아메리카 대륙의 지역별 식성(육, 육식성; 채, 채식성; 잡, 잡식성)
(Davenport, 1945)

(5) 오세아니아

호주 원주민들은 살아있는 모든 생물을 식용으로 하여 주로 동물성 위주로 식이가 구성된다. 따라서 식물성 자원도 소비를 하지만 육식성이다. 뉴질랜드는 원래 포유동물이 없던 지역이어서 새와 물고기에다 식물성 자원을 추가로 식용에 이용하였다. 그러나 식물성 자원이 더욱 쉽게 구득이 가능했기 때문에 원주민 마오리족들은 채식성이다. 폴로네시아와 마이크로네시아인들도 채식성이다. 따라서 오세아니아 지역은 호주와 타스마니아를 제외하고는 주로 채식성이다.

결론적으로 지구상에서 극지방으로 갈수록 육식성이고, 열대지역으로 갈수록 채식성이며, 사막지역에서는 가축은 적고 야자와 근채류가 재배되기 때문에 채식성이 우월하다. 온대지역은 농경민들이 가축을 키우며 살기 때문에 채식성이 강하다. 따라서 식성은 종족이 유목민인지 농경민인지에 좌우되는데, 유목민인지 농경민인지를 결정해주는 것은 유전적 소양이기 때문에 이에 따라 식이 성향도 유전적 기반을 가진다. 따라서 육식성 혹은 채식성은 유전적으로 전달된다. 이것은 원시 인류의 이동과정에서 유럽인종이 유전적으로 육식성이 우월하게 진화하였고 다른 인종들도 환경에 적응하는 과정에서 육식성이나 채식성의 정도가 유전적으로 정착되었음을 알게 해주는 것이다.

2) 동서양 식문화의 차이

동서양의 고기 소비문화 차이를 언급하기에 앞서 일반적인 식문화 차이를 살펴보는 것이 필요할 것이다. 지리적 환경이나 문화적 가치 차이로 오랜 기간 형성된 식문화는 지역에 따라 고기가 주식으로서 때로는 부식의 개념으로서 그 역할을 달리해 온 점을 알 수 있기 때문이다.

(1) 주식

전 세계 인구의 약 1/3은 쌀을 식단의 주재료로 활용하고 1/3은 밀을 사용하며, 1/3은 보리, 호밀, 옥수수, 감자, 고구마 등을 소비한다. 주요 식재료를 바탕으로 지리적으로 유럽, 북미, 북인도, 파키스탄, 중동아시아, 중국, 북아프리카 등은 주로 밀을 빵이나 국수를 만드는데 음식의 주원료로 사용한다. 서구 기후 대부분은 밀 생산과 축산에 적합하여, 시원하고 습한 기후에서 잘 자라고 따뜻하고 건조한 기후에서 숙성되는 밀에 대한 최적화된 조건을 제공한다. 미 농무부에 따르면 여전히 많은 양의 밀이 서양에서 생산되고 있으며 상당양이 아시아 국가들로 수출되고 있다. 이 때문에 서양에서는 빵, 피자, 파스타 등 다양한 밀가루 음식이 만들어지고 발전해 왔다.

한편 동양의 동북아시아와 동남아 지역은 쌀을 주원료로 사용하고, 남미와 남아프리카 등은 옥수수를 주원료로, 동남아시아 태평양 지역의 섬은 감자, 고구마, 토란 등을 주식으로 사용한다. 대부분의 동양 국가들은 곡식을 재배하기에 좋은 기후 조건을 가지고 있다. 그에 해당되는 대표적인 곡류로는 특히 쌀이 있다. 벼가 잘 자라기 위해 많은 강우량이 필요하며, 바람의 계절적 변화와 더불어 습한 여름과 건조한 겨울은 장마 기후의 대표적인 특징이다. 이러한 장마 기후가 종종 많은 사람들의 죽음과 생태계의 파괴를 가져오기도 하지만, 몬순(monsoon) 기후의 비는 아시아에서 매년 발생하는 현상이고 식량 생산성과 전반적인 경제 성장에 필수적이다. 이로 인해 서양식과 원천적으로 차별화되는 쌀과 채소요리가 발달하게 되었고 쌀이 동양 대부분의 문화에서 주식으로 자리 잡게 되었다. 대부분의 동양에서의 식사는 쌀을 빼고서는 완성될 수 없을 것이다. 때로는 밀이 쌀을 대체할 수도 있지만 가능하면 많은 요리법이 이 두 가지 재료를 모두 포함한다.

(2) 조리방법

서양은 식재료를 큼직하게 요리한 후 접시에 담아 칼과 포크를 이용해 음식을 먹기에 적당한 크기로 절단한다. 반면 동양에서는 요리하기 전에 이미 식재료를 한입 크기로 썰고 주로 젓가락을 사용해 먹는다. 이러한 도구들의 차이는 요리 시간과 식사 시간에 영향을 미치고 있다. 간단히 말해서, 서양 음식은 요리보다는 먹기 위해 더 많은 시간이 필요한 경향이 있는데, 조리와 식사시간에 관한 연구에서, 서양에서는 대부분 조리시간으로 20~30분으로 나타났고 동양에서는 40분 이상으로 더 오랜 시간이 걸리는 것으로 조사되었다. 결과적으로 서양에서는 상대적으로 조리시간은 짧고 식사 시간이 길며, 동양은 짧은 식사시간을 위해 조리시간에 더 많은 시간을 투자하는 차이를 보인다.

전통적인 서구의 음식의 특징은 큰 고깃덩어리, 통닭, 오리 간 요리와 같이 칼로리가 높은 육류 음식에서 보이는 것처럼 음식이 영양과 에너지의 근원이라는 철학을 지닌 점이다. 동양 음식은 맛의 느낌이라고 생각되어 서양 요리사가 좀처럼 다룰 수 없는 닭과 오리의 혀나 발을 재료로 하는 등 매우 섬세한 기술을 가지고 있다. 동양에서 요리 기술은 보통 스승과 학생 간의 경험으로 전달되나, 서양 요리사들은 매우 체계적이고 단계적인 조리법을 따라함으로써 쉽게 목표를 달성한다.

(3) 식사 습관

동서양의 식탁 문화에도 차이가 있다. 가족은 중국 전통문화에서 무엇보다 중요한 개념이며, 음식을 먹을 때 큰 그릇을 사용해 가족이 함께 먹는 것이 일반적이다. 이는 집단주의 문화 성향을 파악할 수 있는 근거가 된다고 하였다. 하지만 이것이 때로는 위생 문제를 일으킬 수도 있다. 서양은 음식문화에 있어 매우 현실적인 관념을 지니고 있으며 그들의 자녀들이 보다 독립적일 것을 요구하여 한 사람이 먹을 접시에 음식을 담아 전달해 주고 개별적으로 소비하는 식탁 문화이다.

또 다른 동서양의 식습관의 차이점 중 하나는 한 끼에 제공되는 식사량(서빙 사이즈)일 것이다. 서구 식단은 일반적으로 한 접시에 쌓여 있는 상태로 제공된 음식을 많은 양으로 소비한다. 반면 동양 식단에서는 상대적으로 작은 그릇들이 한 끼 식사에 제공되어 식탁에 모여 앉은 모든 사람이 공유하며 양이 적은 편이다. 상대적으로 경제적 수준에 따라 음식의 양도 달라졌겠지만 오랜 식문화의 차이를 통해 평균적인 식사량과 같은 식습관도 달라졌을 것이다. 한편에서는 더 많은 식사량과 같은 식습관이 오늘날 서구 사회에서 비만이나 심장 질환과 같은 대사질환을 증가시키는 원인의 하나로 분석하는 보고들이 나오고 있기도 하다. 한편 동양의 빨리 먹는 식습관이 오히려 포만감을 덜 느끼게 되어 과식하게 되고 비만을 유발할 수 있다는 보고도 있다. 하버드대 건강학자 앤 맥도날드(2011년)는 빨리 먹는 사람은 체내에 배부르다고 말할 기회를 주지 않기 때문에 더 많이 섭취하는 경향이 있고, 심지어는 씹지 않아도 음식을 삼키는 경향이 있으며 매운맛을 선호하게 되어 위장에 매우 해로운 식습관이라고 하였다.

3) 동서양 고기 소비문화의 차이

고기 소비도 지리적으로 형성된 식문화에 차이에 의해 오늘날 동서양의 다른 고기 소비문화를 가져왔지만, 동서양 내에서도 국가나 지역별 환경과 문화가 너무 다양해서 모든 식문화를 동서양으로 구분해 포괄적으로 구분하기는 쉽지 않을 것이다. 예를 들자면 아시아 지역만 하더라도 지역별 육류 기반 식생활과 식습관은 매우 다양하다. 중국, 일본, 한국 등 동북아 3개국과 베트남, 태국 등 일부 동남아 국가를 중심으로 역사적으로 유사한 환경과 문화적 상호 작용이 존재하지만, 국가별로도 매우 고유한 식문화를 유지하고 있기 때문이다. 그럼에도 전통적으로 동양의 고기 소비문화는 독특한 환경의 제약과, 종교, 역사, 주식의 차이로 서양에 비해 잘 발달되지 못했다. 한편으로는 오늘날 무역 세계화에 의해 식육 및 육제품의 글로벌 거래 증가와 국제커뮤니케이션 및 협력 확대로, 고기 소비문화의 지리적 변화를 깨뜨리고 공통화된 고기 소비문화 형성의 측면도 존재하고 있다.

(1) 주재료의 차이

서양의 식재료는 전통적인 유목이나 항해 활동에 의존한 배경 때문에 육류가 주재료이고 채소는 부차적이다. 서양 음식에서 고기는 동양 음식보다 훨씬 더 큰 비율로 사용된다. 이들 지역은 건조한 기후가 특징인 경우가 많아 더불어 축산을 발전시켰고 자연스럽게 이러한 지역에서 상대적으로 더 많은 동물성 식품 소비가 이루어졌다. 가축을 사육하기 좋은 기후와 넓은 지역적 특성은 질 좋은 고기를 얻기 위한 좋은 조건이었기 때문에, 서양에서 고기 식사를 주로 하는 것은 흔한 일이 되었다. 그래서 빵과 고기의 조리법이 발달하여 지금도 동양보다 밀과 고기를 사용하는 음식이 많다. 서양 식단은 적색육과 가공육, 고지방의 유제품, 정제된 곡물, 알코올 음료를 비롯한 당도가 높은 음료와 디저트를 많이 먹으며, 상대적으로 과일, 채소, 통곡, 생선, 가금류 섭취가 동양에 비해 적은 것이 특징이다. 중국의 경우 칼로리의 약 15%를 과일과 야채로부터 섭취하는데 북미는 이의 반 정도에 불과하다. 채소와 과일의 섭취는 비타민, 섬유소, 식물성 영양소를 섭취하여 건강증진에 도움이 된다. 서양요리에서 쌀은 종종 찐 채소나 으깬 감자와 같은 방식으로 취급되며, 상대적으로 쌀과 채소의 조리법에 관한 종류는 동양에 비해 매우 적다.

  전통적인 동양의 식단은 많은 양의 쌀, 밀, 과일과 채소, 콩에서 유래한 단백질, 생선 등을 포함한다. 고기, 가금류, 해산물보다 약 3배나 많은 식물성 식품을 섭취하기 때문에 기름이나 지방의 섭취는 서양식에 비해 상대적으로 적다. 전통적인 중국 만찬의 경우 주요 구성원은 채소류로 서양보다 6배 정도나 많은 600여 종의 채소를 이용할 수 있다. 전통적으로 고기를 재료로 한 음식은 특별한 때나 소득이 높은 집에서 제공되는 것이었다. 서민의 식탁에서 고기는 전체 식사의 일부인 경우가 일반적이지만, 고기가 식탁에서 주는 메시지는 강력하며 요리 형태가 고기 자체보다는 대부분 고기와 채소의 혼합물이기에 더 균형된 영양소를 제공할 수도 있었을 것이다. 오늘날의 영양학적 관점에서 상대적으로 낮은 지방 섭취로 지

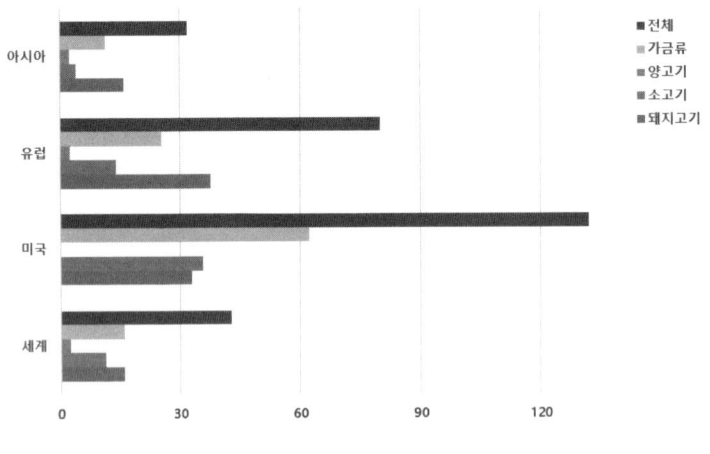

그림 2-12. 지역별 연간 고기 소비량(Kg)
(Zhang 등, 2017)

중해 식단과 같이 건강에 도움이 되는 식단으로 여겨지기도 한다.
 그러나 동양 일부 국가에서도 급속한 경제발전으로 전통식단의 패턴이 서구화된 식단으로 변경되면서 영양결핍의 감소라는 긍정적인 측면을 넘어 비만, 당뇨, 심혈관 질환, 높은 암 유병률과 같은 질병 패턴으로 현저히 바뀌고 있는 것도 사실이다. 또한 식품 산업의 세계화와 급속한 경제 성장으로 동양의 국가들에서도 고기 생산과 소비가 빠르게 성장하고 있다(그림 2-12). 아시아 국가들의 빠른 경제 성장과 서구 문화의 확대로 인해, 소비 패턴에서 육류 및 육제품이 상대적으로 지속 성장한 것이다.

(2) 고기 소비 역사

서양 식문화의 주요 메시지는 고기가 전통적인 문화 음식이라는 점이다. 서양의 육류 제품과 소비문화는 최소 2,500년 동안의 역사로 거슬러 올라간다. 고고학적 증거, 현재 남은 고문서 및 고기 부위의 이름 출처를 살펴보면, 믿을만한 문화적 출처로 Greco-Roman이 될 것이다. 로마 제국의 육류 기술의 통일성은 언어의 초기 통일성과 함께 국경과 언어가 분열되면서 상실되었다가, 최근에는 육류 절단방법이나 등급판정(grading)에서 다시 균일성으로 되돌아가려는 강력한 경향이 있다. 이는 장거리 상거래와 관련된 물류 문제를 해결하기 위해 미국을 중심으로 시작되었으며, EU 형성과 함께 유사한 변화가 시도되었다. 가축 수송과 고기 검사 단계에서 발생될 수 있는 문제점들이 여론 형성에 크게 영향을 받으면서 관련된 법률 개정으로 이어졌다. 고기 유통 및 저장 과정에서 혁신적인 기술들은 군사적 필요에 의해 발전된 것들이 많으며, 언어, 사회집단, 종교의 초기 발전 단계에서 고기 소비문화가 관여하기도 했다. 그럼에도 오늘날 건강이나 위생과 관련된 소비문화에서 서양의 고기 소비문화가 모두 동일하지 않고 다양한 점도 부각되고 있다.

역사적으로 고기는 불교와 도교의 영향으로 동양 요리에 많이 쓰이지 않았다. 그리고 고기와 육제품들은 주재료 보다는 향료나 조미료 역할로 사용되었다. 동양의 대표적인 국가의 하나인 중국의 요리는 기원전 7세기부터 남부와 북부로 분리되기 시작했다. 일반적으로 남반구 요리는 신선함과 부드러움을 강조하는 반면, 북반구 요리는 기후가 추워 지방과 마늘과 같은 자극적인 향신료를 더 많이 사용한다. 당나라(618-907년)와 송나라(960-1279년) 시대에 사람들은 질병의 예방과 치료를 위한 여러 허브와 향신료의 의학적 가치에 더 관심을 가졌다. 볶음 요리가 발달한 것은 중국 요리에서 연료를 아끼기 위해 널리 사용되는 요리법 중 하나이며, '웍(Wok)'은 당나라에서 볶음 요리를 위해 개발된 특별한 모양의 요리기구였다.

(3) 고기 가공

서양의 지리가 계속되는 전쟁에 의해 확립되었다는 점과 고기와 전쟁 사이에 매우 강한 연관성이 있었다는 점에 의심의 여지가 없다. 고기 사냥과 전쟁에 있어서 유사한 도구들과 매복과 같은 유사한 속임수 전략들이 사용되었다. 로마시대 군사들은 햄, 소시지, 베이컨을 포함한 다양한 염지 육제품을 비상식량으로 가지고 다녔으며 군사 물류의 핵심 요소였다. 돼지고기로 제조된 육제품은 특별히 로마군이 즐겨 먹던 것으로 병영 기지에서 도축하고 염지된 제품이었다. 소시지 형태의 페르나(Perna)는 포르투갈에서 돼지고기, 양고기, 송아지 다리고기로 만들어졌고, 대서양을 건너 브라질에서는 양다리로, 스페인과 브라질에서는 돼지 다릿살로 제조되었다. 오늘날 육제품에 중요한 식중독으로 인식되는 보툴리즘(botulism)은 고대 로마에서도 이미 잘 알려져 있었으며, 염지에 사용된 소금에 함유된 질산염의 함량에 따라 클로스리디움 보툴리눔(Clostiridium boulinum) 균의 성장이 산발적으로 발생되는 점과 연관되어 보툴리즘의 발생을 추측할 수 있었다. 오늘날 보툴리즘을 일으키는 식중독균은 육제품 제조에 필수적으로 첨가되는 질산염이나 아질산염의 작용에 의해 성장이 억제된다는 점이 과학적으로 입증된 사실이다.

19세기 나폴레옹은 유명한 보상금 12,000프랑을 그의 군대를 위한 실용적인 식량 저장방법을 위해 제공했다. 우승자인 Nicolas Appert는 밀폐된 유리병에 쇠고기를 열처리하는 실용적인 방법을 개발했다. 이 기초적 방법은 서구의 많은 농장 주방에서 여전히 사용되고 있으며, 이후에 오늘날 통조림 육제품과 같은 보편적이며 효과가 좋은 육류 저장방법으로 발전되었다. 고기 절단 방식의 영향을 미치는 요인의 하나는 기계톱의 도입이었다. 1818년 Tabitha Babbit은 미국 매사추세츠 주에서 원형 톱을 발명했다. 많은 나라의 소규모 가게에서는 칼과 수작업 톱 사용이 일반적이었지만, 규모가 큰 도매상점이나 북미에서는 고기 절단을 위해 밴드형태의 톱이 광범위하게 사용된다. 서양의 많은 고기 절단 패턴을 살펴보면 곡선 절단은 칼을 사용하고 직선은 대체적으로 밴드 톱을 사용한다.

(4) 고기 등급제

제품의 등급을 매기는 것은 소비자의 기대치에 맞게 분류하려는 시도이며 소비자의 기대는 분명히 소비자가 원하는 식문화의 일부일 것이다. 육류등급도 군사적 기원을 갖고 있다 할 수 있다. 제1차 세계대전 때인 1916년까지 미국 등은 구매 기준을 개발하면서 육류 등급도 고려하였기 때문이다. 미국은 유럽에 비해 도시간 거리가 매우 멀어서 직접 보고 선택하여 구매하는 것보다는 전화 거래 방식을 선호했다. 물론 지금은 인터넷 상거래가 활발하지만, 전화 거래상으로는 제품의 품질을 확인할 수 있는 방법이 없다보니 자연스럽게 기준에 정해진 품질요인의 정량화가 필요했을 것이다. 오늘날과 같은 본격적인 소고기 도체등급제는 1927년 미국에서 공식적으로 시작되었으며 이를 위해 주요 교육 프로그램이 필요했다. 유럽은 훨씬 늦게 발전했는데, 처음에는 공동시장에서 출발하여 위생 및 등급기준의 부과로 유럽연합에서 육류 소비문화에도 큰 변화를 일으켰다. 상대적으로 고기 소비문화가 발달하지 못한 동양에서의 등급제는 현대사회에 와서 부분적으로 도입되어 운영되고 있다.

(5) 고기 시장

고대 그리스와 로마시대의 고기 소매 형태에 대한 증거자료를 보면, 정육점 표지에 새겨진 구호 조형물들이 상점의 모습을 보여준다. 아고라(agora)는 식수대와 공중 화장실을 제공하는 정도까지 마치 오늘날 쇼핑몰이라고 부르는 것과 같았다. 아고라 식육점에는 고기 덩어리를 갈고리에 걸 수 있는 레일, 고기 무게를 표준무게와 비교할 수 있는 평형저울, 갈퀴와 칼날, 절단 블록이 있었다. 조명은 중앙 뜰에서 하늘까지 열려 있었고, 밤새 차가워진 대리석 슬래브와 냉장고는 없었지만 건조 염지 기술이 이미 발명되어, 다양한 형태의 소시지가 매달려 있었고 중량별로 판매되는 분리된 고기가 진열되어 있었다. 이 식육점들은 고객을 직접 대면하는 정육점 주인에 의해 운영되었는데, 이런 방식은 셀프 서비스가 개발될 때까지 2천 년 동안 이루어졌으며 1930년대 슈퍼마켓 쇼핑카트가 그 뒤를 이었다. 서양 전역에는 고기를 대접하는 많은 대형 엠포리아가 있었지만 여전히 정육점 주인이 직접 중재하는 전통방식이었다. 정육점이 안쪽으로 배치되고 고객들이 포장된 고기를 직접 고를 수 있게 된 것은 플라스틱과 식품포장 산업의 큰 발전과 함께 가능했다. 이제 개인 정육점은 서양 대부분에서 사라져가는 사회의 일부이며, 걸어 다니며 쇼핑의 매력을 느끼는 제한된 일부 사람들에 의해 유지되고 있는 실정이다. 2천 년대 육류 시장의 유일한 변화는 냉장육 판매대의 출현이라고 말할 수 있을 정도로 서양의 고기 시장과 기술의 발전은 매우 오래전에 시작된 것이다.

역사적으로 다양한 고기와 육제품이 다량 소비된 곳은 유럽과 미국이다. 아시아는 가장 큰 대륙의 하나이지만 주로 곡물과 채소가 소비자의 식단에 크게 기여하고 있기에 상대적으로 고기나 육제품의 소비량이 많지 않았고 육류 시장이나 가공 산업이 잘 발달하지 못했다.

(6) 사회적 활동의 육식

단순한 사냥과 달리 가축을 사육하여 도축하고 고기를 생산하여 유통 보존하는 활동에는 협력 참가자가 필요하다. 식사를 함께한다는 것은 친족이나 친구 간의 어느 정도의 신뢰나 우정이 구축되었다는 것을 의미한다. 고립된 사회인 아마존 강에 사는 사람들은 고기를 나누는 것이 가족과 동맹을 유지하는 강력한 수단이었다. 서양의 육류 소비문화가 발원한 아테네에서 일반인을 대상으로 고기를 소비하는 것은 특별한 공동행사나 종교의식에서 있었던 일이다. 서구에서 사회적 육식의 깊은 본능은 정기적으로 열리는 지역 박람회나 가족 모임의 바탕이 될 수 있었지만, 특권을 누리는 매우 제한된 사회층의 의식으로 행해지기도 했다. 1735년 런던 코벤트 가든 극장의 운영자가 설립한 "숭고한 소고기 스테이크" 단체는 식사와 희극공연을 동시에 즐기는 행사를 진행했는데 참가자는 24명의 재력가나 권력자로 구성된 선출직 회원으로 제한되었고 정기적인 만찬에는 특별한 의자와 사무실 장식, 회원 배지와 유니폼으로 장식되었다.

(7) 종교

음식 문화를 결정하는 사회적 요소로 전통, 종교, 세대, 가족 스타일, 나이, 직업, 문명 또는 세계화, 정보 흐름 등 많은 요인들이 관여한다. 그 중에서도 종교는 국가나 민족 집단의 음식 소비문화 정착에 영향하는 가장 큰 요인이다. 특정 집단의 음식 소비문화를 이해하기 위해서는 그들의 종교나 전통을 이해하는 것이 필요하다. 환경적 제약에서 오는 것이든 경제수준 가치에서 온 결과이든 동양의 주요 종교(불교, 이슬람, 힌두)에서는 음식의 절제를 강조하고 육식의 제한을 둔 경우가 많아 자연스럽게 고기 소비를 더욱 제한하는 사회적 요인이 되었다고 볼 수 있다.

(8) 지리적 다양성

음식량이 부족할 경우 음식 소비의 첫 번째 목표는 포만감 충족이었지만, 음식이 풍족해졌을 때 음식 문화는 두 가지 경향으로 나뉘었다. 서구 국가들은 기존의 전통적인 고열량 식단에서 가벼운 맛과 균형 잡힌 영양 측면을 고려하였고, 중국인들은 곡물 이용에 많은 관심을 기울이며 섬세함(delicacy)과 맛을 더욱 추구했다. 이는 서양이 실용적인 방법으로 음식 문화를 발전시켰지만, 중국인들은 음식을 예술적 의미로 발전시켰다는 것을 의미한다. 예를 들어, 중국 음식 한 가지는 지역, 계절, 소비자에 따라 바뀔 수 있고, 같은 음식이나 요리의 색깔과 맛은 계절에 따라 달라질 수 있다. 어떤 지역은 다른 지역보다 더 많은 설탕을 첨가하지만 어떤 지역은 다른 지역보다 더 많은 향신료를 첨가한다. 중국음식이 변화성을 상실하면 중국음식의 매력도 상실되는 이유이다. 반면 서구사회의 음식 소비 문화는 매우 현실적이고 음식의 차이는 지리적으로 다양하지 않다. 예를 들어 미국의 뉴욕과 LA의 음식에는 큰 차이가 없다. 그러나 소비자들이 햄버거나 피자 같은 특정 대형 상업화 식품 체인으로부터 무엇을 기대해야 하는지를 알기 때문에 이러한 같은 맛은 식품 일관성에 중요하다.

(9) 고기 소비 식문화의 차이

동서양의 고기 소비문화의 차이는 음식을 먹는 도구와 식습관의 차이도 가져왔다. 고기 소비를 주로 하는 서양에서는 육류를 절단하여 먹기 위한 칼과 포크를 주로 사용하는 것이 일반적이다. 동남아시아, 서아시아, 아프리카, 오세아니아 원주민들과 이슬람교 힌두교 신자들은 음식을 먹기 위해 손을 사용하기도 한다. 한국을 비롯한 동북아시아와 대만, 베트남 사람들은 숟가락과 젓가락을 사용하지만, 용도는 나라마다 다를 수 있다. 우리는 숟가락이 보통 국과 밥을 먹는 데 사용되지만, 중국에서는 숟가락으로는 국물만 먹고 젓가락은 밥과 다른 반찬을 먹는 데 쓰인다. 일본인들은 보통 모든 음식에 젓가락을 사용하고 숟가락을 사용하지 않고 그릇의 국물을 직접 마신다. 앞에서 언급한 바와 같이 일반적으로 동양인은 조리시간이 길고 식사 시간이 짧은 것으로 알려져 있다. 식사 시간은 생활 환경과 조리방법이나 조리도구의 영향을 받지만, 위에서 언급한 주식 재료의 차이와 한 끼 식사량의 차이에서 오는 것도 있을 것이다.

4) 성공적 비즈니스 모델

동양의 고기 소비문화와 가공산업은 환경, 역사, 문화가 다르므로 서양에 비해 잘 발달하지 못했다. 전통적으로 동양 사람들은 곡물과 채소를 기반으로 한 음식을 먹고, 고기나 육제품은 제한적으로 섭취한다. 전 세계적 국제무역과 국제교류의 확대 흐름과 동양 국가들의 경제 성장과 서구화된 식습관 패턴으로 동양의 음식 소비문화와 식습관도 서양과 차이를 줄이는 방향으로 바뀌게 되었다. 나아가 전통적인 동양식 조리법을 기반으로 한 새로운 산업화된 육제품이나 서양식과 융합된 동양식 육제품의 개발 등 새로운 트렌드도 나타나고 있다. 동양의 고기 산업에서도 그동안 서양에서 활성화된 규모를 뛰어 넘는 육제품 시장의 확대가 가까운 장래에 이루어질 것으로 예상된다. 그러나 개인별 고기 및 육제품의 소비 증가는 제한적일 것이며 이는 동양의 전통적으로 제한된 고기 식습관과 연관되어 있기 때문이다. 이러한 고기 소비문화는 오랫동안 확립되어 온 것이며, 기후, 지리, 종교, 문화 등 많은 사회적 요인들이 복합적으로 작용되어 만들어진 것이기 때문이다. 동양에서 곡식을 주식으로 하면서도 고기 소비가 늘기 위해서는 소비자, 정부, 산업, 학계의 일관된 동의가 전제돼야 한다. 반대로 전통적이고 특색 있는 고기를 기반으로 한 동양의 요리를 서양 세계에 소개하는 것도 의미있는 일일 것이다. 특히 건강한 식단에 대한 강조가 증대되고 있는 것과 관련하여 동양의 고기 소비문화가 서양의 전통과 조화를 이룬다면 성공적인 비즈니스 모델이 될 수 있을 것이다.

3편

고기 생산의 지리(地理)

늘어나는 인구를 먹이기 위해
식량 생산을 늘리면
또다시 인구의 증가를 가져온다.

Daniel Quinn

한 국가의 경제가 좋아지거나 개인의 소득이 높아지면 고기 소비는 증가한다. 경제적으로 여유있는 소비자들을 만족시키기 위하여 국가적으로 생산은 강화되어 집약 축산은 점점 더 심화된다. 더욱이 증가된 고기 수요를 국내 생산으로 만족시키지 못하는 국가들은 고기 수출국들로부터 더 많은 양의 고기를 수입하고자 할 것이고 이렇게 증가된 수요를 만족시키기 위하여 고기 수출국들은 더욱 생산에 박차를 가할 것이다. 이런 과정에서 고기 생산을 위한 곡물의 사료화 및 곡물 생산 증가를 위한 산림의 경작지화 그리고 가축 방목을 위한 초지화, 나아가서는 경작지의 초지화가 확산되어 개도국 국민들의 식량부족은 악화된다. 더욱이 이러한 집약축산의 강화는 지구환경과 인간과 동물의 복지가 악화되는 부작용을 가져온다.

사진 3-1. 가축 대량 집단 사육

따라서 선진국에서는 건강에 대한 적색육 소비의 나쁜 영향과 온실가스 생산 증가와 관련하여 적색육 소비를 줄이자는 주장이 설득력을 얻고 있지만 개도국 소비자의 입장은 정반대여서 당분간 세계적 고기소비는 지속적으로 증가할 것이다. 더욱이 고기 수출국 입장에서는 국가 경제와 직결되는 상황이기 때문에 쉽사리 소비를 줄이자는 주장에 동의하기가 어려울 것이다. 반면에 선진국에서는 채식주의의 확산과 적색육 소비의 폐해에 대한 자각운동이 고기의 종류에 따른 소비 경향의 변화를 가져오는 결과를 초래하고 있다. 하지만 세계적으로 적색육 생산은 줄어들 가능성이 희박하고 반면에 가금육의 소비가 증가하면 이를 만족시키기 위한 생산의 강화가 불 보듯 뻔한 상황이다.

❼ 대륙별 고기 생산

지속가능한 방법으로 늘어나는 세계인구를 먹여 살리는 것은 향후 가장 힘든 도전의 하나가 될 것이다. 여기에서 고기 생산은 중추적인 역할을 할 것이다. 고기는 전 세계적으로 많은 사람들에게 영양적으로 매우 중요한 자원이다. 한 국가나 경제구역에서의 고기 소비구조는 소비자의 선호도와 국내외 식육산업 구조에 의해 좌우된다(그림 3-1). 소득증대, 도시화 증가, 생활스타일의 변화, 새로운 상품이나 맛을 추구하고자 하는 소비자 취향, 간편식품추구, 여성취업율 증가 등으로 개도국을 포함한 전 세계적으로 고급식품인 과실

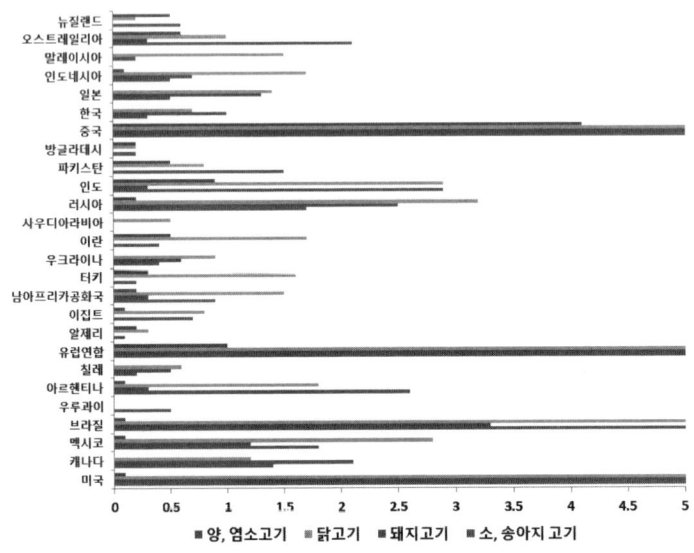

그림 3-1. 각국의 고기 종류별 생산량 지도
(Cawthorn and Hoffman, 2014)

채소와 축산식품의 수요는 지속적으로 증가할 것으로 예상되어 세계적 고기 생산량은 계속 증가할 것으로 전망되었다. 그러나 최근 세계식육산업은 다양한 식품 안전문제, 인수공통 전염병, 세계적 유행병(Pandemic), 지구온난화를 포함한 지구환경변화 문제로 인하여 고기소비와 생산구조 및 소매시장이 크게 영향을 받고 있다. 더욱이 아시아 국가들의 고기 종류별 생산 기반에 큰 변화를 가져왔다.

지난 50년간 고기 생산은 축종을 막론하고 증가하였고 전체적으로 거의 4배 가량 늘어났다. 2018년 3억 4,200만 톤이었던 세계 고기생산량은 2019년에는 3억 3,900만 톤으로 감소하였고, 2021년에 3억 4천6백만톤으로 다시 증가했다. 이것은 돼지고기 생산이 전 세계적인 아프리카돼지열병의 발생으로 줄어들었고, COVID-19 사태로 고기 전체생산에 차질을 가져와 세계적으로 고기 생산량의 감소로 이어졌다. 고기 생산은 온실가스 생산을 증가시켜 지구환경변화에 상당한 영향을 주고 있음이 보고된다. 물 사용량, 화석연료 사용량, 산림훼손 등 환경에 대한 나쁜 영향을 줄이는 방법으로 고기를 생산하는 것이 현대 축산이 당면한 도전이다.

대륙별로는 아시아가 전체의 40~45%를 차지하여 가장 고기를 많이 생산하고 있다. 과거 1960년대에는 유럽과 북아메리카가 42%와 25%를 차지하여 압도적이었으나 상황이 바뀌었다. 1980~1981년에는 유럽이 주된 생산지역이었고(40%) 다음으로 미국(31%), 그 다음으로 아시아(21%), 아프리카(5%) 그리고 오세아니아(3%)였다. 역사적으로 모든 대륙에서 절대적 생산량은 증가하였지만 증가 비율이 아시아에서 가장 컸다(표 3-1). 단위가축 생산은 사료곡물 가격에 크게 영향을 받지만 반추가축 생산은 상대적으로 덜 영향을 받는다. 단위가축인 닭은 선진국에서 사료효율이 높고, 생산비

표 3-1. 세계 대륙별 고기 생산량 변화 (단위: 톤)

대륙	1961년	2018년	변화율
아프리카	391만	2,017만	+416%
유럽	3,000만	6,385만	+113%
아시아	905만	1억 4,571만	+1,489%
오세아니아	230만	669만	+185%
북아메리카	1,799만	5,173만	+187%
중앙아메리카	123만	889만	+625%
남아메리카	652만	4,612만	+608%
세계	7,136만	3억 4,242만	+380%

출처: Ritchie and Roser, 2019)

가 상대적으로 낮고, 고기가격도 낮고, 건강에도 좋다고 하여 생산자와 소비자 모두에게 선택을 받는 고기가 되었다. 세계 고기 생산량은 2028년에 3억 6,400만 톤에 이를 것으로 추정되고 개도국에서 이의 74%가 이루어질 것이다. 총생산은 브라질, 중국, EU 및 미국에 의해 좌우되지만 단기적으로는 중국에서의 닭과 돼지질병 발생이 크게 영향을 줄 것이다.

1) 고기종류별 가축생산

고기수요는 지속적으로 증가하여 가축생산도 대륙별로 지속적으로 증가한다. 2018년 대륙별, 가축 종류별 생산 두수를 표 <3-2>~<3-13>에서 볼 수 있다. 이렇게 생산되는 가축에서 생산되는 고기는 모두 수출되는 것이 아니고 자체소비를 하고 있어 대륙별로 수출량이 다르다. 2018년도에 세계적으로 생산된 소고기의 10%, 닭고기의 12.5%, 돼지고기의 5%, 그리고 양고기의 12.7%만이 수출되었다.

표 3-2. 세계 대륙별 소 생산과 소고기 수출(2018)

대륙	생산		고기 수출	
	두수(백만)	비율(%)	중량(톤)	비율(%)
아프리카	355.7	23.9	48,641	0.7
북아메리카	105.9	7.1	1,191,636	17.7
중앙아메리카/카리브	50.8	4.0	255,368	3.8
남아메리카	357.2	24.0	2,255,848	33.5
아시아	454.8	30.5	121,328	1.8
유럽	119.4	8.0	1,415,138	21.0
오세아니아	37	2.5	1,452,676	21.5
세계	1,489.7	100	6,740,635	100

자료: FAOSTAT, 2020

표 3-3. 세계 대륙별 물소 생산(2018)

대륙	생산	
	두수(천)	비율(%)
아프리카	3,506.1	1.7
카리브	6.1	(0.003)
남아메리카	1,391.0	0.7
아시아	201,258.2	97.4
유럽	439.0	0.2
오세아니아	0.3	(0.0001)
세계	206,600.7	100

아프리카와 아시아에서는 소 생산두수는 많으나 고기 수출비율이 낮은 것은 개도국의 농업위주의 경제구조에서 소의 보유목적이 소고기생산보다는 사역과 연료생산 그리고 재산으로서의 가치에 중점을 두기 때문이다. 물소의 경우 약간만 아프리카에서 사육하고 거의 대부분 아시아 지역에서 생산된다. 이것은 동남아시아 지역에서 논농사에 물소를 많이 이용하고 있는 이유이다.

닭고기도 수출은 선진국이 주도하지만 생산수수는 아시아가 가장 많다(표 3-4). 특히 동남아시아 지역에서는 복합영농축산이 일반화되어 생산이 주로 자체소비로 이어진다.

표 3-4. 세계 대륙별 닭 생산 및 고기 수출(2018)

대륙	생산		고기 수출	
	수수(x1,000)	비율(%)	중량(톤)	비율(%)
아프리카	1,882,382	8.0	79,434	0.6
북아메리카	2,144,060	9.0	3,393,179	23.7
중앙아메리카/카리브	1,040,542	4.4	20,802	0.1
남아메리카	2,611,687	11.0	4,099,467	28.6
아시아	13,630,958	57.5	1,699,156	11.9
유럽	2,260,795	9.5	4,964,301	34.7
오세아니아	136,711	0.6	53,210	0.4
세계	23,707,134	100	14,309,550	100

돼지고기의 경우 돼지생산은 아시아가 가장 많지만 고기수출은 유럽이 가장 많고 북아메리카가 뒤를 잇는다(표 3-5). 아시아는 인구도 많아 자체소비가 많아서 수출량이 상대적으로 적다.

표 3-5. 세계 대륙별 돼지 생산 및 고기 수출(2018)

대륙	생산		고기 수출	
	두수(천)	비율(%)	중량(톤)	비율(%)
아프리카	40,525	4.1	10,884	0.2
북아메리카	88,721	9.1	710,078	11.6
중앙아메리카/카리브	27,307	2.8	2,185	(0.04)
남아메리카	67,717	6.9	157,960	2.6
아시아	559,920	57.2	86,288	1.4
유럽	188,397	19.3	5,117,918	83.9
오세아니아	5,746	0.6	18,586	0.3
세계	978,332	100	6,103,900	100

양고기도 사육두수가 많은 아시아나 아프리카보다 유럽과 오세아니아가 주 수출지역이다(표 3-6). 특히 오세아니아 지역은 호주와 뉴질랜드가 주 수출국이기 때문이다. 아프리카와 아시아에서는 주로 소규모 복합영농축산으로 사육되고 있기 때문에 수출보다는 국내 소비에 치중되어 있다. 아메리카 대륙에서는 양고기가 선호되지 않아 사육두수가 그리 많지 않다.

표 3-6. 세계 대륙별 양 생산 및 고기 수출(2018)

대륙	생산		고기 수출	
	두수(천)	비율(%)	중량(톤)	비율(%)
아프리카	383,955	31.7	11,469	0.9
북아메리카	6,113	0.5	3,676	0.3
중앙아메리카/카리브	11,348	0.9	259	(0.02)
남아메리카	64,961	5.4	19,271	1.6
아시아	514,987	42.6	46,995	3.8
유럽	130,704	10.8	281,873	22.7
오세아니아	97,401	8.1	878,874	70.7
세계	1,209,467	100	1,242,418	100

염소는 아프리카와 아시아에서 가장 많이 생산하고 수출은 오세아니아와 아프리카가 가장 많이 한다(표 3-7). 오세아니아는 생산은 상대적으로 적지만 수출은 많이 한다. 이것은 호주와 뉴질랜드가 고기수출산업이 발달되어 있기 때문이다. 염소고기는 개도국에서 양고기와 더불어 가장 쉽게 그리고 널리 소비되는 고기이다.

표 3-7. 세계 대륙별 염소 생산 및 고기 수출(2018)

대륙	생산		고기 수출	
	두수(천)	비율(%)	중량(톤)	비율(%)
아프리카	438,111	41.9	19,434	34.1
북아메리카	2,669	0.3	371	0.7
중앙아메리카/카리브	13,057	1.2	324	0.6
남아메리카	22,324	2.1	-	-
아시아	548,883	52.5	6,032	10.5
유럽	16,819	1.6	8,554	15.0
오세아니아	4,053	0.4	22,283	39.1
세계	1,045,916	100	56,999	100

칠면조는 북아메리카 원산이다 보니 북아메리카와 유럽에서 주로 사육하고 수출하고 있다(표 3-8). 다른 대륙에서는 상대적으로 적은 수가 생산되고 적은 양이 수출된다.

표 3-8. 세계 대륙별 칠면조 생산 및 고기 수출(2018)

대륙	생산		고기 수출	
	수수(x1,000)	비율(%)	중량(톤)	비율(%)
아프리카	27,055	5.8	4,782	0.5
북아메리카	250,443	53.6	238,467	25.5
중앙아메리카/카리브	4,126	0.9	51	(0.005)
남아메리카	63,359	13.6	89,210	9.5
아시아	15,269	3.3	20,455	2.2
유럽	105,175	22.5	580,529	62.2
오세아니아	1,361	0.3	904	0.1
세계	466,787	100	934,400	100

오리는 중국인이 가장 선호하여 생산은 거의 아시아가 독점하다시피 하고 있고 고기 수출시장은 유럽과 아시아가 주도하고 있다(표 3-9).

표 3-9. 세계 대륙별 오리 생산 및 고기 수출(2018)

대 륙	생산		고기 수출	
	수수(x1,000)	비율(%)	중량(톤)	비율(%)
아프리카	22,400	2.0	129	(0.05)
북아메리카	8,871	0.8	4,752	1.9
중앙아메리카/카리브	8,823	0.8	-	-
남아메리카	9,305	0.8	2,971	1.2
아시아	992,001	88.2	97,814	38.2
유럽	81,829	7.3	150,015	58.6
오세아니아	1,689	0.1	158	(0.06)
세계	1,124,917	100	255,839	100

거위는 유럽과 중국에서 선호하는 가금이다. 따라서 생산은 아시아가 거의 독점하다시피하고 고기 수출만은 아시아와 유럽이 주도하고 있다(표 3-10).

표 3-10. 세계 대륙별 거위/뿔닭 생산 및 고기 수출(2018)

대륙	생산		고기 수출	
	수수(x1,000)	비율(%)	중량(톤)	비율(%)
아프리카	26,225	7.2	3	(0.005)
북아메리카	324	(0.09)	85	0.2
중앙아메리카/카리브	40	(0.01)	-	-
남아메리카	407	0.1	-	-
아시아	318,408	87.1	18,421	32.3
유럽	19,995	5.5	38,505	67.5
오세아니아	86	(0.02)	16	(0.03)
세계	365,485	100	57,029	100

토끼는 아시아에서 주로 사육하고 고기 수출은 유럽이 주도한다
(표 3-11). 이것은 아시아 국가들은 생산된 토끼 고기를 국내에서 유통하기 때문이다.

표 3-11. 세계 대륙별 토끼 생산 및 고기수출(2018)

대륙	생산		고기 수출	
	두수(x1,000)	비율(%)	중량(톤)	비율(%)
아프리카	18,031	5.9	17	(0.05)
북아메리카	-	-	-	-
중앙아메리카/카리브	1,468	0.5	247	0.8
남아메리카	4,329	1.4	1,096	3.5
아시아	261,230	84.8	6,521	20.7
유럽	22,893	7.4	23,634	75.0
오세아니아	-	-	-	-
세계	307,951	100	31,515	100

낙타 생산은 아프리카가 주도하고 생축 수출도 아프리카가 주도한다(표3-12). 이것은 낙타고기를 중동지역과 아프리카 지역의 무슬림이 주로 소비하기 때문일 것이다.

표 3-12. 세계 대륙별 낙타 생산(2018)

대륙	생산	
	두수 (천)	비율 (%)
아프리카	30,734	86.5
아시아	4,785	13.5
유럽	6.6	(0.02)
세계	35,525	100

말은 오세아니아를 제외하고는 전 세계적으로 비교적 골고루 생산하고 있다(표 3-13). 고기수출은 말고기 소비국가들이 유럽에 많고 유목종족들이 주로 소비하기 때문에 유럽과 아시아가 수출에 큰 몫을 하고 있다.

표 3-13. 세계 대륙별 말 생산 및 고기 수출(2018)

대륙	생산		고기 수출	
	두수 (천)	비율 (%)	량 (톤)	비율 (%)
아프리카	6,492	11.2	9,118	6.5
북아메리카	10,879	18.8	5,324	3.8
중앙아메리카/카리브	9,095	15.8	2,751	2.0
남아메리카	12,242	21.2	29,852	21.3
아시아	13,565	23.5	32,306	23.1
유럽	5,147	8.9	58,598	41.8
오세아니아	360	0.6	2,074	1.5
세계	57,780	100	140,022	100

2) 고기생산을 위한 가축 생산 시스템

고기생산을 위한 가축 생산시스템은 재화투입과 토지 활용이라는 측면에서 4가지로 구분할 수 있다: 고투입집약축산(축사축산), 고투입조방축산(대규모 방목축산), 저투입집약축산(복합영농), 저투입조방축산(유목축). FAO는 가축생산시스템을 전업축산과 복합영농축산으로 구분하고 전업축산을 다시 초지축산과 무초지축산으로, 복합영농축산은 다시 관개영농축산과 천수답 영농축산으로 세분하고 있다 (그림 3-2).

개도국이나 선진국이나 축산은 위의 4가지 시스템을 모두 갖추

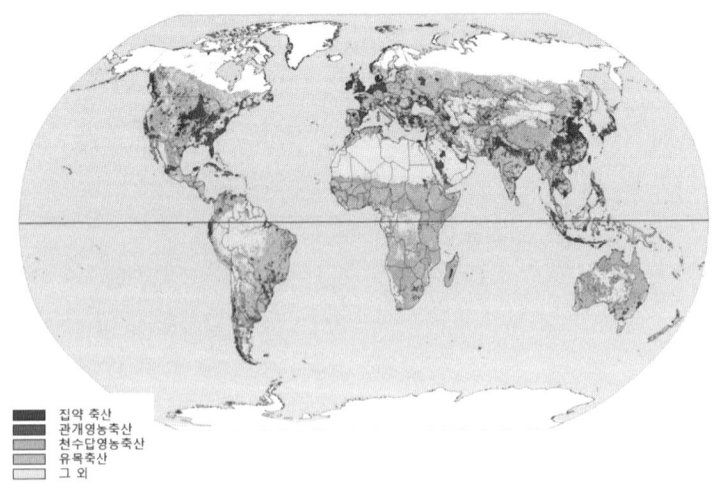

그림 3-2. 가축 생산시스템 분포도(Steinfeld 등, 2006)

고 있으나 점유율에서는 큰 차이를 보인다. 그림에서 보는 바와 같이 공장식 축산은 대부분이 선진국에 분포되어 있다. 세계 돈육생산의 절반 이상, 닭고기 생산의 70% 이상이 고투입집약축산 시스템에서 생산된다. 더욱이 개도국의 소규모 농가에서는 축종에 따라 상이한 생산시스템이 복합적으로 이용된다. 예를 들면, 젖소는 고투입집약축산인 반면에 닭이나 돼지는 저투입집약축산(복합영농)으로 생산한다. 선진국에서는 고투입집약축산이 우세한 반면에 개도국에서는 저투입 축산이 우세하다. 더욱이 개도국에서는 축산이 가계소득에 차지하는 비율이 높아 70% 이상을 차지함으로써 축산은 조방축산이나 복합영농형태일지라도 지속적으로 확대될 것이다. 한 국가가 산업화가 이루어지면 도시화 비율이 증가하고 고기의 수요가 증가하여 증가한 고기 공급을 만족시키기 위한 생산시스템은 도시근교로 이동하여 고투입집약축산으로 전환된다. 이에 따라 환경

파괴와 식품안전의 문제가 부각된다. 사하라 이남 아프리카처럼 경제발전 속도가 느린 지역은 개인당 고기소비량은 감소할 것으로 예상하지만 전체 인구수가 증가하여 전체적으로는 수요가 증가할 것으로 예상된다. 이러한 수요증가는 지리적인 이유로 자체 생산량을 증가시켜 공급하는 것보다 수입량 증가로 연결되어질 가능성이 높다.

가까운 장래의 예상되는 수요를 만족시키기 위한 생산량 증가는 단순히 현재의 생산과 소비 추세를 활용해서 성취할 수는 없다. 최근의 생산확대와 강화의 역사적 경향은 오히려 자원에만 의존하는 현재 생산시스템을 손상시킬 위험이 있다. 2차 세계대전 이후의 인구증가와 경제발전, 기술 및 문화적환경 변화로 인하여 세계적 농식품 생산은 획기적으로 증가하였다. 더욱이 이러한 인구증가, 경제발전, 그리고 도시화로 인한 식량수요 증가와 식생활형태 변화는 자원집중 식량생산을 강화시켜왔다. 비록 녹색혁명으로 생산성은 향상되었지만 생태계 파괴, 시속가능하지 않은 자원소비, 화석연료에의 의존성 증가 같은 부작용을 가져왔다. 따라서 최근에 가축생산을 위해 요구되는 사료곡물 및 초지로 인해 야기되는 산림훼손, 물과 토양의 오염, 온실가스 생산으로 인한 기후변화 등과 같은 지구적 차원에서의 환경적 문제, 그리고 증가된 고기수요를 만족시키기 위하여 수행되는 일련의 과정이 저소득 국가들의 수많은 농민들의 생존을 위협하게 되는 결과를 가져온다는 윤리적인 문제 등을 고려할 때 대륙간의, 나라간의, 계층간의 간극을 어떻게 해소해가면서 장래의 고기소비를 선도해갈 것인가에 우리의 고민이 깊어진다.

8
고기 종류별 생산

　세계적으로 주된 고기자원은 닭과 소, 돼지 및 양 그리고 부수적으로는 염소가 있다. 그러나 지역적으로는 매우 다양하여 어떤 곳에서는 야생동물, 말, 오리, 낙타 등이 주된 고기자원이기도 하다. 비록 지난 50여 년간 주된 고기자원의 생산은 절대량 측면에서 계속 증가해 왔지만 상대적인 비율은 고기 종류별로 크게 변화해 왔다. 소고기 대 양고기, 반추가축 고기 대 비반추가축 고기, 적색육 대 백색육으로 대비되는 소비경향은 세계시장에서는 경제수준에 따라 변하고 있다. 신흥시장으로 성장하는 개도국들에서는 지속적으로 적색육에 대한 선호도가 유지되지만 선진국 시장에서는 지구환경문제와 건강문제와 관련하여 백색육으로 소비가 전환되고 있다. 1961년 닭고기는 전 세계 고기 생산량의 12% 였지만 2018년에는 37%에 달하여 3배 이상 증가하였다. 반면에 소고기는 그 비율이 1961년에 비해 거의 절반으로 축소되어 2018년에는 약 21%가 되었다. 돼지고기는 비

표 3-14. 세계 축종별 고기 생산량 변화

(단위: 톤)

축 종	1961년	2018년	변화율
소/물소	2,876만	7,161만	+149%
돼지	2,475만	1억 2,088만	+388%
닭	895만	1억 2,731만	+1,322%
양/염소	603만	1,577만	+162%
오리	33만6천	446만	+1,227%
말	56만	79만2천	+41%
낙타	12만3천	55만7천	+353%
거위	15만7천	265만	+1,588%

교적 안정되어 35% 정도를 구성하고 있다(표 3-14).

소고기/물소고기는 전체 생산량의 72%를 개도국들이 생산하고 있지만 가장 큰 생산국은 미국이고 브라질, 중국, 인도, 아르헨티나, 호주, 멕시코가 전세계의 7대 소고기 생산국(2019년 기준)이다(그림 3-3, 3-4). 그러나 소고기 수출국은 브라질, 인도, 호주, 미국, 뉴질랜드, 캐나다, 우루과이 순(2018년 기준)으로 많이 수출하고 있다. 브라질, 중국, 멕시코, 인도, 파키스탄, 남아공, 러시아가 생산을 확대하고 있으며,

그림 3-3. 세계 소고기 생산 지도
(Knoema, 2020)(단위: 1,000M/T도체중량)

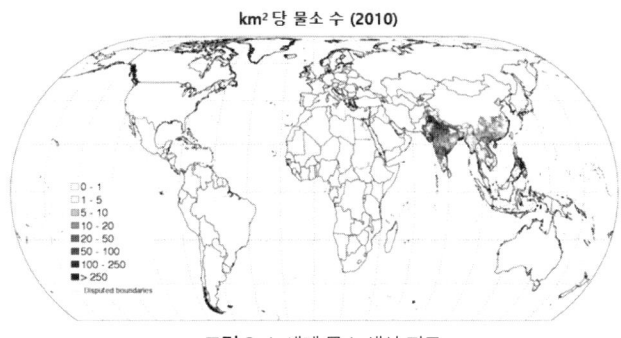

그림 3-4. 세계 물소 생산 지도
(FAO/Geonetwork, 2013)

표 3-15. 대륙별 소/물소 고기 생산량 변화

(단위: 톤)

대륙	1961년	2018년	변화율 (%)
아프리카	196만	708만	+261
유럽	969만	1천64만	+10
아시아	273만	1천851만	+578
오세아니아	88만8천	291만	+228
아메리카	808만	1천345만	+66
중앙아메리카	52만6천	254만	+382
남아메리카	67만	1천625만	+248
세계	2천876만	7천161만	+149

호주, 뉴질랜드, 아르헨티나와 우루과이에서는 생산이 정체 내지는 감소하는 경향을 보인다. 대륙별로는 아시아가 26%를 차지하여 가장 많이 생산하고 다음으로 남아메리카가 약 23%를 생산한다(표 3-15).

닭고기 생산은 지난 50년간 급속히 증가하여 13배 이상 증가하였다(표3-16). 2019년 기준 10대 닭고기 생산국은 미국, 브라질, EU,

표 3-16. 대륙별 닭고기 생산량 변화

(단위: 톤)

대륙	1961년	2018년	변화율(%)
아프리카	36만1천	608만	+1,582
유럽	293만	2천119만	+623
아시아	150만	4천648만	+2,994
오세아니아	5만9천	151만	+2,484
북아메리카	356만	2천377만	+567
중앙아메리카	15만3천	445만	+2,805
남아메리카	31만6천	2천319만	+7,230
세계	895만	1억 2천731만	+1,323

그림 3-5. 세계 닭고기 생산 지도(2018)

중국, 인도, 러시아, 멕시코, 태국, 터키, 아르헨티나이다(그림 3-5). 수출국은 브라질, 미국, EU, 태국, 중국, 터키, 우크라이나 순이다.

돼지고기는 많은 개도국에서 중요한 고기자원이 아니기 때문에 생산량은 과거 50년 동안 약 4배 증가하였다(표 3-17). 2019년 기준 세계 7대 생산국은 중국, EU, 미국, 브라질, 러시아, 베트남, 캐나다이다(그림 3-6). 중국이 주된 생산국이기 때문에 아시아 대륙이 전 세

표 3-17. 대륙별 돼지고기 생산량 변화

(단위: 톤)

대륙	1961년	2018년	변화율(%)
아프리카	18만5천	159만	+759
유럽	1천425만	2천967만	+108
아시아	290만	6천673만	+2,199
오세아니아	17만4천	56만8천	+227
북아메리카	571만	1천409만	+147
중앙아메리카	46만9천	171만	+264
남아메리카	98만6천	617만	+525
세계	2천475만	1억 2천88만	+388

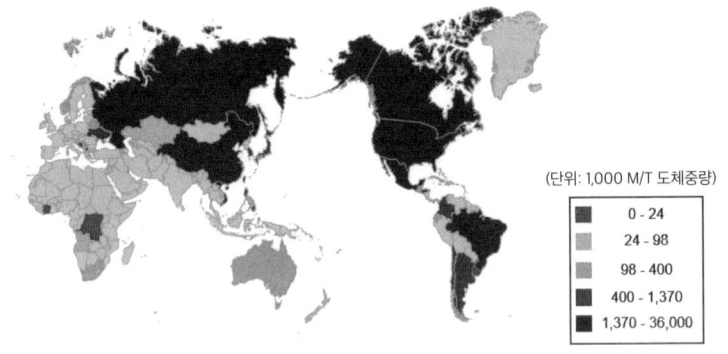

그림 3-6. 세계 돼지고기 생산 지도(2020)

계 생산량의 절반을 차지한다. 그 밖의 대량 생산국들로는 미국, 독일, 스페인 및 브라질, 러시아, 멕시코 등이 있다. 최근에는 중국에서 돼지질병의 발생으로 전 세계 생산량이 감소하고 있다. 돼지고기 수출국은 미국, 독일, 스페인, 덴마크, 캐나다, 네덜란드, 벨기에, 브라질, 폴란드, 프랑스의 순이다.

양고기는 지난 50년간 다른 고기종류에 비해 상대적으로 생산이 많이 증가하지 못했다(표 3-18). 전 세계 생산량은 비교적 완만한 증가를 보이고 있는 상태이다. 주 생산국인 호주에서의 사육두수 감소와 영국의 생산정체가 주된 이유이다. 주된 증가는 아시아, 특히 중국 그리고 아프리카의 증가에 기인한다. 2019년 기준 세계적인 생산국은 중국, 호주, 인도, 수단, 뉴질랜드, 파키스탄, 나이지리아, 터키, 알제리, 이란의 순이다(그림 3-7). 수출국은 호주, 뉴질랜드, 영국, 아일랜드, 네덜란드, 스페인, 벨기에, 인도, 우루과이, 독일의 순이다.

세계적으로 상위 10개 염소고기 생산국은 중국, 인도, 파키스탄,

표 3-18. 대륙별 양/염소 고기 생산량 변화
(단위: 톤)

대륙	1961년	2018년	변화량(%)
아프리카	77만8천	341만	+338
유럽	196만	127만	-35
아시아	144만	931만	+548
오세아니아	104만	124만	+19
북아메리카	39만3천	9만7천	-75
중앙아메리카	3만4천	10만6천	+212
남아메리카	38만천	31만9천	-16
세계	603만	1천577만	+161

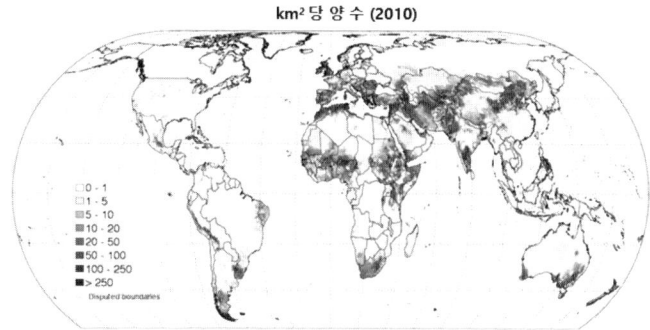

그림 3-7. 세계 양 생산 지도
(FAO/Geonetwork, 2013)

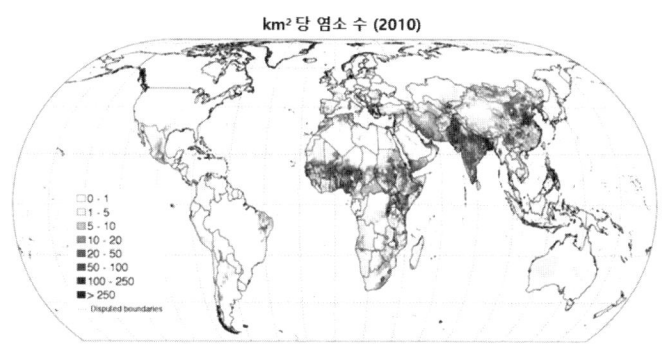

그림 3-8. 세계 염소 생산 지도
(FAO/Geonetwork, 2013)

방글라데시, 수단, 나이지리아, 이란, 인도네시아, 그리스, 말리이다(그림 3-8). 염소고기는 수출이나 수입을 많이 하는 나라가 많이 소비하지 않고 많이 생산하는 나라들이 많이 소비하는 것으로 알려진다.

오리고기 생산은 지난 50년간 거의 12배 증가하였다. 생산 증가는 수요가 가장 많은 중국에 기인하여 아시아와 오세아니아가 주도하였다(표 3-19).

2018년 기준으로 세계적인 생산국가는 중국이 거의 76%를 차지하고 그다음으로 프랑스와 미얀마이다(그림 3-9). 고기 수출국으로는

표 3-19. 대륙별 오리 고기 생산량 변화

(단위:톤)

대륙	1961년	2018년	변화량(%)
아프리카	1만7천	10만3천	+505
유럽	7만6천	52만	+582
아시아	20만6천	371만	+1,698
오세아니아	1천	2만천	+1,407
북아메리카	2만1천	7만2천	+240
중앙아메리카	6천	2만천	+254
남아메리카	7천	2만천	+173
세계	33만6천	446만	+1,229

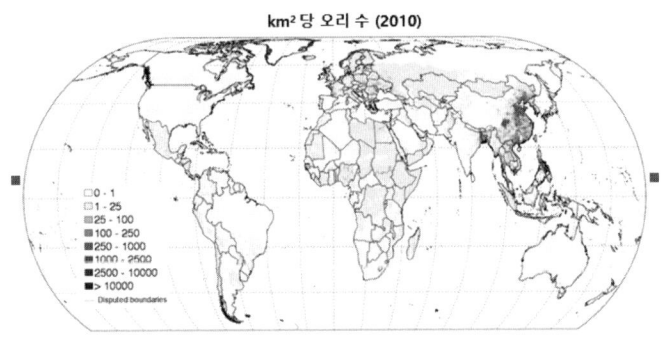

그림 3-9. 세계 오리 생산 지도

중국(홍콩포함), 헝가리, 프랑스, 폴란드, 불가리아, 네덜란드, 독일, 영국, 태국의 순이다.

말고기는 소비하는 나라가 제한적이기 때문에 생산량도 비교적 안정적이다(표 3-20). 2018년 기준 전 세계 10대 생산국가는 중국, 카자흐스탄, 멕시코, 몽골, 러시아, 브라질, 키르기스스탄, 캐나다, 아르헨티나, 호주 순이다(그림 3-10). 중국이 약 1/3을 차지한다. 주요수출국으로는 몽골, 아르헨티나, 벨기에, 네덜란드, 폴란드, 루마니아, 스페인, 케냐, 우루과이, 캐나다 순이다.

표 3-20. 대륙별 말고기 생산량 변화

(단위: 톤)

대 륙	1961년	2018년	변화량(%)
아프리카	8천	1만8천	+121
유 럽	30만5천	10만9천	-64
아시아	7만9천	42만3천	+434
오세아니아	1만5천	2만4천	+59
북아메리카	2만7천	5만7천	+112
중앙아메리카	4만5천	9만	+98
남아메리카	7만6천	6만4천	-15
세계	56만	79만2천	+42

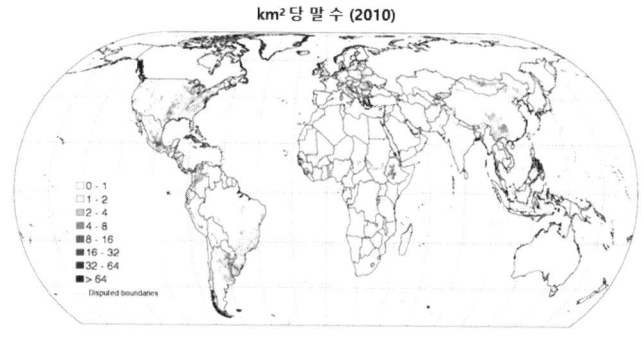

그림 3-10. 세계 말 생산 지도.

거위고기는 중국이 소비나 생산을 주도하기 때문에 아시아가 가장 증가가 큰 대륙이다(표 3-21). 2019년 기준 주요 생산국은 중국, 이집트, 폴란드, 미얀마, 헝가리, 우크라이나, 마다가스카르, 타이완, 이란, 이스라엘 순이다. 수출국은 영국, 캐나다, 독일, 프랑스, 오스트리아, 폴란드, 미국, 체코, 네덜란드, 호주 순이다.

표 3-21. 대륙별 거위/뿔닭 고기 생산량 변화

(단위: 톤)

대 륙	1961년	2018년	변화량(%)
아프리카	1만6천	3만9천	+138
유 럽	6만2천	6만5천	+6
아시아	7만	254만	+3,552
오세아니아	2백	1백3십	-38
북아메리카	1천2백	9백9십	-17
중앙아메리카	-	-	-
남아메리카	5백4십	1천	+104
세계	15만	265만	+1,667

낙타고기는 주로 이슬람 국가들에서 소비하기 때문에 아프리카와 아시아 국가들에 집중해 있다. 따라서 생산량도 두 대륙에 집중되어 있다(표 3-22). 2019년 기준 생산량이 많은 국가들은 케냐, 소말리아, 사우디아라비아, UAE, 이집트, 에티오피아, 모리타니, 말리, 중국, 니제르의 순이다(그림 3-11). 세계 낙타고기 수출국으로는 파키스탄, 호주, 미국, 칠레, 벨기에 순이다. 세계 낙타의 60%는 동아프리카에 사육되며 동아프리카 국가들은 이집트와 아라비아 반도에 중요한 수출국들이다. 아라비아 반도에는 120만 두 이상의 단봉낙타들이 사육되며 이들의 약 80%가 사우디아라비아, 아랍에미리트와 예멘에 있다. 인구수 대비 낙타 밀도는 아라비아 반도에서는 카

표 3-22. 대륙별 낙타 고기 생산량 변화
(단위: 톤)

대륙	1961년	2018년	변화량(%)
아프리카	7만	41만2천	+491
유럽	-	137	-
아시아	5만4천	14만5천	+171
오세아니아	-	-	-
북아메리카	-	-	-
중앙아메리카	-	-	-
남아메리카	-	-	-
세계	12만3천	55만7천	+352

그림 3-11. 세계 낙타 생산지도
(FAO, 2009)(색깔이 짙을수록 숫자가 많음)

타르와 아랍에미리트가 가장 높고 아프리카에서는 케냐와 소말리아가 가장 높다.

비록 세계경제가 코로나 바이러스 질병으로 인해 악화되어 고기 수요가 감소될 것으로 예상되어 결과적으로 생산감소를 가져올 것으로 전망하고 있지만 세계 고기소비는 꾸준히 증가할 것이고 아프리카와 중동국가에서 소비가 가장 빠르게 증가할 것이라 한다. 세계 고기 생산량은 2050년에 4억 5,500만 톤에 달할 것으로 예측한다. 인구증가와 소득향상으로 인한 소비증가를 만족시키기 위하여 생산은 당연히 증가할 것이다. 소고기의 경우, 호주의 가뭄으로 사육두수가 감소되어 미국의 생산감소와 더불어 세계적인 생산량 감소에 일조를 할 것이다. 반면에 닭고기는 가격이 저렴하고, 사료효율도 상대적으로 높고, 종교적으로 소고기나 돼지고기에 비해 제약이 적을 뿐만 아니라 건강에 민감한 서양 선진국 소비자들의 적색육 기피에 의해 그 수요가 급격히 상승하고 있다. 세계적인 코로나바이러스 Pandemic으로 인해 집약축산으로 생산하는 고기 생산량은 감소되고 있고 조방축산은 상대적으로 그 영향이 적은 상태이지만 축산은 경작지의 77%를 가축 사육용으로 사용하기 때문에 세계 식량사정에 부정적인 영향을 주고 있고, 온실가스 생산에 주범으로 인식되고 있어 고기소비를 줄여야 한다는 주장이 설득력을 얻고 있다. 따라서 비록 총 고기생산량은 증가하겠지만 축종별 생산량 증감의 변화는 불가피할 것이다.

4편

고기 가공의 지리(地理)

교회에서 피우는 향처럼
고혹적인 과일나무와 마른 약초가 타는 냄새와
함께 구워지는 고기의 냄새는
누구라도 미식가로 새로이 태어나게 한다.

Claudia Roden

식품가공이란 농축수산 생산물을 먹을 수 있는 식품으로 전환하거나 한 가지 식품을 또 다른 식품으로 만드는 것을 말한다. 1차 가공은 수확한 농축수산물을 먹을 수 있는 것으로 전환하는 것을 의미하며, 가축을 잡아서 고기로 전환하는 것이 그 예이다. 2차 가공은 사용할 수 있게 준비가 되어 있는 원료를 사용하여 식품을 만드는 것으로, 예를 들면 원료 고기를 분쇄하여 소시지를 만드는 것이다. 3차 가공은 다양한 식품을 직접 소비할 수 있거나 가열하여 소비할 수 있는 식사제품으로 만드는 것을 의미하며, 가정식 대체식품(Home Meal Replacement; HMR)같은 것들이 그 예이다. 그러나 식육가공분야에서는 적색육에서 도체(지육)를 생산하는 과정인 도축공정은 가공이라 하지 않고 오로지 생산된 도체를 절단 및 발골하여 소비자들이 구입할 수 있는 상품으로 만드는 과정을 1차 가공이라 한다. 반면에 가금육에서는 생산된 도체(생통닭)가 직접 소비자에게 판매될 수 있는 상품이 되므로 도계공정을 가공과정에 포함시킨다. 따라서 가금육 가공에서는 2차 가공을 추가가공(further processing)이라고 명명한다.

식육가공이란 저장과 제품 제조를 위하여 여러 가지 물리화학적 방법을 이용하여 신선육의 성질을 변형시키는 것을 의미하며, 동일한 방법으로 처리를 하였다 하여도 먹기 위하여 수행하였다면 이것은 요리라고 하며 가공이라고 하지 않는다. 위에서 말하는 물리화학적 방법에는 냉장, 냉동, 분쇄, 혼합, 유화, 양념의 첨가, 착색, 염지, 훈연, 건조, 가열, 발효 등이 포함된다.

식육 가공은 원래 저장을 목적으로 시작되어 소금 첨가나 건조 혹은 훈연의 방법이 고기의 저장을 위하여 이용된 것은 동서양을 막론하고 기원전으로 거슬러 올라간다. 기원전 서양에서는 이집트,

동양에서는 중국에서 소금첨가나 건조가 고기를 저장하기 위하여 사용되었음이 알려져 있다. 고기는 미생물의 생장, 발육을 위한 최적 조건을 갖추고 있으므로 실온에서 오래 보관할 수 없다. 따라서 냉장시설이 없던 시절에는 고기를 오랫동안 보관하기 위해서 소금을 첨가하거나 연기를 쐬거나 혹은 건조를 시켜 부패를 방지하는 것이 최선이었을 것이다. 그러나 현대에는 신속한 수송수단과 냉장기술의 발달과 더불어 다양한 저장기술이 개발되어 식육가공은 원래의 저장 목적이 상대적으로 비중이 약해지고 식육의 안전성 확보와 수급조절의 측면에서 새로운 의미를 갖게 되었다. 복잡하고 바쁜 현대 생활을 영위하는 소비자들의 입장에서는 식품구입 및 음식 준비시의 간편성, 식상하지 않은 다양한 제품의 공급이 저장보다는 더욱 중요한 사항이 되고 있다. 따라서 1차나 2차 가공 분야에서의 변화는 제품의 다양성보다는 자동화와 같은 비용 절감 차원에서의 신기술 발전이 주도하고 있고, 신제품 차원에서는 주로 3차 가공제품을 통해 사회생활과 식문화 변화에 따른 소비자 요구를 만족시키고 있다. 반면에 생산자의 입장에서는 소비자의 욕구충족을 위해 간편성과 다양성을 제공함으로써 자연스럽게 식육의 부가가치를 높인 제품을 판매하여 이윤을 증대시킨다. 이것은 자본주의 사회에서 추구되는 기업활동의 근본이며 사회발전의 동기이다.

사진 4. 건조육 제품(FAO)

⑨ 저장

　인류 진화과정에서 식이(食餌)의 변화는 호미닌에게 영양적, 신체적 그리고 사회적인 변화를 가져왔다. 이러한 발전과정에서 식물성 및 동물성 자원을 저장하는 능력은 호미닌에게 환경과 기후 압박 아래에서 사회 생태적 회복 탄력성을 제공하면서 성공적인 생존의 이정표가 되었다. 인간 생존에는 안정적인 식량 공급 확보가 중요하기 때문에 식량수확의 계절성은 호미닌에게 식량 저장의 필요성을 깨닫게 만들었다. 구석기 시대의 식량저장 실태에 대해서 곡물저장과 신석기 시대의 정착생활의 탄생과 관련하여 많은 고고학적 연구가 이루어져 왔다. 하지만 수렵채집인들의 고기와 기타 동물성 식품의 저장과 관련된 연구는 현실적으로 고고학적 증거가 남아있기 힘든 형편이다. 그 이유는 수렵·채집인들은 가지고 다니기 편하게 말린 고기나 지방을 쉽게 썩어 없어지는 동물의 창자나 나무껍질, 생가죽, 털가방 등에 보관하였으므로 화석이나 고고학적으로 보존될 가능성이 매우 희박하기 때문이다.

　저장이란 식량 부족시 자원을 확보하고, 식량의 품질과 확보에 영향을 줄 계절적 기후변동과 자연재해를 포함한 모든 변이들로부터 야기되는 불확실성에 대처하는 위험감소전략을 위한 활동이다. 이것은 또한 특정 식량의 소비할 수 있는 시간을 연장해 주고 낭비도 줄여준다. 아울러 축제나 예식 혹은 교역 및 교환과 같은 공동체 목적을 위한 자원의 수집을 위해서도 수행된다. 예전에는 식량 저장을 추후의 소비를 위한 농경시대에 한정된 관행으로 생각했었지만 수렵·채집 사회에서도 중요한 일이었다는 것이 인정되었다. 식량 저장과 이동성은 생태적 식량 추구 및 채집자들에게 계절성, 자원구조, 자원확보 가능성, 생장계절의 길이 등을 포함한 저장을 실천하게 하는 생태적 변수들을 강조해주는 통합적 요소이다. 그러나 저장을 오로지 환경변화에 대한 적응전략을 위한 것으로 해석하는 것은 위험하다. 왜냐하면 인류학적으로 볼 때 수렵·채집인들이나 농경 시대인들이나 적응전략 외에도 사회적인 이유로 자원저장을 해 왔기 때문이다. 저장은 지체수확(delayed-return) 체제의 농경사회에서 주로 실행하지만 즉시수확(immediate-return) 체제의 수렵·채집 사회에서도 소규모 휴대용 저장을 실행해 왔다. 수렵·채집 사회에서의, 특히 정착성 집단에서, 식량 저장의 의미는 생태적 조건(자원 풍부성 및 계절성)과 기술적 조건(식량 수확 및 저장)이 많은 양의 식량을 보관할 수 있게 하여 과거에는 농경시대의 특징으로 간주되어 왔던 사회적 행동과 인구밀도의 증가를 가져왔다는 것이다. 이동성이나 정착성은 식량 저장과 크게 관련이 없었다는 증거들이 많고, 오히려 식량 자원의 계절성이 저장의 주된 요인임을 보여준다. 따라서 식량저장은 경제적, 사회적, 인구적, 환경적, 역사적 요인들을 포함하는 내적 및 외적 요인들에 의해 다양하게 나타나는 인간 사회의 다차원적이고 보편적인 현상이다.

고기 건조는 인류가 사용한 가장 오래된 저장기술이다. 12만 5,000년 전의 북유럽의 네안데르탈인의 에너지 소비 분석은 한 여름 더위에 공동 사냥에서 잡은 동물을 거처로 운반하는 것은 가능하지 않았을 것이고 유일한 가능성은 고기를 건조시키는 것임을 보여준다. 북스페인에서 발견된 40만 년 전 들소의 사체 분석을 통해 고기 건조가 중기 홍적세, 호모 사피엔스가 유럽에 나타나기 전에 이미 실행되었음을 보여준다. 사냥의 주목적은 지방획득이었고 고기는 부산물이었다. 주된 지방급원은 골수와 골지방을 공급해주는 포유동물의 장골이다. 지방의 중요한 특성은 동물성 자원의 장기 저장능력이다. 고기를 지방 속에서 저온 장기 가열을 하면 고기는 연화되고 선선한 곳에서 장기간 저장이 가능해진다. 포르투갈에서 발굴된 전기 구석기 초기 유적에서 지방의 활용이 확인되었고 현대에도 추운 지방이나 더운 지방의 원주민 생활에서 관찰된다. 반면에 냉동이나 발효는 건조에 비해 저비용이며 복잡한 기술도 필요하지 않다. 특히 발효된 고기는 저작이나 소화에 에너지도 적게 필요하고 가열하기 위한 연료도 필요하지 않아 유리하다. 건조는 고기를 가늘게 썰어야 하고 목재건조 선반도 제작하여야 하고, 바람과 온도도 조절해야 하는 기술적으로 복잡한 과정이 요구된다. 유라시아 네안데르탈인과 전기 구석기 시대 호미닌들은 당시의 기후 속에서 고기 냉동과 발효가 관행이었다. 동부 및 북부 유럽의 추운 날씨에서는 자연이 냉장고 역할을 했으며 구덩이에 고기를 묻어두면 자연히 부패발효가 일어나 네안데르탈인들의 생존에 발효 고기는 큰 역할을 하였다.

　식물성 식품에 비해 고기를 먹으면 식사시간 간의 간격이 길어져 호미닌은 수렵채집 활동에 더 많은 시간을 소비할 수 있었다. 따라서 충분한 고기확보는 인간으로 하여금 저장 방법의 필요를 야기했다. 이에 경험적인 고기저장 방법인 염장, 발효, 건조 및 훈연 등이 개발되었다. 고대 이집트인들은 고기 저장을 위해 염장과 햇볕건조를 이용하였다. 5,000년 전 고대 바빌로니아의 수메르 문화에서는 이미 소시지를 만든 증거를 보여주며, BCE 약 600년 경에는 고대 중국과 그리스에서 소시지에 대한 기록이 전해진다.

1) 아프리카

아프리카는 인류의 발상지로서 전 세계에서 인구나 면적 차원에서 아시아 다음으로 두 번째로 큰 대륙이며, 유엔 가입국 54개국이 다양한 농업생태계를 보여주며 북아프리카, 서아프리카, 동아프리카, 중앙아프리카, 남아프리카의 5개 지역으로 분포되어 있다(그림 4-1). 식민지 시대에 서아프리카는 주로 프랑스와 영국이, 동아프리카 및 남아프리카는 주로 영국이, 중앙은 벨기에, 그리고 나머지에는 포르투갈, 독일, 스페인이 점령하고 있었다. 현재는 역사적으로나 경제적으로 사하라 이남과 이북으로 구분하여 아프리카를 이야기할 때에는 주로 사하라 이남지역의 국가들을 지칭한다. 사하라 사막 이북의 북아프리카는 역사적으로 지중해 국가로 인식되고 아프리카 전역이 유럽국가들의 영향을 많이 받았으나 각기 식민지 시대 이전의 독자적인 역사와 문화는 보유하고 있다. 특히 식문화 차

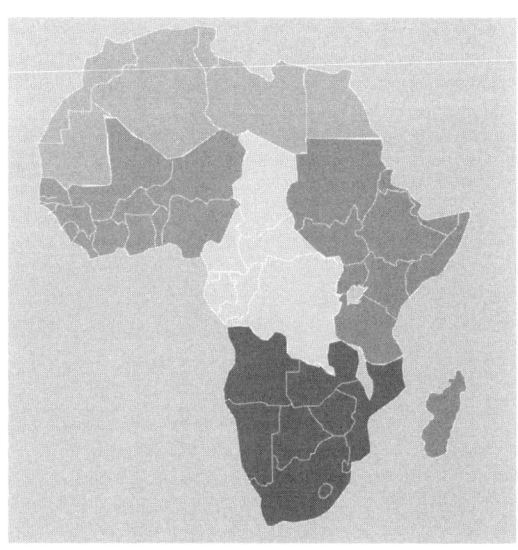

그림 4-1.
아프리카 연합(AU)의 북, 서, 중앙, 동, 남아프리카의 구분

원에서는 각국이 독특한 문화를 지니고 있다. 아프리카는 전 세계 축산물 거래나 소비 측면에서 가장 낮은 비율을 차지하고 있다. 고기 생산량의 60% 이상이 소와 물소고기이다.

(1) 북아프리카

모로코, 알제리, 튀니지, 리비아, 이집트를 포함하는 북아프리카(유엔 분류에서는 수단을 포함하여 6개국)에는 다양한 전통 육가공 제품들이 존재한다. 아프리카 연합(African Union)에서는 수단을 빼고 모리타니를 추가하여 6개국으로 한다. 민족고유 고기제품(ethnic meat products)의 독특성은 문화, 전통 그리고 지역 정체성과 깊은 관련이 있기 때문에 해당 지역의 지속가능성과 발전에 공헌함으로써 강한 상징성을 지닌다는 특성을 보여준다. 북아프리카 지역 제품은 일반적으로 해당 지역의 기후적 특성에 기인하여 건조 혹은 익힌 것이 대부분이고 훈연은 거의 하지 않는다.

북아프리카 나라들은 모두 베르베르(Berber)족이지만 과거 교역 통로가 유럽과 아시아였고 지중해 기후의 영향을 받아 고기 가공과 소비는 이들의 영향이 크다. 더욱이 역사적으로 페니키아(BCE 332), 로마(BCE 30), 아랍(CE 642), 스페인과 투르크(16세기), 이태리, 프랑스 및 영국(18~19세기)에 의해 침략을 당해 식문화가 이들의 영향을 받아 다양성이 풍부하다. 특히 오스만에게 가장 오랜 기간(14~18세기) 지배를 받았기 때문에 터키 문화의 영향이 가장 크다고 볼 수 있다. 대부분의 나라가 이슬람 문화권이기 때문에 할랄(halal) 고기만을 소비한다. 따라서 돼지고기는 금기이고 도축 시에는 동물의 피를 완전히 방혈해야만 한다.

북아프리카는 가축을 키우는 축산이 주 농업이었고 고기가 주식이므로 소고기, 양고기, 염소고기, 낙타고기, 닭고기를 주로 소비한다. 소는 늙거나 경제성이 없어질 때 소비했고 일반적으로 양을 소비한다. 종교 축일이나 결혼식, 할례식, 생일 같은 특별한 날에 손님 접대를 위해서 양을 잡아 소비한다. 전통적 가공방법은 저장기간을 늘리고 풍미를 향상시키기 위하여 염지, 건조, 발효, 가열 방식을 사용하며, 간혹 훈연을 하기도 한다. 다양한 제품들의 독특한 맛은 사용하는 양념과 허브에 의해 좌우된다. 기본 양념은 차물라(sharmula)라고 하는 양념 분말로서 고수, 강황, 마늘, 카다몸, 셀러리씨, 계피, 큐민, 생강, 사프란, 파프리카, 고추, 후추를 섞은 것이다.

❶ 비가열 소시지

메르게스(Merguez)는 13세기 스페인 무슬림 요리책에 익명으로 레시피가 전해오는 신선 소시지로서 제조과정은 나라마다, 나라에서는 지역마다 다양하고, 양고기, 소고기, 물소고기의 지방과 정육을 분쇄하여 다양한 양념과 허브와 함께 잘 혼합하여 양창자에 충전하여 만든다. 양념은 차물라(sharmula)가 기본이고 매운고추, 회향, 박하 등이 지역에 따라 추가된다. 지방함량이 20% 이상되고 소금함량도 100g당 800mg 정도이다.

나카네크(Naqaneq)는 비가열 혹은 가열 소시지를 일컫는 아랍어이다. 소고기, 양고기, 물소고기, 혹은 닭고기를 분쇄하여 양념과 혼합한 후, 사전에 뜨거운 물에 담가놓았던 소나 양 창자에 충전한다. 북아프리카의 나라마다, 한 나라에서는 지역마다 사용한 케이싱 종류, 숙성과 건조 조건, 양념종류가 달라 내용물, 맛, 풍미가 다양한 제품이다.

❷ 건조육 제품

건조는 가장 오래된 고기 저장방법으로 알려진다. 이것은 저장기간을 연장하기 위해 신선육의 탈수만을 위해서 수행된다. 건조육의 독특한 관능적 품질과 미생물적 안정성은 건조정도, 최종 수분함량, 그리고 건조방법에 직접적으로 관련이 있다. 제품 형태는 통 근육조직이나 분쇄된 것이나 혹은 고기 유화물이 있다. 북아프리카의 건조육 제품은 로마시대나 수천 년 전의 나일 계곡에서 시작된 것들이다.

게디드(Guedid)는 모로코, 알제리, 그리고 튀니지에서 소비되는 염장 태양건조 전통 육제품이다. 이것은 낙타고기를 포함한 다양한 종류의 고기를 이용하여 부위도 다양하게 이용한다. 일반적으로 고기를 얇은 줄고기(strip)로 잘라 태양건조를 위해 야외에 매달아 놓는다. 염장만 하거나 양념염지를 한 제품이 있다. 염장은 마른 소금이나 염용액을 사용하고, 양념은 마늘, 붉은 고추, 고수 및 박하를 혼합하여 염지한다. 최종제품의 수분 활성도는 0.5~0.7 정도이다.

엘엠셀리(El M'selli)는 알제리 북부지방에서 소비하는 제품으로 살코기를 긴 줄로 썰어 후추, 고수, 마늘, 파프리카 분말을 도포한 후 하룻밤 재웠다가 철망에 걸어 태양건조, 건조 후 녹인 지방에 담가 저장한다.

쿠르다스(Kourdass)는 양 내장으로 만든 소시지 같은 제품이다. 양의 위, 소장, 간, 허파, 지라 및 지방을 함께 분쇄하여 소금, 큐민, 붉은 고추, 마늘, 후추와 함께 잘 섞은 후, 세척해 놓은 위조각(15cm X

10cm)에 충전하여 위의 거친 부분이 바깥쪽이 되도록 해서 작은 공처럼 만든다. 이 작은 개별 공을 중앙을 가로질러 소장으로 말아서 밀봉한 후 태양건조 시킨다. 끓는 물에서 10~15분간 익히거나 구워서 소비한다.

티드킷(Tidkit)은 모로코 남부 지역에서 소비하는 태양건조 육제품이다. 일반적으로 낙타고기를 사용하지만 다른 가축의 고기를 이용하기도 한다. 얇은 고기 조각이나 가늘게 썬 고기를 염장한 후 크기와 두께에 따라 7일 이상 태양건조 후 갈아서 분말을 만든다. 이 고기 분말에 지방과 물을 가하여 함께 잘 혼합하여 고기 동그랑땡을 만들어 5분간 익힌다. 이것은 실온 저장이 가능하다. 북아메리카의 페미칸(pemmican)과 유사하다.

수단의 전통육제품인 샤무트(sharmoot)는 소고기를 얇은 줄고기로 썰어 3~5 일간 태양건조 시킨 후 갈아서 분말로 만든다. 건조하는 동안 오염이 많이 일어나 예비가열을 하여 건조하는 것이 추천되고 있다. 수분 활성도가 0.4~0.55 정도로 실온에서 최소 4개월간 저장이 가능하다.

❸ 발효 건조 및 반건조 육제품

수쥬크(Sucuk)는 터키에서 유래한 비가열 염지건조 발효소시지이다. 소고기, 물소고기, 낙타 및 양고기로 만든다. 발칸반도나 중동에서 오랫동안 생산하고 소비되어 왔다. 고기를 분쇄하여 양꼬리 부위 지방(정육 90%/지방10%)과 함께 설탕, 소금, 마늘, 후추, 고추, 파프리카, 큐민을 혼합한다. 고기 혼합물을 양의 소장에 충전한 후 실온

(섭씨 20~25도)에서 수 주간 매달아 놓고 숙성 건조시킨다. 수분함량이 5.5~6.3%, 최종 pH는 4.2~4.8, 수분활성도 0.9 이하가 된다. 현대에는 스타터 미생물인 Staphylococcus carnosus와 Lactobacillus plantarum을 접종하여 품질관리를 한다.

붑니타(Boubnita)는 전형적인 모로코 건조발효 소시지이다. 양고기를 작은 사각형 조각으로 썰어 소금, 고수, 큐민, 생강, 붉은 고추, 파프리카, 올리브유와 함께 잘 섞은 후 양창자에 충전한다. 소시지를 잘 묶은 후 야외에서 매달아 그늘에서 서서히 건조한다.

파스티르마(Pastirma)는 터키 바스티르마(Bastirma)에서 유래한 것으로 이집트에서 일반적으로 소비되는 제품이다. 염장, 압착 그리고 건조/숙성의 세 단계를 거쳐 제조된다. 소고기, 물소고기, 낙타고기, 양고기의 다양한 부위를 이용한다. 고기를 직경 5cm, 길이 60cm의 줄고기로 썰어서 소금을 바른 후 쌓아 2~5일 동안 염장한다. 가끔 고기를 뒤집어 주고 소금을 추가한다. 염장이 끝나면 과다한 소금을 제거하기 위해 물로 세척하고 여름철에는 2~3일간, 겨울철에는 15일간 풍건한다. 건조 후 고기를 쌓아놓고 무거운 것으로 눌러놓아 압착건조시킨다. 건조된 고기표면 전체를 매운고추, 마늘, 호로파(fenugreek)의 반죽으로 도포한 후 1일 동안 숙성한 후, 5~12일 동안 태양건조 시킨다. 최종 pH는 4.5~5.8, 소금농도 6.0%, 수분활성도 0.85~0.90, 수분함량은 35~52%이며 주된 발효미생물은 Micrococcus와 Staphylococcus 들이다.

❹ 훈연 육제품

훈연은 수 세기를 걸쳐 고기의 저장을 위해 사용되어 왔다. 연기 성분의 살균효과에 의해 고기의 저장성이 늘어나고 맛도 달라지기 때문에 인류가 불을 발견하여 고기를 가열하면서 자연스럽게 활용된 과정이다.

프리가트(Fregate)는 리비아 남서부, 알제리 남부, 니제르, 말리 그리고 부르키나 파소까지 사하라 사막부근의 광범위한 지역에서 거주하는 투아레그(Tuareg) 사람들이 생산, 소비한다. 낙타고기를 발골한 후 5cm 두께, 5~6cm 길이의 조각으로 잘라 소금, 양파, 마늘, 고수, 매운 붉은 고추와 함께 건염지한다. 염지된 고기는 2~3일간 태양건조와 훈연을 한다. 건조·훈연된 고기는 재와 섞인 모래 속에 7일간 묻어둔다. 꺼낸 후 실온에서 저장하면서 소비한다.

❺ 가열 육제품

고기를 가열하는 방법은 액체 속에서 가열하는(습열) 방법과 직접 가열하는 건열방법이 있다. 습열 방법은 살균도 이루어지지만 일반적으로 요리를 할 때 주로 사용하고, 건열 가열은 요리용으로 뿐만 아니라 고기 자체가 살균도 되고 약간의 건조도 이루어져 저장성을 향상시킬 수 있다. 아마도 인류의 조상들도 건열을 먼저 사용하였을 것이고 나중에서야 습열조리 방법을 발견했을 것이다. 고기에 적용하는 특정 가열방법은 종족적 배경, 문화적 습관 그리고 각 민족과 지역의 전통과 연결되어 있다. 여기에서는 고기를 습열 가열하는 방법은 조리로 간주하고 건열 가열 제품만을 가공의 일환으로 고려하고자 한다.

오스바나(Osbana)는 북아프리카에서 결혼식이나 축제 때 주로 소비하는 소시지 비슷한 제품이다. 양의 내장을(염통, 간, 지라, 콩팥 등) 잘게 사각으로 잘게 썰어 매운 붉은 고추, 마늘, 고수, 박하, 생강으로 양념을 한 후 종종 쌀이나 병아리콩을 넣어 혼합한다. 이 혼합물을 잘 세척한 양의 위에 충전하여 익힌다.

클리아(Khlea 혹은 Khlii)는 전형적인 모로코 절인 고기 제품으로 8세기 초에 안달루시아의 이슬람 전사들에 의해 모로코에 전해진 것으로 알려진다. 뼈를 제거한 소고기, 양고기, 염소고기, 낙타고기의 통조직을 5~10cm의 줄고기로 썰어 sharmula 양념으로 재운다. 1~2일간 간간히 섞어주며 선선한 곳에서 숙성시킨 후 철사나 빨랫줄에 매달아 최소 1주간 태양건조 시킨다. 잘 건조된 줄기고기들을 물, 동물성 지방, 올리브유 속에서 잘 저어주며 물이 모두 증발할 때까지 끓인다. 이렇게 익힌 줄기고기는 피자 토핑에 직접 사용하거나 녹인 지방이나 올리브유가 들어있는 병에 담아 실온에서 저장하는데 2년 이상 저장이 가능하다. 이 제품은 심혈관 질환 예방에 효과가 있다고 알려진다.

코비바(Kobiba)는 전형적인 이집트 고기제품으로서 기름에 튀긴 고기 동그랑땡(meat ball)이다. 분쇄한 소고기나 양고기를 부드러운 쌀이나 세몰리나(semolina)밀가루, 양파, 마늘, 커민, 그리고 몇 가지 양념을 첨가하여 잘 반죽한 후 동그랑땡을 만들어 기름 속에서 중간열로 금갈색이 될 때까지 튀긴다. 이것은 터키, 레바논, 시리아의 전통적인 고기 동그랑땡과 유사하다.

음참라(Mcharmla)는 알제리와 모로코 지역에서 종교행사 때 주로 소비한다. 소, 양 혹은 닭의 간을 혈관이나 막을 제거한 후 작은 사각으로 썰어 매운 붉은 고추, 후추, 큐민, 고수와 잘 혼합한다. 이 혼합물에 토마토와 올리브유 다진 것을 넣고 20~30분간 가열한다.

붑니트(Boubnit)는 나라마다 부르는 이름이나 첨가되는 재료나 양념이 약간씩 다른 소나 양의 소장을 이용하여 만드는 소시지 같은 제품이다. 알제리에서는 세몰리나(밀가루), 다진 지방, 건포도, 다진 마늘, 소금, 생강, 고수, 후추, 매운 붉은 고추, 올리브유, 물을 잘 혼합하여 창자에 충전하여 소시지 링크를 만든 후 물, 양파 및 양념을 넣고 익힌다. 이집트에서는 'membar'라고 부르며 분쇄 소고기, 소금, 다진 양파, 신선 박하, 신선 파슬리, 다진 토마토, 쌀, 고수, 후추, 파프리카를 넣고 만들어 물에서 1시간 익힌 후 물을 빼고 약간의 버터를 넣고 튀긴다.

음킬라(Mkila)는 유명한 모로코 육제품으로 각종 적육으로 만든 염지튀김육제품이다. 길게 썰은 고기조각들을 소금, 고수, 생강, 다진 마늘, 후추, 강황, 다진 지방과 함께 혼합하여 하룻동안 찬 곳에서 마리네이트한 후 고기가 연해질 때까지 물에서 익힌다. 연해진 고기를 올리브유와 지장에서 물이 모두 증발될 때까지 튀긴다. 최종 제품은 병에 담아 실온에서 1년 이상 저장이 가능하다. 터키나 중동에도 이와 비슷한 제품들이 있다.

테할(Tehal)은 모로코 전통 육제품으로 소나 양의 지라를 케이싱으로 사용하여 분쇄한 소고기, 양고기, 혹은 낙타고기와 올리브, 다진 지방, 고수, 생강, 다진 마늘, 매운 붉은 고추와 잘 섞어 충전한 후 오븐에서 굽는다.

까시(Cachir)는 알제리 소시지이다. 18~19세기에 돼지고기 기반의 유럽식 소시지와 차별화하기 위해 알제리 유대인들이 명명했다고 전해진다. 소고기, 닭고기, 양고기 혹은 낙타고기와 알, 소금, 파프리카, 큐민, 캐러웨이, 후추, 다진 마늘, 씨를 뺀 녹색올리브와 잘 섞어 반죽을 만든 후 케이싱에 충전하여 찐다.

반셈스(Ban-shems)는 콩팥, 간, 허파 등을 썰어 소 위에 충전한 리비아의 전통 고기제품이다. 소 위와 내장육들은 별도로 태양건조시켜, 내장육은 썰어 위에 충전한 다음 가열한다. 익힌 것은 녹인 지방에 넣고 저장·숙성한다.

(2) 서아프리카

대부분이 해발 300m 이하인 평원지대로 열대고온 지역으로서 사막과 사바나의 중간 형태 지역이다. 유엔에서 인정하는 서아프리카는 16개국(베냉, 부르키나파소, 카보베르데, 감비아, 가나, 기니, 기니비사우, 라이베리아, 말리, 니제르, 나이지리아, 세네갈, 시에라리온, 토고, 코트디브아르, 모리타니)이나, AU는 모리타니를 북아프리카에 붙여 15개국으로 구성하고 있다. 과거에 주로 프랑스와 영국의 식민지였으며, 역사적으로 노예무역의 주 대상지였기에 아메리카 대륙(북, 카리브해 지역, 남) 전 지역의 흑인들 대부분의 조상은 이곳 출신이다. 9세기경부터 전파된 이슬람이 이 지역의 주 종교이고, 19세기 말부터 전파된 기독교가 상당히 퍼져있다. 서아프리카에서의 고기 저장 역사는 12세기에 중세 아랍에서 전수된 태양건조 저장방법으로 시작된 것으로 기록되어 있다.

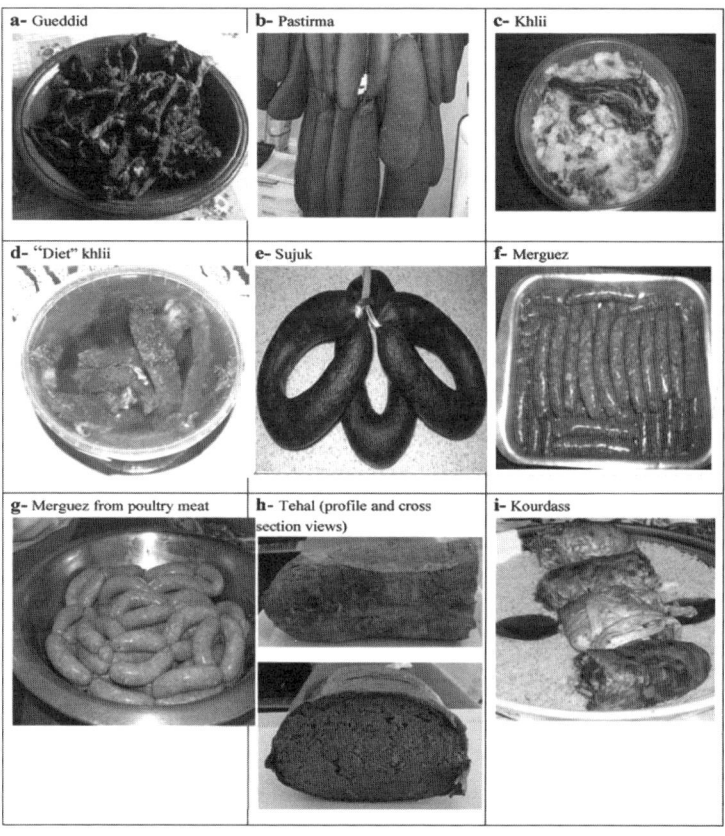

사진 4-2. 북아프리카 전통 고기제품들의 예(Benkerroum, 2013)

킬리시(Kilishi/Kilichi)는 모리타니아 남부에서부터 수단 남부까지 서아프리카를 서동으로 가로지르는 반건조 지대 사헬(Sahel) 지역과 나이지리아를 포함한 서아프리카의 건조하거나 반건조한 지역과 중앙아프리카의 카메룬에서 생산된다. 실온에서도 장기간 저장할 수 있고 독특한 풍미와 갈색을 가지고 있으며 영양가 높아 많은 사람들이 즐기는 제품이다. 소 뒷다리고기를 주로 사용하지만 때로는 양이나 염소고기도 사용된다. 소 뒷다리를 발골한 후 결체조직과 분리할 수 있는 지방을 떼어내고 고기를 얇게 슬라이스(~0.2cm 두께, 80X40㎠)하여 1~1.4m 길이의 얇은 판에 펼쳐 놓고 햇빛에서 수분함량이 40~50% 정도가 되게 말린다. 이렇게 말린 얇은 고기 슬라이스를 탈피한 땅콩을 갈아 만든 반죽(50%)에 소금(2%), 마늘(10%), 고형 부용(bouillon)(5%), 물(30%), 설탕, 양파, 마늘, 후추, 생강 등을 섞은 것에 1~2시간 동안 담가 고기가 충분히 흡수하게 만든다. 고기표면에 적절한 도포층이 형성되면 이 얇은 고기판을 쟁반에 옮겨 5~12시간 동안 수분함량이 20~30% 되게 태양건조 시킨다. 건조가 완료되면 풍미와 맛, 그리고 적절한 수분함량(10~12%)을 달성하기 위하여 3~5분간 석쇠 위에서 굽는다. 건조와 덧칠하는 단계가 품질과 수율을 결정하는 중요한 단계이다.

반다(Banda)는 가장 널리 보급된 훈연이 강하게 된 전통 고기가공품이다. 노폐우뿐만 아니라 폐기된 역용 동물들(당나귀, 말, 낙타, 물소, 코끼리)의 고기를 이용하여 서아프리카의 나이지리아에서 널리 소비된다. 이 명칭은 북부에서 사용되고 다른 지역에서는 "Khundi" 혹은 "Tinko" 라고도 불린다. 지육에서 고기를 잘라내어 사각으로 잘게 썰어 물속에서 15~30분간 가열한 후 건져내어, 매트 위에 널어 소금을 뿌리고 약 3일간 태양건조하거나 경목 연기로 훈연을 하여 건조시킨(Khundi) 다음 냉각시켜 자루에 보관한다. 수분 활성도가 약 0.8 정도이며 실온에서 6~12개월 혹은 2년 동안 저장이 가능하다. 구매 후 물에 하룻밤 담궈놨다가 15~30분간 가열한 후 3~5번 잘 세척한 다음 요리에 사용한다.

은다리코(Ndariko/Jirge)는 나이지리아 북동쪽 지방에서 소비되는 건조고기이다. 소, 물소, 당나귀, 말, 낙타 등의 고기를 2cm 두께의 긴 줄고기로 썰어서 파피루스 매트 위에 펼쳐 널어 6~7일간 건조시킨다. 고기는 소금을 치거나 양념을 가한다. 지르즈(Jirge)는 고기 덩어리를 발효되도록 숙성시킨 후 만든다. 제품은 용기에 담아 보관하며 실온에서 3~6개월 동안 저장이 가능하다.

수야(Suya/Tsire/Balanqu)는 서아프리카 건조 및 반건조 고기제품으로 재료고기 형태에 따라 호칭이 다를 뿐 제조방법은 유사하다. Suya는 치어(Tsire)나 발랑구(Balangu)와 같이 완전히 혹은 부분적으로 구운 고기제품을 의미하는 일반적 용어이다. 소고기, 양고기, 염소고기를 주로 이용하지만 낙타고기도 이용된다. Suya는 우선 살코기를 길이 10cm, 폭 8cm 잘라내어 다시 이것을 굽은 칼로 1cm 두께로 슬라이스하여 30cm 길이의 나무꼬치에 끼운다. 고기꼬치들을 소금, 양념, 땅콩분말, 기름을 혼합한 것으로 도포한 후 철망 위에 널어 얹고 낮은 강도의 무연 불길에서 20~40분간 굽는다. 최종 수분함량은 25~35% 정도이다. Tsire는 Suya와 제조공법은 동일하지만 고기 형태가 육모(1X5X5 cm3)이다. Balangu는 살코기를 1cm 이상의 두께(일반적으로 4~6cm), 길이 30~40cm의 고기 조각으로 만들어 동일한 땅콩 분말 혼합물과 잘 버무린 다음 고기 두께에 따라 30~60분간 낮은 무연 불길에서 굽는다. 수분함량이 20~30% 이다.

담부나마(Dambu-nama)는 나이지리아 북부에서 유래한 찢은 건조고기 제품으로 소, 양, 염소 그리고 낙타 고기를 이용한다. 살코기를 물과 함께 피망, 토마토, 양파, 소금, 부용을 넣고 가열하여 고기가 물러지고 물이 완전히 증발될 때까지 끓인다. 익힌 고기를 절구에서 다지고 포크로 찢어서 섬유화 한다. 섬유상 고기와 Suya양념 (마늘, 양파, 파프리카, 고추, 생강, 소금, 땅콩분말)을 잘 섞어 코코넛 기름이나 땅콩기름으로 볶아준다. 음푸남(Mpu-nam)은 가나에서 주로 야생동물의 고기를 건조시킨 것이다.

(3) 중앙아프리카

중앙아프리카는 UN인준 9개국(콩고민주공화국, 콩고공화국, 가봉, 차드, 적도기니, 앙골라, 중앙아프리카공화국, 카메룬, 상투메프린시페)을 말하며, AU는 앙골라를 빼고 부룬디를 포함시켜 9개국으로 분류한다. 이 지역은 세계에서 2번째로 큰 밀림지대를 포함하는 콩고강 분지 지역으로 적도지역을 포함하여 덥고 습한 지역이다. 이 지역은 18~19세기 식민지시대 이전까지는 기록이 없었고, 그 이후에도 유럽이나 아랍 국가들은 이 지역의 천연자원에만 관심을 가졌지 식문화에는 관심이 없어 가장 자료가 적은 지역이다. 아프리카 피그미가 주로 사는 지역이며 Bantu어를 사용하는 종족들이 살고 있지만 동일 종족은 아니고 나라마다 구성 종족은 다양하다. 체체(tsetse) 파리가 많아 가축사육을 기피하는 관계로 경종농업 위주의 식량생산이어서 고기 공급은 항상 수렵에 의존했기 때문에 조리는 야생동물 고기를 기반으로 한다. 야생동물고기(bushmeat)소비는 중앙아프리카 사람들에게는 문화적, 종교적 그리고 선호하는 맛으로 자리 잡고 있어 조만간 극복되기 어려운 식문화이다. 소고기나 닭고기 대신에 사냥한 악어, 하마, 원숭이, 영양, 혹멧돼지, 천산갑 등과 같은 야생동물 고기를 주로 추구한다. 세계에서 야생동물 고기의 거래가 가장 많은 지역이다. 더욱이 지역이 대륙 중앙에 고립된 형태이기 때문에 외부와 교류가 적어 식문화는 오랫동안 변화가 별로 없었다.

(4) 동아프리카

아프리카에서 고도가 가장 높은 에티오피아에서부터 야생동물의 천국 세렝게티와 마사이마라, 킬리만자로 산을 포함하며 아프리카 대열곡(Great Rift Valley)이 지나가는 지역이다. 고도가 높은 지역은 매우 선선하여 적도 기후와 전혀 다른 환경을 제공한다. 유엔 기준으로 18개국이지만 AU는 아프리카 내에서 좁은 의미로 아프리카뿔 지역을 포함하여 14개국(수단, 에티오피아, 케냐, 에리트레아, 지부티, 소말리아, 우간다, 르완다, 탄자니아, 남수단, 세이셸, 코모로, 모리셔스, 마다가스카르)으로 분류한다.

코체(Koche), 구바(Guba), 카타윌(Kataweel)과 폰투마(Fonntuma)는 케냐와 에티오피아의 보라나(Borana) 사람들이 사용하는 고기 저장방법이다. 소, 염소 및 낙타고기가 이용된다. Koche/Guba은 우둔이나 뒷다리 혹은 등심의 살코기를 긴 줄고기(1cm 두께)으로 잘라 소금 0.25%를 첨가하여 줄에 매달아 1~2일 간 눅눅하게 말린다. 말린 고기는 다시 육모(1X1X1 ㎤)로 잘게 잘라 양념(설탕, 소금, 카다몸)과 잘 섞은 다음 기름 속에서 튀긴다. Kataweel는 잘게 썬 고기를 기름에서 가볍게 볶는다. 튀김을 끝내고 냉각시켜 녹인 지방에 담가 용기에 저장한다. Fonntuma는 고기를 최소 55시간 이상 건조시킨 후 가는 줄고기들을 숯불 위에서 굽는다. 구운 고기를 절구에서 1~2시간 동안 찧고 빻아서 섬유화시킨다. 섬유화된 고기는 설탕, 소금, 카다몸과 잘 섞은 후 금갈색이 될 때까지 기름에서 튀긴 후 연기로 소독한 용기에 기름에 담아 저장한다.

시리고니옷(Sirigoniot)은 케냐에서 과거에 사냥한 고기를 저장하는 방법으로 주로 사용하였으나 지금은 소나 양고기에 적용한다. 살코기를 얇게 슬라이스하여 소금과 꿀을 바른 후 1m 되는 막대기에 꿰어 모닥불 위에서 구우면서 건조시키고 훈연하여 만든다. 알리야(Aliya)는 고기를 슬라이스하여 소금을 뿌린 후 훈연을 하고 나서 햇빛에 말린 후 저장한 것으로 양파나 토마토를 넣고 요리해서 소비한다.

오드카/무크마드(Odka/Muqmad)는 소말리아와 주변국에 사는 소말리 사람들의 염장 건조 고기제품이다. 소고기나 낙타고기를 비교적 큰 줄고기로 잘라 소금을 뿌린 다음 2~3일간 태양건조시킨 후 작게 절단(1/2 cm)하여 식물성 기름 속에서 튀긴다. 양념(양파, 마늘, 카다몸)을 살짝 볶은 다음 기름에서 건져낸 튀긴 고기에 가하고 잘 섞는다. 저장은 용기에 기름과 함께 넣어 보관한다. 실온에서 저장기간은 1년 이상이다.

와칼림(Wakalim)은 에티오피아 동부 지역의 소고기 발효소시지이다. 살코기 70%과 지방 5% 잘 분쇄하여, 소금 2%, 양파 16%, 고추 2%, 그리고 카다몸, 블랙커민, 겨자, 마늘, 아즈웨인(ajwain)을 각각 1% 씩을 넣고 혼합한 후 소의 작은창자 케이싱에 충전한다. 소시지를 실온(섭씨 20~25도)에서 5~7일 간 훈연 건조 숙성한다. 최종 pH는 4.1, 수분함량은 22% 정도가 된다.

콴타(Quwanta)는 에티오피아에서 소비하는 건조육 제품이다. 소고기를 긴 줄기(1cm 두께, 길이 20~40cm)로 잘라 양념(소금 4%, 고추 60%, 카다몸 8%, 후추 17%, 기름 1%)을 한 다음 태양건조시킨다. 건조 후 가볍게 훈연하고 잘게 썰어 버터에서 볶은 다음 용기에 담아 저장한다.

키토자(Kitoza)는 마다가스카르에서 소비하는 염장, 훈연 건조 고기 제품이다. 원료로서 소고기나 돼지고기를 이용한다. 고기를 줄고기(2~4cm 넓이, 20~50cm 길이)로 썰어 소금, 마늘, 후추, 생강과 함께 잘 혼합한 후 태양건조 및 훈연을 한다. 실온에서 저장이 가능한 제품이다.

세시카(Sesika)는 마다가스카르 전통 소시지로서 닭 혈액과 각종 내장육을 혼합하여 만드는, 우리나라 전통 순대 같은 소시지이다. 쌀, 돼지고기, 지방, 닭 혈액을 동일한 비율로 넣고 내장은 쌀의 절반 중량을 넣는다. 고추, 마늘, 생강, 골파, 당근, 녹색채소를 섞어서 소장 케이싱에 충전하여 익힌다. 당근은 미리 데치고, 쌀은 익힌 후에 첨가해야 한다.

(5) 남아프리카

유엔기준 5개국(보츠와나, 레소토, 나미비아, 에스와티니, 남아공)이지만 AU는 중앙, 동아프리카로 분류된 나라들 중에 5개국(앙골라, 모잠비크, 잠비아, 짐바브웨, 말라위)을 남아프리카에 포함시켜 10개국으로 분류한다.

칼라하리 사막과 빅토리아 폭포가 있는 아프리카 남쪽 지역의 기후는 건조, 반건조, 온대, 열대 모두 산재해 있다. 특히 남아공은 고가의 광물자원이 풍부하여 아프리카에서 가장 경제적으로 부유한 지역이며 백인 정착민들이 많았던 지역으로 아프리카에서 경제를 주도하는 국가이며 수계(River system)의 발생지이다.

빌통(Biltong)은 유럽의 초기 개척자들이 남아공 남서부 지역의 이동하는 영양 떼를 사냥하여 건조한 겨울철에 고기를 북쪽으로 이동하는 소 마차에 걸어 풍건하여 소비하던 관습에서 기원한다. 고기에 식초와 양념을 첨가하여 건조하기도 하였다. 식초는 프랑스 유그노들이 포도에서 만들었고 이름은 네델란드어의 bil은 우둔살, tong은 혀 모양의 긴 줄(strip)이라는 의미를 가지며 biltong에 대한 첫 기록은 1851년에 나타난다. 원료고기로는 소고기와 야생동물 고기, 닭고기, 그리고 최근에는 돼지고기도 이용된다. 야생동물고기는 타조, 얼룩영양(kudu), 스프링복(springbok), 큰영양(gemsbok), 영양, 코끼리, 기린 등이 활용되지만 스프링복 biltong을 최고로 친다. 부위는 주로 근육이 큰 뒷다리 부위나 등심 부위가 활용된다. 고기는 결체조직과 피하지방을 제거한 후 긴 줄(두께 2.5~5cm, 폭 4~5cm, 길이 20~40cm)로 잘라 막대나 선반에 걸쳐놓고 건조한다. 건조 전의 염지는 아니스 열매, 올스파이스, 마늘, 양파, 생강, 후추, 소금, 흑설탕, 고수를 식초와 잘 섞어 고기를 하루 동안 침지하였다가 건져내어 실온에 방치하는 액염지나 마른 양념을 표면에 바르는 건염지를 한다. 가장 중요한 소금 농도는 일반적으로 2.5~4% 수준이고 식초는 3~6%이다. 이후 긴줄고기를 줄이나 선반에 걸어 놓고 1~2주 동안 야외에서 건조시킨다. 아프리카의 겨울에 바람이 잘 부는 그늘에서 습도가 낮고 온도가 적당하여(섭씨 20~35도) 건조가 잘 된다. 수분 함량이 50% 정도가 될 때까지 건조 시킨다. 현대에는 제품의 안전성 문제로 염지액에 항균제, 항곰팡이제와 아질산염도 첨가되고 건조도 현대적 시설에서 수행한다. 최종 제품의 수분 함량은 10~50%, 수분 활성도는 0.54~0.89 이며 소금함량은 2~11%, pH는 4.8~5.9이다. pH는 원료 고기에 따라 영향을 받는다. Biltong을 수분함량에 따라 2가지로 구분하기도 한다. 마른 빌통(dry Biltong)은 수분함량 21.5~25.3%, 수분 활성도 0.65~0.68, 습한 빌통(moist Biltong)은 수분

함량 35.1~42.8%, 수분 활성도 0.85~0.89인 것이다. 일반적으로 수분 함량 40%를 기준으로 구분한다. 수분함량이 높을수록 저장기간은 짧아진다. Biltong은 소비하기 전에 가열이나 조리 혹은 재수화 같은 과정을 거치지 않고 그냥 먹기 때문에 특히 제조과정의 위생이 중요하다.

드로보스(Droewors)는 남아공 건조소시지이다. 19세기 초에 시작된 Biltong과 유사한 방법으로 염지 후 풍건한 소시지이다. 이것은 원래 양고기와 소고기를 양지방과 혼합하여 만들었기 때문에 독특한 풍미가 기존 다른 소고기 건조육과 차별화가 된다. 지방이 적은 살코기로만 만드는 것이 특징이다. 따라서 원료고기는 소고기, 양고기, 영양고기, 사슴고기 등 지방이 적은 고기를 이용하고 돼지고기는 전혀 사용하지 않는다. 고기 3kg(지방 100g 포함), 소금 25g, 후추 5g, 고수 15g, 정향 1g, 육두구 2g, 양조식초 125cc가 정량이다. 고기를 작은 육모로 썰어 향신료와 식초와 함께 잘 혼합하여 냉장고에서 2~4시간 염지한 후 천연 케이싱에 충전하여 Biltong 건조조건과 같은 선선하고 바람이 잘 부는 곳에서(섭씨 20~35도) 3~5일간 건조한다. 첨가되는 지방원료의 양은 5% 이하이어야 제품 품질에 문제가 없다.

보러보스(Boerewors)는 남아공의 신선 소시지이다. 돈육과 우육을 육모로 썬 지방과 향신료(마늘, 강황, 칠리, 토마토 및 양파 다진 것)와 함께 잘 혼합하여 충전한다. Boer는 농부, wors는 소시지라는 말이다. 이 소시지는 고기함량이 90%이상이고 지방함량이 30% 이하인 소시지로서 구워서 먹는 제품이다. 소고기와 돼지고기를 거칠게 분쇄하여 향신료와 식초와 함께 잘 혼합한 후 나선형 케이싱에 충전하여 제조한다. 배합비는 소고기 2kg, 돼지고기 1kg(어깨살, 삼겹살, 목살 등 지방이 많은 부위), 고수 45g, 정향 5g, 소금 30g, 후추 15g, 육두구 2g, 올스파이스 10g, 흑설탕 10g, 양조식초 125cc가 정량이다.

2) 유럽

유럽은 신석기 시대인 BCE 4천2백 년경에 코카서스 지방에 살던 인도유럽어족이 유럽으로 이동하여 지중해 연안을 중심으로 자리를 잡고 유럽 세계를 형성한 것이다. 그리스의 도시국가로부터 시작된 유럽 문명은 로마제국으로 이어지다가 4세기경부터 로마제국이 쇠퇴하고 비잔틴 제국을 거쳐 혼란의 중세기를 맞이한다. 이후 14세기 르네상스의 시작으로 다시 부흥하여 1800년대의 산업혁명으로 세계를 장악하는 세력이 되었다.

로마제국의 몰락 시대인 CE 3~6세기에는 경농위주로 식량이 풍부하지 못했다. 축산은 소형 반추동물 위주로 고기는 귀했고 고기 소비는 주로 사냥에 의존했다. 6세기에 Antimo는 고기가 "식품의 왕"이라고 선언했다. 13세기에 와서 농업생산 기술의 발전과 우호적인 기후로 식량의 풍요시대가 왔다. 14세기에 들어와 고기소비는 신분의 상징이 되었고 축산의 전문화가 시작됐다. 이러한 상황은 16세기까지 지속됐다. 따라서 농촌에서는 가축을 자가 도축하여 소비하고, 냉장 저장기술이 없던 시대에 건조나 발효를 통한 고기 가공은 저장을 위한 자연스러운 귀결일 것이다. BCE 1세기 경에 로마는 골(Gaul)에서 햄소시지를 수입한 기록이 있고, CE 301년에 로마황제 디오클레티아누스(Diocletian)는 염지훈연 햄과 건조햄에 대해 언급을 한 기록이 있으며, 시저의 로마군이 Gaul을 정복할 때 건조

소시지가 큰 역할을 했다는 이야기는 로마가 건조소시지의 시작일 가능성이 높다. 150년 전에 독일에서는 발효소시지를 제조하였고 지중해 지역, 프랑스, 헝가리, 그리고 발칸 지역에서는 소시지를 풍건하여 저장하였다.

식품 저장은 19세기에 밀폐한 금속 캔에 저장하는 기술이 도입되기 전까지는 근본적으로 고대에 사용했던 방법을 그대로 이용하였다. 가장 단순하고 일반적인 저장 방법은 가열하거나 수분을 제거하기 위해 바람에 노출시켜 저장성을 연장하는 것이다. 사실 건조는 부패를 야기하는 다양한 친수성 미생물의 활동을 대대적으로 감소시킨다. 더운 기후에서는 건조는 주로 햇볕에 노출시킴으로써 달성한다. 추운 지방에서는 바람이나 난로를 이용한다. 더욱이 연기, 소금, 발효와 같은 수단을 고기에 적용시킴으로써 장기 저장을 추구했다. 이러한 방법들은 새로운 풍미를 가져오기 때문에 유익했다. 고기의 훈연이나 염장을 가을철에 수행하는 것은 심하게 추운 겨울철 동안 동물들에게 사료를 급여하는 것을 피하기 위해 상당히 널리 활용된 전략이었다. 고기 저장 시 5~10%의 버터를 추가하는 것이 일반적이었다. 왜냐하면 버터는 부패를 막아주기 때문이었다. 가열은 불의 사용을 의미한다. 난로가 발명된 18세기 전까지 사람들은 직접 불을 피워서 가열을 했다.

유럽은 유엔 인정 44개국으로 구성되어 있다. UN Geoscheme의 분류에 의하면 동유럽 10개국(벨라루스, 불가리아, 체코, 헝가리, 폴란드, 몰도바, 루마니아, 러시아, 슬로바키아, 우크라이나), 북유럽 10개국(덴마크, 에스토니아, 핀란드, 아이슬란드, 아일랜드, 라트비아, 리투아니아, 노르웨이, 스웨덴, 영국), 남유럽 15개국(알바니아, 안도라, 보스니아, 크로아티아, 그리스, 이탈리아, 마케도니아, 몰타, 몬테네그로, 포르투갈, 산마리노, 세르비아, 슬로베니아, 스페인, 바티칸), 서유럽 9개국(오스트리아, 벨기에, 프랑스, 독일, 리히텐슈타인, 룩셈부르크, 모나코, 네덜란드, 스위스)으로 되어있으며 이중 유럽연합(EU) 회원국은 27개국이다. 유럽연합은 전통 육가공품에 대해 지리적 표시제(Geographical Indication)도입하여 각국의 지역별 오래된 육가공제품들은 3가지의 분류로 지정등록된 것들이 많다. 그 세 가지는 원산지표시보호(Protected Designation of Origin, PDO), 지리적 표시보호(Protected Geographical Indication, PGI), 그리고 전통특산품보증(Traditional Specialty Guaranteed, TSG)이다. 따라서 전통 고기 가공품들을 보면 돼지고기 햄, 어깻살, 삼겹살, 목살, 턱살, 지방 등으로 가공된 것들, 소고기, 염소고기, 양고기, 순록고기를 가공한 것들로 지역별 용어는 사용하는 언어에 따라 명칭이 다르게 표현되어 있다. 예를 들면, 햄은 스페인어 지역에는 하몽(Jamon), 프랑스어권에서는 잠봉(Jambon), 이탈리아어권에서는 프로슈토(Prosciutto), 독일어권에서는 쉰켄(Schinken), 발칸지역에서는 프르수트(Prsut)라는 명칭이 지역명에 공통적으로 붙어있다. 삼겹살은 독일어권에서는 슈펙(Speck), 이탈리아어권에서는 판쎄타(Pancetta)이다. 살라미(Salami)는 돼지고기나 소고기를 이용하여 만든 발효건조소시지로서 유럽 전역에서 각기 다양한 특징을 갖는 소시지로 다양한 명칭으로 유통된다. 고기와 각종 향신료를 혼합하여 케이싱에 충전한 후 1-3일 간 발효시킨 후 숙성 및 건조 단계를 거쳐 실온에서 저장 유통된다.

(1) 동유럽

구 소비에트 연방의 슬라브 민족 국가들이 대부분인 동부유럽은 가정에서 소비하는 다양한 건조 육제품들이 있다.

필레 엘레나(File Elena)는 불가리아에서 생산하는 냉장 혹은 냉동

안심으로 만드는 건조제품이다. 엘렌스키 부트(Elenski But)는 전통 건조염지제품으로서 불가리아의 엘레나 지역에서 돼지 뒷다리 부위를 오크통에서 건염한 후 뜨거운 물과 발효양배추즙으로 세척하여 6개월 건조시켜 가열하지 않고 소비한다. 롤레 트라페지차(Role Trapezitsa)는 한 때 불가리아의 수도였던 곳의 언덕인 Trapezitas에서 유래한 제품으로 냉장 혹은 냉동 목살을 건염지하여 만든 제품이다. 소금, 흑후추, 백후추, 마늘로 양념을 한 후 천연 케이싱에 충전하여 매달아 건조한다. 카이세로반 브라트 트라키야(Kayserovan vrat Trakiya)는 돼지 목살을 kayserova 양념(붉은 고추, 마늘, 대마섬유, 호로파(fenugreek), 백포도주)으로 염지하여 압착하면서 건조하고 다시 압착하면서 숙성하여 생산한다. 파스타르마 고베즈다(Pastarma Govezhda)는 이름이 터키에서 유래하였으며 19세기부터 만들어 온 소고기제품으로 오로지 양념 없이 소금으로만 염지하고 건조하면서 발효시킨 제품이다. 나무판 사이에서 압착하면서 숙성한다. Micrococci와 lactobacilli가 잘 발육하여 발효가 이루어 진다.

복섹 슬로니나(Boczek Slonina)는 폴란드에서 생산하는 갈비가 붙어 있는 삼겹살을 염지하여 훈연을 두 번 한 후 가열한다. 카바노스(Kabanos)는 Cabanossi 혹은 kabana라고도 불리는 가늘고(직경 1cm) 긴(길이 60cm) 돼지고기 건조소시지로서 유럽 여러 나라에서도 생산한다. 마늘, 후추, 파프리카와 기타 향신료와 잘 혼합한 반죽을 케이싱에 충전하여 3시간 냉훈을 하고 7~9일간 건조시켜 만든다.

살람 드 시비우(Salam de Sibiu)는 루마니아에서 100년 이상 생산해 온 돼지고기 살라미 소시지이다. 삼겹살과 돼지고기를 세절하여 소금, 후추, 마늘 등과 잘 혼합하여 천연 케이싱에 충전한 후 90일간 숙성하여 소비한다. 파스트라미(Pastrami)는 소고기 가슴살을 마늘, 고수, 후추, 파프리카, 정향, 올스파이스, 겨자씨, 설탕, 소금을 섞은 염지액에서 5일간 재운 후 물로 씻은 후 훈연하고 건조시켜 만든다.

트라디치니 로베스키 살람(Tradicni lovecky Salam)은 체코에서 생산하는 사각 살라미 소시지이다. 소고기와 돼지고기를 섞어 후추, 설탕, 마늘, 정향을 잘 섞은 다음 천연케이싱에 충전하여 만든다.

쌀로나(Szalonna)는 헝가리에서 생산하는 돈지와 돈피로 만든 베이컨이다. 귤라이 콜바스(Gyulai Kolbasz)는 훈연건조소시지로서 매운 파프리카, 소금, 후추, 캐러웨이, 마늘, 소금을 향신료로 이용한다. 쎄게디 쌀라미(Szegedi Szalami)는 돼지고기 쌀라미로서 최소 90일간 숙성한다. 차바이 콜바쓰(Csabai kolbasz)는 체중이 최소 135kg 이상이 되

사진 4-3. 헝가리 소시지

도록 돼지를 비육시켜 사용한다. 파프리카, 마늘, 캐러웨이, 소금을 첨가하여 훈연하고 건조시켜 생산한다. 부다페스티 테일리쌀라미(Budapesti teliszalami)는 건조소시지로서 1년 이상 된 거세 돼지의 고기를 이용하여 올스파이스, 백후추, 파프리카를 첨가하여 최소 90일간 숙성시킨 소시지이며 표면에 흰곰팡이가 덮여있는 것이 특징이다(사진 4-3). Winter salami 라고도 부른다.

살로(Salo)는 러시아와 우크라이나에서 생산되는 전통 슬라브 제품으로 슬라니나(slanina)라고도 부른다. 돈피를 포함한 등지방을 15X20㎠의 넓적하고 두꺼운 조각으로 잘라 파프리카, 소금, 마늘, 후추, 고수 등 양념으로 건염 혹은 액염하고 훈연하여 차갑고 어두운 곳에서 숙성시킨다.

(2) 북유럽

스케르피키외트(Skerpikjot)는 덴마크의 파뢰 군도(Faroe islands)에서 생산하는 양고기 제품으로 양 뒷다리를 야외 헛간에서 풍건시켜 적당히 발효가 이루어진 것이다.

꾸이발리하(Kuivaliha, Kapaliha라고도 불린다.)는 북부 핀란드 지방에서 온도가 낮에는 영상이고 밤에는 영하인 봄철(2~4월)에 염장 건조한 순록고기이다. 순록고기를 긴 줄고기로 잘라 수일간 건염을 한 후 야외에서 냉훈을 하고 바람이 잘 통하는 곳에 걸어 3~6주간 태양건조시킨다. 라삔뽀론 꾸이발리하(Lapin Poron Kuivaliha), 라삔 뽀론 끄르마사불리하(Lapin Poron Kylmasavuliha)는 명칭의 앞부분은 생산 지역을 나타낸다.

페나라르(Fenalar)는 노르웨이에서 겨울철에 생산하는 양고기 염지건조제품이다. 주로 크리스마스 계절에 얇게 썰어 소비한다. 양의 뒷다리 고기를 찬물로 깨끗이 씻은 다음 마른 타올로 물기를 제거한다. 마른 소금(요오드 없는 것)과 설탕을 섞은 염지염을 전체적으로 잘 바른 다음 용기에 넣고 소금을 듬뿍 덮어 원료육 kg당 1일 동안 보관한다. 건염지가 완료된 후 과다한 소금은 솔로 씻어 낸다. 염지된 양고기를 용기위에 걸쳐 놓고 섭씨 3~4도 냉장온도에서 14~45일간 보관한다. 보관이 끝난 후 곰팡이는 식초로 씻어내고 12~18도, 상대습도 69~76%에서 60~90일간 건조숙성시킨다. 숙성이 끝나면 중량이 30~40% 감소된다. 현대에는 염지액을 이용하기도 하고 훈연도 가미한다. 페나라르 프라 노르지(Fenalar fra Norge)는 노르웨이에서 생산하는 훈연 양다리 고기이다. 바이킹 시대부터 생산해 온 제품으로 가을에 양을 잡아 염장해서 3~6개월 간 건조 숙성한다. 허브, 양념, 꿀 등을 염지시 첨가하기도 한다. 중량손실은 26~33% 정도 된다. 주로 크리스마스 계절에 소비한다. 슈페케스킨케(Spekeskinke)는 발골하지 않은 건조햄이다. 중량은 9~10kg이 되고 지방두께 10mm 이하가 되는 돼지 뒷다리를 2~4주간 염지한 후 2~3개월간 숙성시킨다. 총 제조기간은 7~24개월 정도 소요된다. 중량 감소는 25~30% 정도 된다. 삐네키외트(Pinnekjott)는 건염 양 혹은 염소 삼겹살이다. 양의 옆구리살을 3~4일간 제한 염지 혹은 4~10일간 완전 염지를 한다. 건염으로 염지 완료 후 과다한 소금을 물로 세척해서 제거한 후 섭씨 10~15도에서 10~15일간 건조시킨다. 건조 후 냉훈을 한다.

수오바스(Suovas)는 스웨덴에서 순록의 연한 등심부위 고기를 이용하여 만드는 건조제품이다. 건염을 2~3일간 한 후 오두막 속에서 화톳불을 피워 8시간 동안 훈연건조시킨다. 슬라이스 해서 소비한다. 사미 레인디어 구르피(Sami Reindeer Gurpi)는 순록고기 잡육과 뒷다리부위 지방 그리고 소금을 혼합하여 긴 덩어리로 정형을 한 후 순록 대망막으로 싸서 자작나무 연기로 냉훈을 2~5시간 정도 한다. 레인디어 소바스(Reindeer Souvas)는 전통 고기제품으로 순록고기를 건염한 후 화톳불 위에서 8시간 동안 훈연한다.

항기키외트(Hangikjot)는 아이슬랜드 사람들이 즐겨먹는 건염 양고기이다. 냉동 양지육을 다리와 전사분체를 절단하여 하룻밤 해동시킨 후 건염지 한다. 19세기 전까지는 2~3주간 자작나무와 말린 양의 분을 태워 냉훈을 하였으나 현대에는 1~5일간 훈연건조한다. 중량감소가 30~35% 정도이다.

리투비스카스 스킬란디스(Lietuviskas skilandis)는 리투아니아에서 16세기부터 생산한 제품으로 돼지고기, 소고기 그리고 돼지 삼겹살을 분쇄하여 올스파이스, 마늘, 월계수잎, 육두구, 캐러웨이와 잘 혼합하여 돼지 위에 충전한 후 냉훈하여 만든다. 라시니아이(Lasiniai)는 돈피가 그대로 붙어 있는 돼지 등지방을 훈연하여 만든 제품이다. 스킬란디스(Skilandis)는 지방과 돼지고기를 거칠게 분쇄하여 돼지 위를 케이싱으로 사용하여 충전하여 만든 제품이다.

요오크 햄(York ham)은 영국에서 생산하는 햄이다. 돼지는 라지화이트 품종으로 매년 11월 11일에 염지를 시작하는 전통을 가진다. 소금과 설탕으로 3~5일 간격으로 3회 건염지 한 후 최소 2개월간 걸어놓고 건조 숙성시킨다. 염지는 햄의 두께 2.5cm 당 7일이 소요된다.

머튼 햄(Mutton ham)은 스콧트랜드에서 생산되는 양 뒷다리 햄으로서 소금, 설탕, 정향, 육두구, 후추, 올스파이스로 건염지를 2주간에 걸쳐 진행한 후 햄을 걸어놓고 건조 및 숙성을 한다.

(3) 남유럽

브리사올라(Bresaola)는 이탈리아에서 겨울철에 생산하는 스위스의 분트너플라이쉬(Bundnerfleisch)와 유사한 제품이다. 소 뒷다리 살코기 덩어리를 적포도주, 소금, 월계수 잎, 후추, 마늘, 계피, 정향을 섞은 염지액에서 1주~10일간 중간에 고기를 가끔 뒤집어 주면서 염지한 후 건져내서 거즈로 표면 수분을 말린다. 천연케이싱에 충전하여 10일간 건조 시키고 이후 1~3개월간 숙성시킨다.

건조숙성이 완료되면 표면의 하얀 곰팡이는 솔을 이용하여 식초로 씻어낸다. 이후 표면을 올리브유로 바른 다음 포장한다.(사진 4-4).

Bresaola della Valtellina가 유명한 제품이다. 프로슈토(Prosciutto)는 켈트와 로마시대부터 생산한 건조햄으로 라지화이트, 랜드레이스, 듀록 품종만 이용하고 지역생산 곡물로만 사육해야 한다. 최소 14개월간에 걸쳐 건염, 건조 및 숙성을 한다. 로즈매리, 백리향, 노

사진 4-4. 이탈리아의 Bresaola

간주, 세이지로 염지하고 자작나무, 전나무, 밤나무, 너도밤나무, 단풍나무 등으로 5일간 훈연한다. Prosciutto Toscano, Prosciutto di Modena, Prosciutto di Carpegna, Crudo di Cuneo, Prosciutto di San Daniele, Prosciutto di Parma, Prosciutto di Norcia, Prosciutto Veneto Berico-Euganeo, Prosciutto crudo Saint Marcel, Prosciutto Amatricano 등의 지역특산이 있다.

비올리노 디 까프라(Violino di Capra)는 염소고기 프로슈토이다. 마늘, 적포도주, 허브로 염지후 가볍게 훈연한다. 까포콜로(Capocollo)는 Capicola, Coppa라고도 불리는 돼지 어깻살로 1600년대 말부터 만든 제품으로 4~8일간 소금, 마늘, 적포도주로 건염지한 후 식초로 세척하고 알후추, 칠리분말을 도포하여 돼지 위에 충전하고 최소 100일간 숙성한다. Coppa di Parma, Capocollo(Lonza 혹은 Lonzino 라고 부르기도 한다), Capocollo di Calabria가 유명한 제품이다. 스팔라 꼬타(Spalla cotta)는 Parma지역에서 전통식으로 만든 어깻살 제품으로 소금, 후추, 계피, 육두구, 마늘로 염지한 후 방광을 케이싱으로 이용하여 1~2개월간 숙성시킨다. Coppa Piacentina는 어깨와 목이 4~6번째 갈비로 연결 되는 부위를 둥글게 잘라내어 소금, 후추, 계피, 설탕, 정향으로 염지한 후 천연케이싱에 충전하여 6~12개월간 숙성시킨 제품이다. 빤체타(Pancetta)는 돼지 삼겹살을 소금, 레몬, 후추, 계피, 육두구, 정향, 회향으로 도포염지하여 최소 3개월 숙성한 것이다. Pancetta di Calalria는 3~5cm 두께, 중량 3~6kg의 돈피가 붙어있는 사각 삼겹살을 2주간 염지하여 숙성시킨 유명한 제품이다. 티롤리안 스펙(Tyrolean Speck)은 이탈리아 Tyrol지역에서 유래한 13세기에 시작한 노간주 풍미를 가진 베이컨이다. 돼지 후사

분도체를 발골한 후 돈피가 붙어 있는 납작한 고기판을 마늘, 월계수잎, 노간주 열매, 육두구로 염지하여 2-3주 숙성시킨 후 자작나무 냉훈을 매일 2~3시간씩 일주일간 수행한다. Speck Alto Adige는 지리적 표시 보호 제품이다. Pancetta piacentina는 건염후 삼겹살을 말아서 꿰맨 것이 특징이다. 슬린제가(Slinzega)는 풍건한 염장 소고기제품이다. 계피, 소금, 정향, 후추, 월계수잎, 적포도주로 염지한 브리사올라보다 작은 부분육을 원료로 한다. Vallee d'Aoste Jambon de Bosses는 건염지 햄으로 후추, 세이지, 로즈매리, 마늘, 노간주, 백리향, 월계수잎으로 염지하고 건조숙성하여 소비한다. Culatello di Zibello는 14세기경부터 제조한 건염 햄. Guanciale는 건염지한 돼지턱살 제품이다. 꼬피트(Coppiette)는 돼지고기를 가늘고 긴 줄기고기로 잘라 염장건조한 후 고추와 회향으로 가미한다. 라르도(Lardo)는 등지방 조각을 소금, 로즈매리, 마늘, 백리향, 후추, 노간주, 아니스로 염지하여 6개월간 냉장숙성 후 세척하여 건조한다. 로마시대부터 제조하였다. 라르도 디 꼴로나따(Lardo di Colonnata)가 유명한 제품이다. 소프레싸타(Soppressata)는 돼지고기와 지방을 거칠게 분쇄하여 마늘, 설탕, 큐민, 후추, 고추, 칠리, 정향 등과 잘 섞어 돼지 대장이나 위처럼 직경이 큰 천연 케이싱에 충전하여 30~100일간 숙성시킨 건조 쌀라미이다. 쌀시차 세카(Salsiccia secca)는 이태리어로 건조소시지이다. 페퍼로니 형태의 쌀라미로서 후추, 마늘, 소금이 주 양념이다. 삐티나(Pitina)는 Peta, Petuccia라고 불리는 것으로 염소고기를 칼로 다져 마늘, 소금, 후추, 적포도주와 함께 절구에서 혼합한 후 고기 완자로 만들어 옥수수가루를 입힌다. 이 고기완자를 노간주나무를 태워 2~3일간 훈연한다.

수호 메소(Suho Meso)는 보스니아, 크로아티아, 세르비아, 몬테네그로가 있는 발칸 지역에서 겨울철에 만들어 소비되는 훈연건조 소고기이다. 뒷다리나 어깨 부위의 덩어리고기를 넓적하고 길쭉하게 썰어 건염지를 한다. 소금은 고기 중량의 25% 정도를 표면에 바르고 양파와 파프리카 가루도 섞어 넣는다. 소금을 바른 고기를 겹겹이 쌓아 개별 고기 중량에 따라 1~2주간 냉장실에 저장한다. 1~2일 마다 고기를 뒤집어 놓으며 고기가 단단해지면 염지를 끝내어 표면에 남아있는 소금과 양념을 깨끗이 씻어 버린다. 염지가 끝내고 고기를 막대에 걸어 냉훈을 한다. 하루에 3~4시간 정도씩 1주일에 걸쳐 훈연 및 건조를 한다. 즐라티보르스카 프르수타(Zlatiborska prsuta)는 세르비아에서 생산되는 냉훈건조햄이다. 염장 후 훈연하여 1개월 간 풍건한다.

크라스키 자신크(Kraski Zasink)는 슬로베니아에서 소비하는 건염지한 돼지목살이다. 원료육은 최소 1.5kg이어야 하고 7~12일간 냉장온도에서 염장후 과다한 소금을 씻어내고 천연케이싱에 충전하여 최소 12주간 건조숙성한다. 즈고른예사빈즈스키 젤로덱(Zgornjesavinjski zelodec)은 돼지고기와 삼겹살을 80:20 으로 혼합하여 세절한 후 소금, 후추, 마늘과 혼합하여 천연케이싱에 충전하고 2~3일간 압착하였다가 3~6개월 간 숙성한다. 크라스키 프르수트(Kraski prsut)는 비훈연 건염지햄으로서 카르스트 프로슈토(Karst prosciutto)로도 불린다. 100년 이상의 전통을 보유하고 있다. 프렉무르스카 순카(Prekmurska Sunka)는 뒷다리를 삼겹살에 붙여서 절단한 햄을 메밀가루, 고추 및 양념을 도포하여 건염지하고 훈연한 것이다.

크륵키 프르수트(Krcki prsut)는 크로아티아의 프로슈토이다. 뒷다리 돈피를 그대로 유지한 상태에서 막소금과 후추, 로즈매리, 월계수 잎으로 건염지한 후 바닷바람에 건조숙성시킨다. 달마틴스키 프르수트(Dalmatinski prsut)는 건염지하고 압착한 후 훈연하여 최소 12개월간 야외에서 건조숙성시킨다. 포세다르스키 프르수트(Posedarski prsut)는 달마치안의 변종 프로슈토로서 노간주 나무로 훈연시키는 것이 특징이다. 이스타르스키 프르수트(Istarski prsut)는 염지건조햄으로서 뒷다리를 박피하고 지방을 제거한 다음 막소금으로 염지하고 압착한다. 염지 후 후추, 마늘, 허브 혼합물을 바르고 2~3개월간 건조하고 6~8개월간 숙성 및 발효시킨다. 드르니스키 프르수트(Drniski prsut)는 14세기부터 생산된 건조햄인 프로슈토로서 원료육은 11kg 이상 되는 돼지 뒷다리를 염지 후 압착, 냉훈 후 춥고 건조한 기후에서 건조숙성시킨다. 최소 12개월 소요된다.

우직카 프르수타(Uzicka prsuta)는 세르비아 건조 소고기 햄이다. 4~6년생 수소의 뒷다리와 등심을 자작나무로 훈연한 후 건조시킨다. 쿨렌(Kulen) 소시지는 크로아티아, 세르비아 지역에서 생산, 소비되는 붉은 파프리카와 마늘로 강하게 양념이 된 독특한 돈육 발효 건조소시지이다. 옥수수, 보리, 귀리를 급여하며 방목된 흑돼지에서 정선된 고기를 이용하여 만들어 수개월 너도밤나무 훈연을 하고 또 수개월간 건조숙성시켜 부활절 계절에 소비되는 것이 특징이다.

은제구스카 프르수타(Njeguska prsuta)는 몬테네그로의 건조햄이다. 돼지 뒷다리를 염지후 압착하고 자작나무로 훈연한 후 건조 숙성시킨다. 제조공정이 1년 소요된다.

시글리노(Syglino)는 그리스의 전통 염지훈연 돈육이다. 어깨부위, 다리부위, 삼겹살 등을 세이지가 포함된 허브로 염지하고 훈연한다. 훈연 후 세절하여 지방, 올리브유, 오렌지껍질, 계피, 정향, 후추 알과 잘 혼합하여 가열한다. 아포치(Apochi)는 그리스 산토리니 섬에서 생산되는 돼지등심 건염제품이다. 돼지등심을 식초, 후추, 계피, 세이보리(savory)에서 4일간 침지했다가 태양건조시킨다. 루자(Louza)는 미코노 섬에서 돼지 안심으로 만든 건조제품이다. 안심을 막소금으로 염장한 후 육두구, 세이보리, 회향, 계피, 정향 등을 조합하여 염지를 한 후 돼지 창자에 충전한 후 풍건한다. 여러 섬 간의 첨가 향신료가 다양하다.

하몽(Jamon)은 스페인에서 생산하는 건조훈연햄으로서 다양한 지역에서 각자 독특한 조건으로 제조한다. Jamon iberico de Cebo는 white label로 이베리아 흑돼지 혈통을 50~75% 보유한 돼지만을 사용하고 사료를 먹여 키운다. Green label의 Jamon iberico Cebo de Campo는 데헤사 지역에서 도토리와 사료를 함께 급여한다. Red label로 Jamon iberico bellota는 이베리아 돼지 혈통 50~75%에 데헤사 지역에서 일정기간 도토리만 급여해서, Jamon 100% iberico de bellota는 순종 이베리아 흑돼지를 참나무 숲에서 방사하며 일정 기간 도토리만 급여해서 사용한다. Jamon Serrano는 로마시대 방식으로 1년 이상을 거쳐 제조하는 햄이다. 돈피를 제거한 햄 부위를 염장, 세척, 건조, 숙성한다. Jamon de Seron은 16개월 이상에 걸쳐 염지, 건조한 햄이고, Jamon de Trevelezsms 200년 이상 생산해온 그라나다 지방 건조햄이다. Jamon de Teruel은 듀록, 랜드레이스, 라지화이트 품종의 돼지 햄과 어깻살을 염지 후 숙성해서 만든다. 숙성완료시 표면의 곰팡이를 세척 후 기름을 발라 저장한다. 생산에 60주 이상 소요된다. 구이후엘로 하몽(Guijuelo Jamon)은 Guijuelo(Salamanca) 지역의 이베리아 햄이다. 특징은 돼지를 80kg까지 사료와 볏짚으로 사육하다가 160~180kg까지는 도토리로 비육시키는 것이다. 로스 페드로체스(Los Pedroches)는 이베리아 돼지의 햄이나 어깻살을 염지, 세척, 건조 그리고 숙성시킨다. 햄은 4kg 이상 되는 것으로 최소 18개월간 염지, 건조시키고, 어깻살은 3.5kg 이상 되는 것으로 12개월간 염지, 건조시킨다. 데헤사 데 엑스트레마두라(Dehesa de Extremadura)는 이베리아 햄과 어깻살 생산 조건 및 품질규격을 100% 맞춘 제품을 의미한다. 라콘 갈레고(Lacon Gallego)는 도살전 최소 3개월간 도토리, 곡물, 채소만을 급여한 돼지에서 생산한 어깻살 햄이다. 돼지품종은 켈틱, 라지화이트, 랜드레이스, 듀록이다. 세시나 데 레온(Cecina de Leon)은 소 등심이나 우둔살을 염지 후 참나무로 훈연하고 건조숙성시킨다. 제조는 7개월 이상 소요된다. 하부고 하몽(Jabugo Jamon)은 안달루시아 햄으로서 뒷다리와 어깨살를 이용하고 이베리아 돼지 혈통 최소 75%를 유지한다. 이들은 모두 원산지표시보호(PDO)제품이다. 안드로야(Androlla)는 돼지갈비살과 껍질을 거칠게 분쇄하여 마늘, 오레가노, 백포도주, 매운 피멘토, 단 피멘토, 소금과 잘 혼합한 후 천연 케이싱에 충전하여 훈연하고 나서 2개월간 건조한 반건조 소시지이다. 초리소(Chorizo)는 살라미나 페퍼로니와 비슷한 돼지고기 발효훈연소시지로서 조분쇄한 돼지고기와 마늘, 소금, 피멘토를 주로 하여 단맛과 매운맛 피멘토로 맛을 달리한 것을 만든다. 쌀치촌(Salchichon)은 피멘토를 넣지 않고 후추를 넣은 초리소이다.

프레준토(Presunto)는 포르투갈에서 생산하는 스페인 하몽과 유사한 뒷다리 햄을 일컫는다. Presunto de Santana da Serra는 포르투갈에서 생산하는 돼지 뒷다리 햄이다. 방사하는 돼지를 허브와 곡물로 사육하는 것이 특징이다. 돈피가 붙어있는 뒷다리를 염장하고 2~3일 건조시킨 다음 다시 1~2달 동안 허브, 향신료 염지를 한 다음 2~4개월간 건조시키고 숙성한다. Presunto de Campo Maior e Elvas도 풀, 곡물, 두류로 사육한 알렌테조(Alentejo) 품종 돼지의 뒷다리와 앞다리로 만드는 것이 특징이다. 앞다리 제품은 팔레타(Paleta)라 부른다. Presunto do Alentejo 는 뒷다리와 어깻살 햄이다. Presunto de Barrancos는 지역특산 뒷다리햄이다. 이것들은 모두 원산지표시보호(PDO) 제품이다. Presunto de Melgaco는 500년 이상 생산해온 포르투갈 햄으로 돼지 뒷다리 부위를 길게 절단하여 직선형으로 만든 것이 특징이다. Presunto de Vinhais는 원료육을 마사지해서 즙을 제거한 후에 소금, 파프리카, 기름, 지방으로 도포하고 참나무, 밤나무로 가볍게 훈연하여 건조숙성하는 것이 특징이다. Presunto de Barroso는 도토리, 라이보리, 감자, 양배추, 무 등으로 사육한 돼지를 이용하여 2~4주간 염지건조후 표면에 올리브유와 파프리카를 발라준 다음 2주간 참나무 훈연을 한다. 알야이라(Alheira)는 닭고기, 빵, 올리브유, 마늘, 고추를 혼합하여 천연케이싱에 충전한 후 2~3일간 훈연 및 건조한 말굽편자 모양의 소시지이다. 이들은 지리적표시보호(PGI) 제품이다.

(4) 서유럽

분트너플라이쉬(Bundnerfleisch, 빈덴플라이쉬 Bindenfleisch 혹은 비안 데스 그리손스 Vian des Grisons 라고도 함)는 스위스 알프스의 가장 높은 지역인

Graubünden(The Grisons) 캔톤에서 겨울철에 생산하는 살코기가 많은 소의 부위(일반적으로 뒷다리)에서 지방과 결체조직을 제거한 후 염지하여 풍건한 제품이다. 소 뒷다리부위의 살코기부분만 잘라내어 적포도주, 소금, 알프스 향신료(로즈매리, 백리향, 월계수 잎, 당근, 양파, 마늘, 후추알, 후추가루, 노간주열매 다진것, 오렌지껍질)를 섞은 염지액에 담가 초냉장 상태로 3~5주 동안 저장하면서 가끔 고기를 뒤집어 준다. 염지가 완료되면 꺼내어 망에 넣고 공기가 잘 통하는 곳에 매달아 4개월간 건조시킨다. 종종 압착하여 수분을 제거해 준다. 이 압착 과정을 통해 제품의 모양이 4각으로 형성되는데 이것을 얇게 슬라이스하여 소비한다(사진 4-5). 최종 제품의 수분함량은 49%, 단백질 39%, 지방 4.5 % 그리고 소금 함량은 5.0%이다. 잠봉 들라 보른(Jambon de la Borne)은 훈연 햄으로 소금, 설탕, 후추, 정향, 노간주, 월계수잎 으로 최소 6주간 염지후 나무를 태워서 훈연한다. 발리서 로쉰켄(Walliser rohschinken)은 건염지한 돼지 뒷다리를 망에 넣고 살짝 익힌 후 건조, 압착하여 숙성한다. 전체 공정은 6~10주 소요된다. 발리서 트로켄플라이쉬(Walliser Trockenfleisch)는 건조 소고기, 발리서 트로켄스펙(Walliser Trockenspeck)은 건조 베이컨, 발리서 트로켄부르스트(Walliser Trockenwurst)는 건조 소시지를 의미한다.

브레시(Bresi)는 15세기부터 제조한 염지 건조 소고기제품이다. 소 살코기를 양파, 백리향, 월계수잎을 넣고 염지한 후 노간주, 소나무, 가문비 나무로 훈연을 하여 건조숙성한다.

사진 4-5. 스위스의 Bundnerfleisch

전체 공정은 3개월이 소요된다.

 Black forest ham은 독일어로 슈바르츠발더 쉰켄(Schwarzwalder schinken)이라고 하는 원산지표시보호(PDO)제품이다. 돼지 뒷다리를 마늘, 고수, 후추, 노간주열매를 섞어 염지를 2주간 실시한 후 과다한 소금을 제거한 다음 2주간 숙성을 하고 섭씨 25도 이하에서 전나무나 노간주 나무를 태워 2~3주간 냉훈을 한다. 훈연 후 2주간 풍건한다. 외부가 훈연으로 검은색이 되어 있는 것이 특징이다. 홀스타이너 카텐쉰켄(Holsteiner Katenschinken)은 독일 북부에서 생산하는 햄으로서 8주간 화톳불에서 훈연을 한다. 색깔이 검은색이면 안 되고 마호가니 색이어야 한다. 암머랜더 쉰켄(Ammerlander schinken)은 전통이 깊은 햄으로서 막소금, 흑설탕, 후추, 피멘토, 노간주로 2~3주간 건염지한 후 자작나무로 2~3주간 훈연을 한다. 훈연 후 제품 등급에 따라 3개월에서 2년간 숙성을 한다. 베스트팔리쉬 크노헨쉰켄(Westfalischer Knochenschinken)은 Westphalia지역에서 생산한 건조햄이다. 뼈가 있는 돼지 뒷다리를 향신료를 포함한 염지염으로 건염지한다. 염지 후 자작나무와 노간주 나무로 훈연한다. 이후 장기간 숙성시킨다. 모든 레시피는 비밀이고 모든 작업은 수작업으로 수행하는 것이 특징이다.

 잠봉드라데쉬(Jambon de l'Ardeche)는 프랑스의 건염 햄이다. 원료육 중량이 최소 8.5kg 이상이어야 하고 소금, 후추, 각종 향신료를 섞어 건염지한 후 밤나무로 훈연하고 돈지, 향신료, 밤가루의 혼합물을 바르고 최소 7개월간 숙성을 한다. 잠봉느와드비가(Jambon Noir de Bigorre)는 가스콩느와드비가(Gascon noir de Bigorre) 돼지 순종의 뒷다리을 이용하여 염지를 최소 12개월한다. 잠봉드바욘(Jambon de Bayonne)

은 발골한 뒷다리를 염지한 후 최소 6개월간 건조숙성한다. 잠봉듀 킨토아(Jambon du Kintoa)는 방목 돼지 뒷다리를 이용한 건염지 햄으로 최소 17개월 건조숙성한다. 잠봉드방데(Jambon de Vendee)는 방사한 돼지의 뒷다리를 발골하여 소금, 계피, 후추, 백리향, 월계수잎, 브랜디로 건염지한 후 훈연한 다음 거즈에 싸서 나무판 사이에 넣고 압착하면서 3개월 숙성한다. 잠봉다베뉴(Jambon d'Auvergne)는 곡물과 유종자를 급여하여 사육한 돼지의 중량 6kg 이상 되는 뒷다리를 발골하지 않고 소금과 마늘을 섞어 건염지한다. 훈연은 하지 않는다. 최소 8개월간 숙성한다. 잠봉다르덴(Jambon d'Ardenne)은 소금, 백리향, 월계수, 노간주 열매, 정향으로 건염지한 후 자작나무나 참나무로 훈연한다. 뼈 없는 햄은 꿰아다르덴(Coeur d'Ardenne), 살코기 부위로 만든 것은 느와드잠봉다르덴(Noix de Jambon d'Ardenne)으로 유통한다. 잠봉 드코르스(Jambon sec de Corse)는 코르시카섬에서 생산하는 건염지햄이다. 최소 30일간 밤, 도토리를 급여하고 이후 보리를 급여한 돼지를 이용한다. 최소 12개월간 숙성한다. 잠봉드라까네(Jambon de Lacaune)는 최소 중량 9kg 이상 되고 지방두께 10mm 되는 원료육을 바다소금, 후추로 건염지한 후 건조숙성한다. 코파드코르스(Coppa de Corse)는 코르시카 섬에서 생산하는 돼지 등심 제품으로 염지 후 끈으로 묶거나 망에 넣어서 최소 5개월간 숙성한다. 쎄카드보프(Secca de boeuf)는 앙트르보(Entrevaux) 지방에서 생산하는 스위스 Bundnerfleisch와 비슷한 염지건조 소고기이다.

티롤러슈펙(Tiroler Speck)은 오스트리아에서 1500년대에 시작한 건염지 베이컨이다. 건염지 후 자작나무로 냉훈을 하고 알프스의 차고 건조한 공기 중에서 건조숙성시킨다. 가이탈러슈펙(Gailtaler Speck)

은 15세기부터 생산한 제품으로 삼겹살을 건염후 압착하고 다시 후추, 마늘, 노간주로 재워 자작나무로 냉훈한다.

쌀레송푸미(Salaisons Fumees)는 룩셈부르그에서 생산되는 햄으로서 10개월간 염지하고 나서 훈연을 한다. 일반적으로 가을철과 겨울철에 제조한다. 잠봉되슬링(Jambon d'Oesling)은 외슬링(Oesling) 햄 혹은 아이슬레커(Eisleker) 햄이라고 부른다. 허브와 식초로 2주간 재운 후 자작나무나 참나무 냉훈연을 일주일간 하여 생산한다.

3) 아시아

지구상에서 가장 넓고 가장 인구가 많은 대륙으로 전 세계의 주된 종교들인 불교, 기독교, 힌두교, 이슬람교, 유대교의 발상지이다. UN Geoscheme의 분류에 의하면 전체 48개국(타이완을 포함 시에는 49개국)으로 5개 지역으로 구분한다. 중앙아시아 5개국(카자흐스탄, 키르기스스탄, 타지키스탄, 투르크메니스탄, 우즈베키스탄), 서아시아 18개국(바레인, 이라크, 요르단, 쿠웨이트, 레바논, 시리아, 오만, 카타르, 사우디아라비아, 예멘, 아랍에미리트, 팔레스타인, 아르메니아, 아제르바이잔, 조지아, 이스라엘, 터키, 사이프러스), 남아시아 9개국(방글라데시, 부탄, 아프가니스탄, 이란, 인도, 몰디브, 파키스탄, 스리랑카, 네팔), 동아시아 5개국(한국, 중국, 일본, 몽골, 북한), 그리고 동남아시아 11개국(캄보디아, 인도네시아, 라오스, 동티모르, 태국, 필리핀, 베트남, 미얀마, 싱가포르, 말레이시아, 브루나이) 이다. 중앙아시아는 과거 소련연방 국가들로서 역사적으로 유목민 사회였고 Silk Road의 중심이었다. 높은 산맥과 사막, 그리고 광활한 스텝(steppe) 지대를 포함하고 있다. 서아시아는 아라비아 반도, 남 코카서스 그리고 풍요로운 초생달 지역을 포함하는 아랍, 페르시아, 그리고 터키권이라고 할 수 있다. 남아시아는 히말라야 이남, 인도대륙 지역으로 세계에서 인구밀도가 가장 높다. 동아시아는 역사적으로 중국문화권이다. 동남아시아는 열대기후 지역으로 지구 기후변화에 가장 취약한 지역이다. 인도차이나 반도와 인도네시아 군도를 포함하는 지역이다.

(1) 중앙아시아

중앙아시아는 이름에 땅, 장소, 혹은 나라라는 의미의 스탄(stan)이 붙어있는 나라들로 구성되어 있고 역사적으로 유목민을 주축으로 실크로드의 중심지였다. 지역이 유럽과 아시아가 사람과 문물의 교류를 이루던 교차로였기 때문에 종족, 전통 그리고 현대 사이의 갈등이 심화되어 있다. 역사적으로 투르크, 이슬람, 몽골 순으로 영향을 받았고 얼마 전까지 소비에트 연방의 일원이었기 때문에 러시아의 영향도 상당히 남아있다. 유목민은 주식이 고기이며 필요할 때 즉석에서 가축을 잡아 요리를 하는 방식이므로 저장을 별로 많이 하지 않는다. 사육하는 동물이 주로 양, 낙타, 그리고 말이다. 따라서 소비하는 고기도 이들을 주로 이용한다.

중앙아시아 지역의 유목민 투르크들은 고기를 염장한 후 풍건하여 저장하였다. 이것이 파스티르마(Pastirma)이다. 이것은 무거운 것으로 눌러놓는다는 의미이다. 케드히릴멕(Kedhirilmek) 혹은 카칵취(Kakac) 라고도 불린다. 파스티르마는 동물이 살찌는 가을에 잡아 향신료와 혼합한 후 건조시켜 저장하였다가 봄에 소비한다. 예전에는 이 건조육을 가죽가방에 넣고 말안장에 매달고 여행하면서 필요할 때마다 소비하였다. 재야(Zhaya)는 카자흐스탄에서 뒷다리 고기를 염장, 훈연 및 건조한 것이다. 잴(Zhal)은 말의 목 부분 지방에 얇은 고기층을 붙여서 잘라 염장, 훈연 및 건조시킨 것이다. 카제이(Kazy)는 카자흐스탄, 우즈베키스탄, 키르기스스탄 지역에서 생산하는 말고기 소시지로서 갈비 지방과 고기를 분쇄하여 마늘, 후추, 소금과 혼합한 후 천연 케이싱에 충전하여 섭씨 50~60℃에서 훈연한 다음 12℃에서 4~6시간 건조한 후 1주일 간 바람에 쐬어 말린다. 슈즈훅(Schuzhuk)은 말고기에 소금을 발라 3~4도에서 1~2일간 저장했다가 신장지방과 고기를 1:1로 섞어 잘게 썰어 소금, 후추, 채소와 혼합한 후 케이싱에 충전하여 선선한 곳에서 3~4시간 걸어놨다가 12~18시간 동안 훈연하고 2~3일간 12℃에서 건조한다. 코부르마(Kovurma)는 투르크메니스탄에서 고기를 다진 후 후추와 소금을 가한 다음 동그랑땡 모양으로 만들어 고기 지방으로 튀긴다. 코크마츠(Kokmach)는 양고기를 10~15cm 길이의 줄로 썰어 두들긴 다음 소금, 후추를 가하고 양 지방에서 튀긴다.

(2) 서아시아

서아시아는 분류하는 기관에 따라 포함하는 국가들의 수가 약간의 차이가 있어 여기에서는 UN Geoscheme의 분류에 따라 이란은 제외되어 있다. 지역적으로 아나톨리아(Anatolia), 아라비아 반도, 레반트(Levant), 메소포타미아, 남부 코카서스를 포함하는 이집트와 유럽과 경계를 맞대고 있는 지역이다. 서아시아는 과거 오스만 제국의 지배를 받았었기 때문에 식생활의 많은 부분에 터키의 영향이 많이 남아있다. 중동지역은 과채류, 견과류, 유제품 그리고 쌀을 위주로 식사를 하기 때문에 고기는 주식이 아닌 곁들이는 음식이다. 전통적으로 이슬람에서는 한 주가 시작하는 목요일에 고기를 먹어왔다. 양, 염소, 닭 그리고 낙타의 고기가 주로 소비되고 소고기는 일종의 사치로 여길 정도이다.

파스티르마(Pastirma)(사진 4-6)는 세계적으로 널리 알려진 터키 건조육 제품이다. 터키에서는 아피욘 파스티르마시(Afyon Pastirmasi), pastourma, bastirma, basterma, basturma 등 20 종류 이상의 다양한 이름으로 불린다. 중앙아시아, 시리아, 아르메니아, 레바논, 사이프러스, 팔레스타인, 조지아, 이집트에서까지 이 제품은 제조 소비되고 있다. 소나 물소 고기의 다양한 부위를 이용하여 만든다. 발골육을 2일간 염지한 후 3일간 건조하고 난 후에 20시간 동안 압착하여 잔류혈액을 포함한 즙을 제거한다. 다시 2일간 건조한 후 4시간 동안 2차 압착을 한 다음 마늘, 붉은 고추, 파프리카, 호로파 반죽을 도포한 후 6일간 건조시킨다. 수죽(Sujuk)은 터키에서는 아피욘 수주구(Afyon Sucugu) 혹은 Sucuk 이라고도 불리며 다른 나라(불가리아, 아르메니아, 루마니아, 발칸, 그리스, 러시아 등)에서는 다양한 이름으로 불리는 할랄 건조발효소시지이다(그림 4-7). 양고기 혹은 소고기를 분쇄한 후 꼬리 지방, 설탕, 소금, 마늘, 후추, 붉은 고추, 큐민, 백리향, 붓나무(sumac)잎 가루와 혼합하여 케이싱에 충전한다. 20~22°C에서 3일간

사진 4-6. 터키의 Pastirma

사진 4-7. 코소보 Suxhuk(좌), 아르메니아 Sujux(우) (Wikipedia)

숙성을 하여 발효를 시키고 다시 18℃에서 3일간 건조시킨다. 카부르마(Kavurma)는 소고기를 사각(4X5X6㎤)으로 거칠게 썰어 2~5%의 소금을 혼합한 후 지방을 녹여 그 속에서 튀긴다. 용기에 녹은 지방을 담고 그 속에 튀인 고기를 담근 후 지방을 굳혀 저장한다. 지방 산화를 방지하기 위해 세이지, 백리향, 생강 등의 향신료 첨가가 추천된다.

아옥티(Aokhti)는 그루지야에서 생산되는 훈연 건조육, 카기(Kaghi)는 염장 햇빛 건조육, 로리(Lori)는 염장한 강하게 훈연한 돼지고기 햄, 콰기(Qaghi)는 훈연한 고기, 바스투르마(Basturma)도 생산한다.

차마렐라(Tsamarella)는 사이프러스에서 생산하는 건조육 제품으로 염소 앞다리와 엉덩이 살을 염장한 후 10일간 햇빛에서 건조한 후 뜨거운 물에서 익힌 다음 오레가노 분말을 도포한 채 하루 동안 햇빛에서 건조시킨다. 아포틴(Apohtin)은 Tsamarella와 유사한 제품이지만 원료육이 뼈를 포함한 채로 이용된다. 룬차(Lountza)는 돼지 등심을 소금과 적포도주로 재우고 햇빛에 말린 후 고수씨로 도포하여 훈연한다. 루카니코(Loukaniko)는 그리스식 소시지로서 돼지고기와 양고기를 등지방과 함께 분쇄한 후 오렌지껍질, 회향(fennel)씨, 부추, 올리브유, 붉은 소금, 백리향, 오레가노, 고수, 마늘과 잘 혼합하여 케이싱에 충전한 후 2~3일 숙성한 다음 훈연한다. 잘란티나(Zalatina)는 사이프러스 전통 편육 제품으로 돼지 머리, 족, 귀 등을 뼈가 고기와 분리될 때까지 끓인다. 뼈를 제거한 끓인 국물에 흰식초, 소금, 후추를 넣은 다음 발라낸 고기로 채우고 로즈마리, 고추를 추가한 후 냉각시켜 작은 조각으로 절단한다.

(3) 남아시아

인도 북동부는 아쌈(Assam)지방으로 알려진 곳으로 과잉생산된 고기는 건조, 훈연 및 건조, 지역산 허브로 염지 및 건조, 발효 등을 이용하여 가공하여 저장한다. 아울러 전통 허브, 나뭇잎, 풀뿌리, 열매, 식물성 추출물, 향신료 및 오일을 이용하여 고기를 저장하기도 한다. 소비하는 고기는 돼지고기, 닭고기, 양고기, 소고기 순으로 인기가 좋다. 그들이 가공하는 제품들은 아딘(Adin)(훈연건조 돼지고기), 소고기, 미트훈(mithun)고기, 아르사레트(Ar sa ret)(건조훈연 닭고기), 아시키오키(Ashi kioki)(얇게 슬라이스한 건조 돼지고기), 바그지남(Bagjinam)(발효돼지고기), 다윙사레트(Dawng sa ret)(건조훈연 소고기), 도티르콩(Doh tyrkhong)(훈연건조 돼지고기, 소고기), 호노헤인(Honohein)(건조 돼지고기, 물소고기), 응암포아트(Ngam phoat)(소금과 강황을 도포한 건조훈연 고기), 수카코마소(Suka ko maso)(훈연건조 양고기, 물소고기), 옌아캉가(Yen akangha)(건조 소고기, 닭고기), 사트추(Satchu)(훈연 건조 야크고기, 소고기), 유아소(Yoo-aso)(돈피가 붙어있는 등지방을 필라(pila)<수수와 고사리 잿물>로 처리하여 장기 저장) 등이 있다. 북부 히말라야 시킴지역에서는 또 다른 전통적인 고기 가공품들이 있다. 랑사추(Lang satchu)는 소고기를 길게 썰어 말린 것, 야크사추(Yak satchu)는 야크고기를 길게 썰어 말린 것, 수카코마수(Suka ko masu)는 물소고기를 길게 썰어 말린 것, 수쿨라(Sukula)혹은 수쿠티(Sukuti)는 물소고기나 양고기 혹은 염소고기를 가는 줄고기로 절단하여 소금, 커민, 후추, 고추, 강황, 마늘, 생강 반죽으로 잘 바른 후 나무 연기위에서 건조시킨다. 랑카르(Lang kargyong)은 소고기를 지방과 다져서 마늘, 생강 및 소금을 혼합하여 창자에 충전하여 20~30분간 끓는 물에서 익힌 다음 대나무 훈연하고 10~15일간 건조 후 실내에 걸어두고 먹는 소시지이다. 야크카르(Yak kargyong)은 야크고기로 만든 소시지, 파아크카르(Faak kargyong)은 돼지고기로 만든 소시지이다. 라파(Rapha)는 인도 북동부에서 Mithun 고기와 야크고기를 전통 부엌 아궁이 위에 수 주간 걸어놓고 건조시킨 것이다. 차르타이샤(Chartayshya)는 전통 염소고기 제품으로 고기를 3~4cm 조각으로 썰어 소금과 잘 혼합한 후 줄에 꿰어 야외에 걸어놓고 15~20일간 건조시킨다. 고기피클은 양고기, 닭고기, 돼지고기, 불소고기를 2.5~5cm 크기로 절단하여 소금을 넣고 압력솥에서 익힌다. 익힌 고기에 식초 2.5%를 가하여 산성화한 다음 기름 속에서 갈색으로 변할 때까지 튀긴다. 고추, 토마토, 양파, 고수, 생강, 마늘, 큐민, 강황, 라임즙, 요구르트의 반죽을 기름에 넣고 끓인 다음 튀긴 고기와 혼합하면 고기 피클이 된다. 우푸칸담(Uppukandam)은 인도 남부지방에서 염소정육을 소금에 절여 햇빛에 말린 후 6개월간 저장하면서 소비하는 제품이다.

네팔에서는 양고기로 건조 조각 고기를 만든 것을 수카시크하르(Sukha sikhar)라고 부른다. 인도에서 수쿨라(Sukula)라고 불리는 것은 수쿠티(Sukuti)라고 부른다.

란디(Lahndi)는 아프카니스탄에서 추워지는 11~12월 사이에 양을 할랄도살을 하여 탈모만 한 후 불에 그슬린 다음 고기를 긴 조각으로 잘라 소금을 바른 후 걸어서 약 한 달간 야외에서 말린 고기이다.

(4) 동남아시아

동남아시아는 인도차이나 반도의 국가들과 군도 지역의 인도네시아와 필리핀을 포함하는 섬나라들을 포함하는 열대기후 지역이다. 농업이 주산업이고 도시화는 상대적으로 덜 이루어진 지역이라 할 수 있다. 종교적으로는 불교, 이슬람교, 기독교가 산재해 있다. 문화적으로 중화 문화, 인도양 문화 및 이슬람 문화의 교차로에 소재하고 있다.

베트남 북서지방의 팃쩌우작벱(Thit trau gac bep)은 물소고기를 7~8cm의 작은 조각으로 썰어 소금, 고추, 마늘, 생강, 시트로넬라(citronella), 막켄(mac khen)씨와 혼합하여 2~3시간 동안 재운 다음 막대기에 꿰어 부엌 천장에 매달아 8~12개월 동안 연기로 건조시킨 후에 내려 저장하며 식용으로 이용한다. 넴쭈아(Nem chua)는 독특한 레시피로 인해 지역마다 다양한 명칭으로 불린다. 일반적으로 돼지 등심이나 안심고기를 분쇄하여 삶은 돼지껍질을 잘게 썬 것과 마늘, 알후추, 고추, 소금과 잘 혼합하여 바나나 잎사귀로 작은 사각으로 포장하여 선선한 곳에서 3~5일간 발효시킨다. 팃보코(Thit Bo Kho)는 건조 소고기 육포로서 레몬그라스, 고추, 생선소스로 재운 후 햇볕에서 말린다.

태국에서 생산되는 발효소시지는 남(Nham)이 유명하다. 돼지고기, 밥, 마늘, 새눈고추(타바스코보다 2배 매움)를 혼합하여 바나나 잎에 싸서 3~5일간 실온에서 발효시킨다. 사이크로크(Sai-Krok)는 또 다른 발효소시지이다. 마늘과 소금을 함께 빻은 후 쌀밥과 돼지고기를 넣고 다져 천연 케이싱에 충전하고 섭씨 25~30℃에서 1~2일간 매달아 발효시킨다. 누아(Nua)(소고기) 다드데아(dad deaw)는 하룻 동안 빛에 말린 소고기란 뜻이다. 소고기를 1.5cm 두께로 길게 썰어 생선소스, 굴소스, 설탕, 후추 가루와 잘 섞어 하룻 동안 재운 후 쨍쨍한 햇빛에서 1일 동안 건조시킨다. 누아켐(Nua Kem)은 염장 건조소고기(jerky)이다. 소고기를 길게 썰어 꿀, 고수, 간장, 생선소스에 재운 후 대나무 발에 널어 햇볕에 말린다. 무(Moo)(돼지고기) 다드데아(dad deaw)는 돼지고기 안심으로 생산한 햇빛에 말린 고기이다. 두께 1.5cm의 길게 썬 돼지고기를 고수, 마늘, 백후추, 설탕, 굴소스, 생선소스, 참깨로 1시간동안 재운 후 땡볕에서 3시간 건조시킨 후 낮은 불에서 기름에 튀긴다.

필리핀의 롱가미사(Longgamisa)는 스페인의 초리소(chorizo) 소시지와 유사한 제품으로서 돼지고기와 소고기, 그리고 지방(고기:지방은 70:30)을 잘 분쇄하여 설탕, 소금, 식초, 후추, 마늘, 파프리카, 간장, 아니스, 오레가노와 혼합한 후 천연케이싱에 충전하여 실온에서 1일 동안 보관하였다가 2일간 섭씨 50~55℃에서 훈연을 한다. 타파(Tapa)는 소고기, 양고기, 사슴고기, 말고기 등 다양한 고기를 얇게 슬라이스하여 다진 마늘, 소금, 설탕에 재운 후 햇볕에서 건조한다. 소고기 타파는 핀당(Pindang)이라고 한다. 토시노(Tocino)는 돼지 뱃살을 얇은 줄 고기로 슬라이스하여 아니스 와인, 아나토, 설탕, 소금에서 3일간 염지한 후 물에서 익히며 탈지한 다음 실온에서 하룻밤 보관한다.

말레이시아의 세룬딩다깅(Serunding daging)(소고기)과 세룬딩아얌(Serunding ayam)(닭고기)은 고기를 삶아 섬유상으로 찢어 만든 중국의 루송(Rousong)과 유사한 고기 풀솜(floss)이다. 사용하는 양념은 마늘, 생강, 갈랑갈, 강황, 고수, 큐민, 고추, 소금, 설탕을 혼합하여 사용한다.

인도네시아 우루딴(Urutan)은 발리섬의 발효소시지이다. 돼지고기와 지방을 분쇄하여 소금, 설탕, 후추, 고추, 생강, 마늘, 강황, 갈랑갈(galangal) 분말과 혼합한 후 25~50℃에서 3일간 발효 후 15℃에서 2주간 건조시킨다. 든등(Dendeng)은 고기를 얇게 슬라이스하여 소금, 라임쥬스, 고추, 골파, 고수, 마늘, 생강, 토마토를 섞은 양념으로 재워 기름에서 볶은 후 건조한 것이다. 소고기 든등(Dendeng)은 든등발라도(Dendeng Balado), 사슴고기 Dendeng은 든등루사(Dendeng Rusa), 덩어리고기로 만든 후 잘게 썰어 두들긴 후 기름에 튀겨 건조시킨 것은 든등바또콕(Dendeng Batokok)('두들긴'이라는 단어)라고 부른다. 베본톳(Bebontot)는 발리섬에서 생산하는 돼지고기 발효제품이다. 돼지고기를 2cm의 사각으로 썰어 강황, 생강, 마늘, 고추, 갈랑갈(galangal)과 잘 버무려 빈랑나무(areca) 잎에 싸서 2~3일간 발효시킨다.

라오스의 신사반(Seen Savanh)는 천상에서 맛보는 고기라고 불리는 건조육이다. 소고기를 얇게 슬라이스하여 다진 마늘, 다진 생강, 흑설탕, 레몬그라스, 후추, 고추, 생선소스, 소금으로 재워 1일간 숙성한 다음 넓게 펴서 볕에 말린다. 신항(Seen Hang)은 소고기 등심을 긴 줄고기로 슬라이스하여 마늘, 생강, padaek(발효생선소스), 레몬그라스, 붉은 고추, 후추, 흑설탕으로 재워 햇볕에 말린 것이다. 라오스 말로 seen은 고기, hang은 건조, savanh은 하늘을 의미한다. 신 로드(Seen Lod)는 소고기를 두께 1cm 정도의 짧은 줄 고기로 슬라이스하여 레몬그라스, 다진 생강, 다진 마늘, 소금, 설탕에 재서 하룻동안 재운 다음 망에 널어서 햇볕에 건조시킨다. 솜무(Som moo)는 발효돈육소시지로서 베트남에서 유래한 것이다. 갈은 돼지고기, 다진 삶은 돼지 돈피, 마늘, 쌀밥, 고추, 소금을 잘 섞어 반죽을 만든 후 잘 싸서 3일간 실온에서 발효시킨다. 싸이우아(Sai Oua)는 라오스와 북부 태국에서 인기 있는 돼지고기 소시지이다. 고기와 골파, 레몬그라스, 고추, 마늘, 갈랑갈(Galangal), 고수, 생선소스, 쌀밥, 캐퍼라임(Kaffir lime)잎을 잘 혼합하여 천연 케이싱에 충전하여 굽는다. 돼지고기 소시지는 싸이우아무(Sai Oua Moo), 물소고기 소시지는 싸이우아콰이(Sai Oua kwai)라고 부른다. 싸이콕(Sai Kok)은 Sai Oua와 유사한 소시지로서 레몬그라스, 캐퍼라임, 붉은 고추, 마늘, 골파, 생선소스를 돼지고기와 잘 혼합하여 천연장에 충전한 후 2~3일 실온에서 숙성시킨 후 굽는다.

(5) 동아시아

동아시아는 중화 문화권으로 젓가락을 사용하는 한국, 중국, 일본을 포함한 농경민족과 유목민족인 몽골을 포함하고 있다.

한국에서는 고기 자원의 부족으로 저장 방법이 그리 많지 않다. 육포는 아마도 유일한 장기 저장 고기 제품일 것이다. 쇠고기는 근육의 결을 따라 0.5cm 두께로 썰어 가장자리에 붙은 지저분한 기름을 제거하고 찬물에 담가 핏물을 빼고 나서 마른 행주로 물기를 닦아 낸다. 냄비에 진간장, 설탕, 물, 마른 고추, 생강, 통후추를 넣고 끓인 뒤 4~5시간 동안 상온에서 식혀 양념장을 만든다. 식힌 양념장을 체에 거르고 꿀과 물엿을 넣어 고루 섞는다. 양념장에 고기를 한 장씩 넣어 고루 묻히고 고기에 양념장이 모두 스며들도록 충분히 주무른다. 망으로 된 건조대에 고기를 결대로 잡아당기면서 펴서 널고 바람이 잘 통하며 볕이 있는 곳에서 말린다. 한쪽이 마르면 뒤집어서 다시 손질하여 말린다.

몽골 보르츠(Borts)는 지역에 따라 낙타고기, 순록고기, 말고기, 당나귀 고기를 이용하여 만드는 풍건육이다. 두께 2~3cm, 폭 5~7cm로 고기를 길게 잘라서 게르(Ger) 천장에 매달아 말린다. 약 한 달 가량 말리면 고기는 갈색의 나무막대기처럼 된다. 이것을 작은 조각으로 절단하던지 거친 섬유 분말로 만들어 아마포 가방에 보관한다. 타타르(Tatar) 소시지는 바이칼 호수 부근의 몽고 북부에 사는 유목 투르크족들이 즐기는 소시지이다. 양고기를 이용하여 소금, 후추, 피멘토, 회향풀, 육두구, 마늘, 그리고 물을 함께 섞어 잘 반죽을 만들어 케이싱에 충전한 후 냉훈을 한다.

중국의 박과(Bakkwa)는 복건성(Hokkien)사람들이 건조육을 나타내는 단어로서 루간(Rougan)(肉干)으로도 불리는 달콤한 건조돈육제품이다. 돼지고기, 소고기, 양고기 등을 이용하여 얇게 슬라이스한 고기를 사용하거나 세절한 고기를 이용한다. 분쇄육을 이용할 경우, 중국홍주, 참기름, 후추, 설탕, 간장을 함께 잘 섞은 다음 2~2.5mm 두께로 후라이팬에 넓게 펴 웨이퍼 형태로 만든 다음 숯불 위에서 굽는다. 수분활성도가 0.6~0.69 정도로 건조시킨 것이다. 루송

(Rousong)(肉鬆)은 돼지고기나 소고기로 만든 풀솜(floss)이다. 고기를 스튜용 크기로 절단하여 달게 만든 간장 소스에서 포크로 고기섬유가 쉽게 분리될 때까지 익힌다. 익힌 고기를 가늘게 찢은 다음 요리용 팬(wok)에서 건열로 짓이기며 완전히 건조될 때까지 가열한다. 라루(Larou)(腊肉)는 중국 호남성을 포함한 남부지방의 식품으로 서양에는 광동어로 랍(lap yuk)으로 알려진 두께 2.5cm의 길게 자른 삼겹살이다. 이것은 중국 남부의 늦가을의 선선한 날씨에 계피, 후추, 카다몸, 회향, 오렌지껍질, 설탕, 아니스와 후추 그리고 소금을 함께 볶아서 삼겹살에 바른 후 6일간 숙성한다. 숙성 후 물로 세척한 후 야외에서 피막이 형성될 때까지 건조시킨 후 훈연한다. 사천성 지역에서는 생강, 월계수잎, 아니스, 계피, 사천알후추, 간장, 설탕, 홍주를 끓여서 식힌 염지액에 삼겹살을 3일간 재운 후 건져내어 선반에 매달아 7일간 건조시킨다. 라창(Lachang)(腊肠; 광동어로는 랍청 Lapcheong)은 수천 년간 중국에서 만들어온 건조소시지이다. 과거에는 양고기와 염소고기를 양파, 소금, 후추와 혼합해서 만들었으나 현대에는 돼지고기를 설탕(최대 10%), 소금(2.2~2.8%), 중국홍주, 간장, 중국 5가지 혼합향신료(회향, 알후추, 아니스, 계피, 정향)와 혼합하여 맛은 간장과 높은 설탕 농도에서 오는 단맛이 강하다. 아시아인들은 고기 제품에서 신맛을 좋아하지 않아 단맛이 바람직하다. 고기 반죽을 천연 케이싱에 충전하여 숯불 위에서 1~2일간 건조 시킨다. 수분 활성도가 0.9 정도로 감소하고 나면 실온에서 3~4일간 추가 건조하여 수분 활성도가 0.8~0.75 정도 이며, pH는 5.7~6.0 수준을 유지한다. 동남아시아의 여러 나라에서 소비된다. 중국의 건염지 햄은 당나라시대에 시작되었으며 세계적으로 유명하고 유럽 건조햄의 원조로 알려진다. 저장성 진화후오투이(Jinhua huo tui)(金華 火腿)는 금화 시에서 생산하

사진 4-8. 금화 햄(Jinhua Huo tui)

는 햄을 의미한다(사진 4-8). Jinhua ham은 금화돼지 뒷다리를 한 달간 섭씨 15도 이하의 환경에서 건염지를 하는데 5~7번 반복해서 소금을 발라준다. 염지 후 물에 4~6시간 동안 침지했다가 솔로 씻고 다시 16~18시간 동안 침지했다가 꺼내어 선반에 걸어 7~15일간 햇볕에서 건조한다. 지방이 녹아내리면 건조를 끝낸다. 건조 후 섭씨 15도에서 6~8개월간 숙성한다. 숙성 후 솔로 표면을 닦아 내고 식물성유를 발라 2~3개월간 쌓아 놓는다. 또 다른 유명한 건염지햄들은 청나라 시대에 시작한 장쑤성의 루가오(Rugao) 햄(如皋 火腿)과 운남성의 수안웨이(Xuanwei) 햄(宣威 火腿)이 있다.

4) 오세아니아

오세아니아는 중앙 및 남 태평양 지역의 수천 개의 섬으로 구성된 지역으로 유엔 Geoscheme에 의하면 호주와 뉴질랜드, 그리고 멜라네시아(Melanesia)지역에는 파푸아뉴기니, 피지, 솔로몬제도, 바누아트의 4개국, 마이크로네시아(Micronesia)지역에는 키리바시, 미크로네시아, 마샬제도, 팔라우, 나우루의 5개국, 그리고 폴리네시아(Polynesia)지역에는 투발루, 사모아, 통가의 3개국으로 총 14개국이 포함된다. 가장 큰 나라는 호주 그리고 다음으로 뉴질랜드와 파푸아뉴기니이며 나머지 나라들은 소국이다. 대부분 나라들은 농산물이 별로 없는 섬나라들이어서 육식도 별로 없고 주로 해산물과 열대과일을 포함한 채식 위주의 식생활을 영위하여왔기 때문에 고기를 저장하는 문화가 없다. 더욱이 1788년부터 영국의 호주 점령을 시작으로 스페인, 프랑스, 독일이 이 지역의 대부분의 나라들을 점령하여 식민지화 하였기 때문에 이 지역의 식생활은 유럽의 영향을 받아 전통식생활이 제대로 유지되지 못하고 주민건강에 많은 문제를 가져왔다. 가장 큰 대륙인 호주는 원주민들이 Aborigine으로 불리며 남자들이 아직도 돌촉활이나 작은 칼을 이용해 사냥을 하여 고기를 확보하며 구덩이를 파고 불을 피워 공동으로 구워서 소비한다. 사냥하여 소비하는 동물들은 대동물은 없고 캉가루, 야생 칠면조, 주머니쥐, 에뮤, 개미핥기, 도마뱀/고아나, 뱀, 바늘두더지, 악어, 코알라, 거북이, 웜뱃(wombat), 듀공(dugong), 월라비(wallaby), 머튼버드(mutton bird) 같은 중소 육상 및 해상 동물들을 망라하고 있다. 두 번째로 큰 섬나라인 뉴질랜드는 원주민이 마오리(Maori)족으로 중요한 고기 자원으로 키오리(kiore: Polynesian rat)와 쿠리(kurī: Polynesian dog)를 활용하며 멸종된 머튼 버드나 모아(moa)같은 다양한 조류도 사냥하여 소비하였다. 뉴질랜드에 정착한 유럽인들은 마오리족이 소비하는 전통 고기 케레루(야생비둘기), 카카(앵무새) 및 웨카(나르지 못하는 흰눈썹뜸부기) 등은 먹지 않고 유럽식 음식을 소비하여 왔다. 19세기 초에 영국인들이 정착하면서 양, 돼지, 염소 및 닭을 사육하기 시작하여 호주와 뉴질랜드는 양고기 및 소고기의 주요 수출국이 되었다.

5) 아메리카

(1) 북아메리카

북아메리카는 캐나다와 미국의 두 나라만이 존재한다. 캐나다 북극지방에 사는 이누이트 족은 다양한 고기 저장 방법을 활용한다. 밉쿠(Mipku)는 북극 서부지역에 사는 이누이트 족이 순록고기를 길게 줄로 썰어 말린 것이다. 닉쿠(Nikku)는 북미순록(Caribou)의 고기를 긴 줄로 썰어 걸어놓고 햇볕에 말린 것이다. 판사완(Pansawan)은 서부 평원 원주민 크리(Cree)족이 들소, 엘크사슴, 무스사슴의 고기를 얇게 슬라이스하여 나무틀에 널어 담고 3일간 훈연 건조시킨 것이다. 이구(Igunaq)은 북극지방에 사는 이누이트족이 해마 고기와 지방을 잘라 여름철에 땅에 묻어 가을철에 발효되어 겨울철에 얼게 만든 것이다.

페미칸(Pemmican)은 북미 대륙의 원주민들이 이용한 고기 제품이다. 들소, 사슴, 엘크, 무스 등의 고기를 슬라이스하여 건조시킨 다음 이것을 분쇄하여 분말로 만든다. 지방을 녹여서 고기 분말과 잘 혼합한 다음 여기에 말린 베리들(크랜베리, 아로니아, 블루베리, 체리 등)을 분쇄하여 잘 혼합하여 가죽가방에 저장한다. 저키(Jerky)는 건조육으로 수천년 전에 이집트에서 만들었다는 증거가 있지만 북미 원주민이 처음 만들었다는 주장과 남미 잉카제국에서 안데스 산에 사는 알파카나 라마의 고기로 만든 건조육이 원조라는 주장이 있다. 원래는 단순히 살코기를 길게 슬라이스하여 햇볕에 말린 것이지만 최근에는 마늘, 양파, 소금, 후추, 간장 등 다양한 염지액을 발라 건조시킨 제품들이 제조되고 있다. 북아메리카의 전통 가공 육제품은 원주민들이 생산하던 것들을 제외하면 대부분이 유럽에서 이민으로 온 사람들이 자기들 고향의 전통 고기 제품들을 미국이나 캐나다 현지화한 것들이다.

페퍼로니(Pepperoni)는 미국식 쌀라미(Salami) 소시지이다. 이탈리아 소시지와 다른 점은 고기를 아주 잘게 분쇄하여 조직이 부드럽다는 것이다. 돼지고기와 소고기를 섞어 파프리카와 각종 고추를 넣어 만들어 매운맛이 특징이다. 현대에는 주로 피자 토핑으로 많은 사용된다. 타쏘 햄(Tasso Ham)은 1700년대 후반부터 시작된 루이지애나 지역에서 유래한 케이준(Cajun)양념으로 만든 전통 염지돈육제품이다. 비록 이름이 햄이라고 되어 있지만 돼지 어깻살을 이용한다. 고기를 근육 결대로 슬라이스하여 소금과 설탕으로 2-3시간 동안 염지한 후 세척하고 나서 소금, 후추, 마늘, 고추를 섞어 바른 후 완전히 익을 때까지 열훈을 한다. 타쏘는 스페인어로 건조염지육 슬라이스를 의미한다. 컨츄리햄(country ham)은 건염지 햄으로서 주로 미국 남동부에서 생산되며 버지니아 컨츄리햄을 최고로 친다. 돼지햄을 최소 3개월 이상 동안 건염지한 후 종종 훈연한다. 스미스필드햄(Smithfield ham)은 미국 버지니아 주 스미스필드 시 지역에서 땅콩으로 사육된 돼지 뒷다리를 건염지하고 최소 6개월 동안 숙성한 햄이다.

(2) 라틴아메리카

라틴 아메리카는 유럽인들이 식민지로 통치했던 카리브해 지역, 중앙아메리카 및 남아메리카의 국가들을 포괄적으로 지칭하는 용어이다. 카리브해 지역에는 13개의 독립국가들(쿠바, 아이티, 자메이카, 도미니카, 그레나다, 바하마, 앤티가바부다, 바베이도스, 도미니카공화국, 세인트루시아, 생키츠네비스, 세인트빈센트그레나딘스, 트리니다드토바고)과 수많은 미국 및 유럽 국가들의 자치령들이 존재한다. 따라서 이 지역에는 고유의 식문화보다는 다른 지역에서 유입된 것들의 융합으로 이루어진 것들이다. 중앙아메리카는 8개국(멕시코, 파나마, 엘살바도르, 과테말라, 코스타리카, 온두라스, 니카라과, 벨리즈)으로 멕시코를 중심으로 하는 과거 마야와 아즈텍 문명의 후손들이다. 남아메리카에는 12개국(가이아나, 볼리비아, 베네수엘라, 브라질, 수리남, 아르헨티나, 에콰도르, 우루과이, 칠레, 콜롬비아, 파라과이, 페루)이 있으며 페루를 중심으로 하는 잉카문명의 후예들로서 대부분이 스페인어를 사용하고 브라질은 포르투갈어, 수리남(surinam)은 네델란드어 그리고 가이아나(guyana)는 영어를 사용한다. 아메리카, 소위 신세계에서는 유럽인들의 식민지 개척으로 가장 극적인 전개가 농업과 식품가공에서 일어났다. 가장 두드러진 것은 아메리카 대륙에서의 고기 소비였다. 마야족의 육식은 주로 개, 칠면조, 사슴, 메추리, 기러기, 자고새, 이구아나, 알마딜로 등에서 취했고, 아즈텍족은 채식 위주로 육식은 조류, 이구아나, 땅다람쥐 등을 이용하는 수준으로 미약했다. 잉카족은 중형동물인 라마, 알파와 비쿠나(vicuna) 그리고 기니피그(cuy)같은 동물을 식용으로 이용하였다. 유럽인들이 말, 소, 돼지, 양, 염소 및 닭을 아메리카 대륙에 도입함으로써 미약했던 고기 소비를 육성한 것이다. 중앙 및 남아메리카 대륙에서 소비되는 고기 제품은 크게 3가지로 분류된다. 첫째, 원주민들이 전통적으로 저장 방법으로 이용했던 건조육 제품인 차키(Charqui) 및 이와 유사한 야외의 개방된 공간에서 햇빛이나 바람에 말린 제품. 둘째, 크리올(Creole)[01] 제품. 셋째, 유럽제품으로 분류할 수 있다.

01 크리올: 원래는 신대륙에서 태어난 순수 스페인사람을 의미하였으나 북아메리카·라틴아메리카·서인도제도 등에서 태어난 스페인인·프랑스인, 이들과 신대륙의 흑인 사이에서 태어난 사람들을 일컫는 말로 의미가 확대되었다.

❶ 전통제품

㉮ 차키 (charque, charqui)
남아메리카 원주민들은 유럽인들이 들어와 정착하기 오래전부터 가늘고 길게 썬 고기조각을 건조훈연하였다. 컬럼버스 이전 시대의 아메리카에 이미 존재하던 차키 혹은 페미칸(pemmican)의 두 종류가 있다. 차키는 아주 얇게 썬 고기를 염장한 후 부분적으로 건조한 것으로 소비 전에 익힌다. 안데스 산맥 지역에서 유럽인들이 오기 전부터 라마나 야생동물 고기로 만들었으나 현재는 소고기나 말고기로 만든다. 살코기를 길고 가는 조각으로 썰어 염장한 후(3~5일간 건염) 바람이나 햇빛으로 야외에서 건조시킨다(5~15일간). 익혀서 먹기 전에 잘게 썬다. 수분함량 26%, 수분 활성도(aw) 0.6~0.9이며 단백질 함량 58%, 지방 4%, 회분 12%이다. 페루, 브라질, 아르헨티나, 우루과이 등에서 각기 다른 이름으로 불린다.

㉯ 페미칸
녹인 지방과 말린 과일채소를 들소고기와 함께 찧어 풍건한 고기분말이다.

㉰ 찰로나(chalona)
뼈에 붙어 있는 양고기를 염장하여 건조시킨다.

㉱ 쎄씨나(cecina)
차키나 찰로나 보다 소금 함량이 낮고 수분함량은 높다. 소고기나 돼지고기로 만든다. 돼지고기의 경우, 소금, 녹인 지방, 고추 분말, 아나토, 레몬주스, 각종 양념을 잘 섞어 표면에 바른다. 수분 활성도는 0.9정도이다. 배합비, 모양, 크기, 건조 정도가 다양한 것으로 부분적으로 건조시킨 제품이다.

㈒ 마차카 (machaca)	멕시코 건조육으로 얇게 썬 고기를 건염지하여 소금 함량이 2~7%되게 한 후 햇빛에 건조시키다 열풍으로 끝내어 분말화 혹은 섬유상으로 찢는다. 계란, 양파 및 고추와 함께 조리해서 소비한다.
㈓ 카르니 세카 (carne seca)	스페인식 건조육으로 살코기를 얇은 조각으로 만들어 염장한 후 70도 에서 공기로 건조 후 식혀서 가늘게 찢어 만든다.
㈔ 카르니 드 솔 (carne de sol)	포르투갈어로 태양의 고기라는 의미로서 브라질 북부에서 소고기를 강하게 염장하여 1~2일간 햇볕에서 건조한 것이다.

❷ 크리올(Creole) 제품

식민지 개척자 이베리아 반도인들이 남아메리카에 들여온 이베리아 육제품에서 유래한 전통적인 제품들이다. 식민지 개척자와 남미 현지인들 사이의 공동 사회화, 혼혈, 및 문화혼합에서 유래한 제품들이다. 이베리아 기술은 남미의 다양한 지역들의 기후, 자원, 문화에 접목되어 새롭게 태어났다. 초리소(chorizo), 살치차(salchicha), 롱가니사(longaniza)라고 불리는 신선 소시지류, 선지소시지 모쎌라(morcela), 치차로니스(chicharrones)라고 하는 돈지, 돈피 및 돈육을 혼합한 후 가열하여 녹인 지방을 제거한 제품. 페루의 안티쿠초스(anticuchos)는 아프리카에서 유래한 것으로 살코기 없이 염통을 2.5센티미터 길이로 썰어 소금, 고추, 커민, 마늘, 식초, 기름으로 마리네이트하여 꼬치로 만든다. 쎄라노(serrano)는 훈연햄으로서 박피한 햄을 3일간 건염지한 후 훈연하고 난 다음 사프란, 큐민, achiote, 마늘, 기름을 혼합하여 표면에 발라 저온에서 2주간 숙성한다. 이베리아 반도에서 소비되는 비가열 건조숙성 소시지나 햄 종류는 남미에서 인기가 없다. 반면에 가열하여 소비하는 염장 부분 건조 육제품은 이베리아보다 남미에서 인기가 더 좋다. 남미에서는 이베리아 반도에서보다 소고기 가공품이 더 많다. 따사호(tasajo)는 스페인에서는 사슴고기를 재운 후 참나무 훈연을 하여 건조시킨 차키 비슷한 것이었으나 중남미에서는 나라에 따라 염소고기, 소고기, 당나귀 고기, 노새고기, 말고기 등 다양한 고기를 이용한다. 로모엠부차도(Lomo embuchado)는 쎄시나와 유사한 제품으로서 돼지 안심으로 만든 건염제품이다. 스페인과 지중해 연안 국가들에서 소비한다. 단 피멘토, 매운 피멘토, 다진 마늘, 소금, 설탕, 후추, 백포도주, 올리브유로 만든 반죽을 안심에 골고루 발라 2일간 재운 후 선선한 곳에서 2달간 건조한다.

❸ 유럽제품

유럽인들의 직접적인 유산으로 대부분의 아르헨티나와 칠레 그리고 브라질의 일부 지역에서 통용되는 유럽제품들이 있다.

인간의 영양섭취 양식은 지역에 따라 다양한 환경적 자원과 문화적 요인들에 의해 좌우되었다. 사회는 계속 변화하였고 이러한 사회적 변화는 식량, 식생활, 영양섭취 양식에 반영되어왔다. 더욱이 인간 역사에서 이동, 정복 그리고 교역의 결과로 현재 다양한 지역에서는 나름대로의 전통적인 식문화가 형성되었다. 그리하여 특히 중남미 지역에는 유럽의 식민지 확보 정책에서 유래한 서구식 고기 가공기술이 접목되어 다양한 제품들이 존재하게 된다. 고기는 인간 역사에서 사회적으로나 영양적으로 가장 중요시되던 식품이었기에 나중에 소비하기 위한 고기의 저장은 인간 삶의 일부가 되었다. 세계적으로 어느 대륙이던 그곳에 살던 종족들은 고기를 저장하기 위하여 가장 원초적인 건조라는 수단을 활용하였다. 겨울이 추운 지역에서는 겨울동안에는 고기를 얼려 저장할 수 있었지만 여름철에는 결국 바람이나 햇볕에서 고기를 건조시키는 것이 최선이었다. 건조과정에 발효가 일어날 수도 있어 종종 건조발효 제품들이 보급되어 있다. 냉장기술이 발달되지 않은 시대에 가장 일반적인 고기 건조는 현대에 와서 저장의 목적인 아닌 다른 식품과 차별화되는 다양한 제품을 생산하는 방법으로 여전히 활용되고 있다.

⑩ 다양성·간편성

잡식성 동물로서의 인간의 역설(Omnivore's paradox)은 자연독에 의한 생존 위협을 피하기 위해 익숙하지 않은 새로운 식량은 피하고, 동일한 식량을 반복하여 섭취하는 지겨움을 피하기 위해 새로운 식량을 추구하는 것이다. 이처럼 인간의 식생활에서 다양성은 매우 중요하다. 그 이유는 첫째, 다양한 음식을 먹는 것은 우리가 먹을 때 지겹지 않게 만들어준다. 먹는 것이 즐겁지 않으면 음식은 약을 먹는 것과 같이 힘들어진다. 여러 가지 식품을 섞어 먹거나 매 끼니마다 다양한 음식을 먹는 것은 즐거움을 배가시킨다. 둘째, 다양한 음식을 먹는 것은 우리가 필요한 영양소를 골고루 섭취할 수 있게 한다. 한 가지 식품이 우리가 필요로 하는 모든 영양소를 함유하고 있을 수 없다. 식품마다 특정 영양소를 공급해주기 때문에 과채류만 먹거나 동물성 식품만 먹을 때에는 특정 영양소 결핍을 경험하게 된다. 매일 같은 음식만을 먹지 않는 것은 우리가 특정 영양소를 과다하게 섭취하는 것을 방지해 준다. 따라서 소비자들은 먹는 즐거움을 위해서 그리고 균형잡힌 영양소 섭취를 위해서 같은 고기제품일지라도 다양한 원료를 사용하여 만든 다양한 맛의 제품을 추구하는 것이 바람직하다. 하지만 다양성을 추구하다보니 현대인은 너무나 많은 종류의 식품 중에서 어느 것을 선택해야할지 고민해야 하는 잡식성 동물의 딜레마(Omnivore's dilemma)에 봉착하고 있다.

현대 생활이 실질적으로나 정신적으로 시간에 쫓기는 사회문화적 환경 속에서 진행되다 보니 소비자들은 알게 모르게 음식의 준비와 소비가 간편하고 시간을 적게 들이는 방법을 추구하게 된다. 진화과정에서 인간은 에너지 소비를 최소화하는 방향에서 행동을 결정해왔기 때문에 간편성에 대한 요구는 어쩌면 인간 본성일 수도 있다. 간편식품의 장점을 보면, 음식준비시간이 엄청 단축된다. 식재료를 구입, 저장할 필요가 없다. 잔반이 남지 않는다. 조리 무경험자도 다양한 음식을 즐길 수 있다. 신속하게 상을 차리고 청소가 쉽다. 음식의 부패나 폐기가 적다. 운반이 간편하다. 대량 생산과 유통으로 경제적이다. 기술적으로 가정에서 준비하기가 어려운 음식들을 간편하게 제공한다. 특히 육가공 분야에서 간편식품은 사회적 이슈가 되는 식육 생산 과정의 불편과 불쾌감을 일반인의 시야에서 보이지 않게 한다는 측면이 있고, 고기음식을 준비하고 소비하는데 시간을 절약한다. 나아가서는 소비자 스스로 준비과정을 생략할 수 있으므로 물리적으로나 심리적으로 부담을 줄일 수 있다. 또한 잡식성 동물의 딜레마를 해소할 수 있는 길이기도 하다.

1) 다양성

(1) 서양 고기제품의 종류

소비자들이 접할 수 있는 다양한 육제품은 가공 방법을 통해 제품을 쉽게 그리고 분명하게 알아볼 수 있는 특징을 부여하기 때문에 가공방법으로 다양한 제품의 종류는 분류하는 것이 가장 무난하다. 서양에서는 원료로 사용되는 고기의 처리로 구분을 시작하여 점점 세분시키는 분류방법이 일반적이지만 국내에서는 뚜렷한 기준이 없이 제품군으로 묶어 분류해 놓고 있다. 서양의 분류를 보면, 우선 육가공제품을 원료육을 기준으로 하여 큰 덩어리 고기나 특정 부위를 그대로 사용하는 비분쇄 제품과 고기 입자의 크기를 줄여서 가공하는 분쇄제품으로 크게 구분하거나, 기술적 차원을 기준으로 가공육제품과 신선육제품으로 구분한 후 다시 가공육 제품은 염지육과 소시지 등으로 구분한다(표 4-1). 비분쇄 제품은 비건조 제품과 건조 제품으로 다시 세분되고, 분쇄제품은 소시지와 비소시지 제품으로 세분된다. 소시지는 여러 가지 가공방법을 기준으로 구분될 수 있기 때문에 어떤 특정한 분류방법이 있는 것은 아니다. 분쇄 정도에 따라서 조분쇄 제품과 유화 제품, 가열 여부에 따라서 가열 제품과 신선(비가열) 제품, 훈연 여부에 따라서 훈연 제품 혹은 비훈연 제품, 가수량에 따라서 가수 제품 혹은 비가수 제품, 염지 여부에 따라 염지 제품과 비염지(신선) 제품, 발효 여부에 따라 발효 제품과 비발효 제품, 최종 제품의 수분 함량에 따라서 신선 제품, 비가열 훈연 제품, 가열 제품, 염지 제품, 건조 및 반건조 제품 그리고 특수 제품으로 분류하는 방법 등이 있다. 비소시지 특수 제품은 식육 함량보다 비육 원료의 함량이 높거나 혹은 부산물을 이용한 제품으로 소시지와 비분쇄 제품의 중간 형태인 것을 총칭한다.

❶ 비분쇄제품

여기에서는 가공의 다양성 목적을 살펴보기 위하여 앞 장에서 설명한 가공에서의 저장 목적을 위한 건조 및 발효 관련 제품은 제외한 비분쇄 제품에 대해서 설명한다.

㉮ 비건조제품
돼지 뒷다리를 염지 가공한 제품인 햄, 돼지 삼겹살을 염지, 훈연한 제품인 베이컨, 소의 옆구리 부위를 염지한 쇠고기 베이컨, 소 어깨 부위를 염지한

제품인 콘드비프, 파스트라미 등의 냉장을 해야하는 제품들이 있다.

표 4-1. 서양의 다양한 고기가공제품의 분류

비분쇄 제품	분쇄 제품
1. 비건조 　제품 베이컨(bacon), 　쇠고기베이컨 　(beef bacon), 　햄(ham), 　파스트라미(pastrami), 　콘드 비프(corned beef) 2. 건조 　제품 프로슈티 　(proscutti), 　캐포콜로(capocollo), 　생햄(jamon)	1. 소시지 제품 1) 유화형(emulsion) 소시지 　(1) 생소시지(fresh sausage) 박불스트 　(2) 가열소시지(cooked s.) 리버 소시지, 비에나, 　　 브라운슈바이거 　(3) 가열훈연소시지(cooked,smoked s.) 볼로니, 　　 위너, 후랭크후르트 2) 조분쇄 소시지(coarse-ground s.) 　(1) 생소시지 브랄불스트, 생돈육소시지 　(2) 비가열훈연소시지(smoked s.) 킬바싸 　(3) 건조 및 반건조 소시지(dry & semi-dry s.) 　　 가) 건조 소시지 살라미, 페퍼로니, 초리소 　　 나) 반건조 소시지 레바논볼로니, 투링거, 써머소시지 2. 비소시지 특수제품 　미트로프(meat loaf), 햄버거 패티, 　미트파이(meat pie), 헤드치즈(head cheese), 　스크래플(scraple), 프레스햄, 재구성육

㉯ 건조제품　　7장에 기술되어 있다.

❷ 분쇄제품

분쇄제품은 소시지와 비소시지 제품으로 다시 세분할 수 있다.

㉮ 소시지

소시지는 원료고기와 향신료의 다양한 조합을 사용하여 다양한 모양의 제품으로 생산되기 때문에 나라와 지역에 따라 그 분류방법이 다양하다. 어떤 나라에서는 원료고기의 분쇄정도에 따라 미세분쇄 혹은 조분쇄 제품으로 구분하거나 소비자가 직접 소비할 수 있거나 익혀서 먹어야 하는 형태로 구분하기도 한다.

⊙ 유화형 소시지

유화형 소시지는 고기를 잘게 분쇄한 다음 지방과 물 그리고 여러 가지 조미료, 향신료 및 염지재료들을 함께 넣고 싸일런트 커터에서 세절하여 유화물 반죽을 만드는 과정을 거쳐 제조된 소시지로서 가공방법에 따라 몇 가지로 구분된다.

신선소시지는 아질산염을 제외한 여러 가지 양념이나 향신료를 첨가하고 훈연이나 가열처리를 받지 않은 것으로 꼭 익혀 먹어야 한다. 아질산염을 첨가하지 않아 가열후 백색이나 갈색을 보이는 제품으로 종류에는 신선 박불스트가 있다. 가열소시지는 염지는 하였으나 훈연을 하지 않고 단지 가열만 한 소시지로서 간을 사용한 리버소시지, 브라운슈바이거 혹은 비엔나 소시지가 이에 속한다. 가열훈연소시지는 염지를 하고 훈연과 가열도 한 소시지로서 국내에서 가장 많이 유통되는 종류이며 프랑크후르트, 볼로냐 등이 있다.

ⓒ 조분쇄 소시지

원료 고기를 거칠게 분쇄한 후 유화형에서 보다 적은 양의 물을 첨가하며 지방이나 향신료, 조미료, 염지 재료 및 여러 가지 부재료들을 혼합한 후 케이싱에 충전하는 과정을 거침으로써 유화물 반죽이 아닌 단순한 혼합공정을 거치는 소시지이다. 유화형 소시지에서와 마찬가지로 가공방법에 따라 몇 가지로 구분된다.

신선소시지는 아질산염을 첨가하지 않은 채 훈연이나 가열공정도 전혀 거치지 않아 꼭 익혀 먹어야 하는 소시지로서 종류로는 브랄불스트가 있다. 훈연소시지는 염지를 한 후 가열 처리를 하지 않고 단지 훈연 공정만을 거친 익혀 먹어야 하는 소시지로서 킬바사가 이에 속한다. 가열소시지는 염지 후 훈연은 하지 않은 채 단지 가열공정만을 거친 소시지로서 혈액을 넣고 만든 블러드소시지가 이에 속하며 국내의 순대와 유사하다.

건조 및 반건조 소시지는 발효소시지로 호칭하기도 하며 훈연하거나 훈연하지 않거나 하지만 염지공정은 항상 포함된다. 건조의 정도에 따라 건조 및 반건조로 구분한다. 살라미는 건조 소시지의 대표적인 것이고 서머소시지는 반건조 소시지의 전형적인 예이다.

㉯ 비소시지 특수제품

이 제품에는 식육함량보다 부재료의 함량이 높거나 형태상으로 비분쇄 제품도 아니고 소시지도 아닌 것들을 포함한다. 캐나디언베이컨(Canadian bacon) 같은 재구성육 제품, 국내에서 생산되는 프레스햄, 햄버거 패티, 런천미트나 미트로프(Meat loaf), 미트파이, 스크래플(Scrapple)(머릿고기 부산물에 옥수수가루를 넣고 만듦), 헤드치즈(돼지머리고기와 젤라틴으로 만듦) 등이 있다. 이들은 염지를 하거나 하지 않은 것, 가열하거나 하지 않은 것, 훈연하거나 하지 않은 것 등 제품에 따라 제조법이 다양하다. 프랑스 원산인 리예트(Rillettes)는 돼지 삼겹살이나 어깨살을 사각으로 썰어 염지한 후 낮은 불에서 아주 연해질 때까지 4~10시간 정도 조리한다. 조리후 고기를 섬유상으로 찢어서 데운 지방과 잘 섞는다. 이것은 빵에 발라먹는다.

(2) 국내 고기제품의 종류

축산물 위생관리법의 "축산물의 기준 및 규격"은 식품의약품 안전처의 식품공전에 기술되어 있다. 식품공전에 의하면 "식육가공품 및 포장육이라 함은 식육 또는 식육가공품을 주원료로 하여 가공한 햄류, 소시지류, 베이컨류, 건조저장육류, 양념육류, 식육추출가공품, 식육함유가공품, 포장육을 말한다."고 정의를 내리고 있다. 여기에서 식육이란 식용을 목적으로 하는 가축(소, 말, 양, 산양, 돼지, 사육 멧돼지, 닭, 오리, 사슴, 토끼, 칠면조, 거위, 메추리, 꿩)의 지육, 정육, 내장 및 기타 부분을 말한다. 지육이란 머리, 꼬리, 다리 및 내장 등을 제거한 도체(carcass)를 말한다. 정육이란 지육으로부터 뼈를 분리한 고기를 말한다. 내장은 식용을 목적으로 처리된 간, 폐, 심장, 위장, 췌장, 비장, 콩팥 및 창자 등을 말한다. 기타부분이란 식용을 목적으로 도살된 가축으로부터 채취, 생산된 가축의 머리, 꼬리, 다리, 껍질, 혈액 등 식용이 가능한 부위를 말한다.

❶ 햄류

식육 또는 식육가공품을 부위에 따라 분류하여 정형 염지한 후 숙성, 건조한 것, 훈연, 가열 처리한 것이거나 식육의 고깃덩어리에 식품 또는 식품첨가물을 가한 후 숙성, 건조한 것이거나 훈연 또는 가열처리하여 가공한 것을 말하며 다음과 같이 분류한다.

- ㉮ 햄   식육을 부위에 따라 분류하여 정형 염지한 후 숙성·건조하거나 훈연 또는 가열 처리하여 가공한 것을 말한다(뼈나 껍질이 있는 것도 포함한다).

- ㉯ 생햄   식육의 부위를 염지한 것이나 이에 식품첨가물을 가하여 저온에서 훈연 또는 숙성·건조한 것을 말한다(뼈나 껍질이 있는 것도 포함한다).

- ㉰ 프레스햄   식육의 고깃덩어리를 염지한 것이나 이에 식품 또는 식품첨가물을 가한 후 숙성·건조하거나 훈연 또는 가열 처리한 것으로 육함량 75% 이상, 전분 8% 이하의 것을 말한다.
  프레스햄은 햄류로 분류될 성질의 제품이 아니고 오히려 비소시지 제품의 재구성육 제품의 일종임에도 불구하고 여기에 속하게 한 것은 서양에서 햄이라고 부르는 제품의 정의를 모르는 상태에서 무리하게 분류한 결과라 생각된다.

❷ 소시지류

식육이나 식육가공품을 그대로 또는 염지하여 분쇄 세절한 것에 식품 또는 식품첨가물을 가한 후 훈연 또는 가열 처리한 것이거나, 저온에서 발효시켜 숙성 또는 건조 처리한 것이거나, 또는 케이싱에 충전하여 냉장·냉동한 것을 말한다.(육함량 70% 이상, 전분 10% 이하의 것).

㉮ 소시지   식육(육함량 중 10% 미만의 알류를 혼합한 것도 포함)에 다른 식품 또는 식품첨가물을 가한 후 숙성·건조시킨 것, 훈연 또는 가열처리한 것 또는 케이싱에 충전 후 냉장·냉동한 것을 말한다.

㉯ 발효소시지   식육에 다른 식품 또는 식품첨가물을 가하여 저온에서 훈연 또는 훈연하지 않고 발효시켜 숙성 또는 건조 처리한 것을 말한다.

㉰ 혼합소시지   식육(전체 육함량 중 20% 미만의 어육 또는 알류를 혼합한 것도 포함)에 다른 식품 또는 식품첨가물을 가한 후 숙성·건조시킨 것, 훈연 또는 가열 처리한 것을 말한다.

❸ 베이컨류

돼지의 복부육(삼겹살) 또는 특정부위육(등심육, 어깨부위육)을 정형한 것을 염지한 후 그대로 또는 식품 또는 식품첨가물을 가하여 훈연하거나 가열 처리한 것을 말한다.

❹ 건조저장육류

식육을 그대로 또는 이에 식품 또는 식품첨가물을 가하여 건조하거나 열처리하여 건조한 것을 말한다(육함량 85% 이상의 것).

❺ 양념육류

식육 또는 식육가공품에 식품 또는 식품첨가물을 가하여 양념하거나 이를 가열 등 가공한 것을 말한다.

㉮ 양념육   식육이나 식육가공품에 식품 또는 식품첨가물을 가하여 양념한 것이거나 식육을 그대로 또는 양념하여 가열처리한 것으로 편육, 수육 등을 포함한다(육함량 60% 이상).

㉯ 분쇄가공육
제품
식육(내장은 제외한다)을 세절 또는 분쇄하여 이에 식품 또는 식품첨가물을 가한 후 냉장, 냉동한 것이거나 이를 훈연 또는 열처리한 것으로서 햄버거패티·미트볼·돈가스 등을 말한다(육함량 50% 이상의 것).

㉰ 천연케이싱 돈장, 양장 등 가축의 내장을 소금 또는 소금용액으로 염(수)장하여 식육이나 식육가공품을 담을 수 있도록 가공처리한 것을 말한다.

❻ 식육추출가공품

식육추출가공품이라 함은 식육을 주원료로 하여 물로 추출한 것이거나 이에 식품또는 식품첨가물을 가하여 가공한 것을 말한다.

❼ 식육함유가공품

식육을 주원료로 하여 제조·가공한 것으로 식육가공품 유형 ❶~❻에 해당되지 않는 것을 말한다.

(3) 저장성과 다양성의 발효 육제품

식품발효의 역사는 고고학적으로 기원전 1만 3,000년경의 이스라엘 근처에서 발견된 맥주 찌거기에서 최초로 찾을 수 있고, 다음은 기원전 7,000~6,600년의 중국에서 발견된 술 생산 증거에서 보여준다. 발효육제품은 인류 역사를 통해 높이 평가받아온 식품으로서 전 세계적으로 여러 지역에서 전통의 일부로 문화와 지리적 특징을 제공하는 식품으로 인식되어왔다. 고기 발효의 시작도 대륙별로 역사 속에서 찾을 수 있겠지만 유럽에서는 로마시대에 건조발효 소시지가 제조되었다는 기록이 있다. 발효소시지의 기술은 켈트(Celt) 및 골(Gaul)족이 개발한 건조 햄 제조 기술에 기반한다. 로마시대에 남부유럽과 지중해 지역이 기후가 온화하고 건조하여 발효 소시지를 제조하기 시작한 지역으로 알려진다. 시대의 변천에 따라 나라마다 발효 소시지 제품은 원료, 형태, 직경, 가공조건 등의 차이에 따라 다양성을 더해 왔다. 원료육도 돼지고기와 소고기에서 말고기, 당나귀 고기, 사슴고기, 닭고기, 타조 고기 등으로 다양화되었다. 건조발효 소시지는 로마 군대를 통하여 확산되기 시작한 것으로 알려지고 이후 북유럽, 아메리카 대륙, 호주 등 타 대륙으로 전파되었다. 한편 아시아 지역에서는 2,500년전에 중국에서 기록이 있고, 태국, 발리 등에서도 오래전부터 발효육 제품들이 제조되어 왔다.

전세계적으로 수백 종류의 다양한 발효육 제품들이 있다. 제품 특징들은 지리적 조건에 의해 좌우된다. 따라서 나라마다 다양한 이름과 다양한 제조과정을 이용하며 그 나라의 전통제품으로 자리잡고 있다. 여기에서는 발효 소시지에 국한하여 이야기하고자 한다. 터키의 수죽(Sucuk), 헝가리의 쌀라미(Salami), 오스트리아의 칸트불스트(Kantwurst), 중국의 랍청(Lap cheong), 이탈리아의 밀라노 쌀라미(Milano salami), 미국의 서머소시지(Summer sausage), 그리스의 쌀라미 아에로스(Salami aeros), 멕시코의 쪼리소(Chorizo), 스페인의 쌀치촌(Salchichon)과 푸엣(Fuet), 프랑스의 로젯(Rosette), 독일의 테부스트(Teewurst)와 멧부스트(Mettwurst), 캐나다와 미국의 페퍼로니(Pepperoni) 등은 널리 알려진 예들이다.

현대 발효소시지는 세 가지로 구분한다. 4주에 걸쳐 건조 숙성하여 조직이 단단하고 신맛이 약하고 짠맛이 강한 것과 소시지 직경에 따라 7~28일에 걸쳐 건조숙성하여 반건조된 신맛이 강하고 조직이 무른 것이다. 그리고 아예 건조하지 않은 것이다. 다양한 발효 소시지들은 각기 다른 기술과 배합비로 제조되지만 공통적인 것은 정육과 지방으로 구성되고 발효 미생물을 풍부하게 함유하고 있어 실온에서 저장이 가능하다는 것이다. 이용되는 원료육은 적색육인 소고기와 돼지고기가 가장 일반적이지만 닭고기나 양고기, 염소고기, 혹은 히말라야 지역에서처럼 야크(yak) 고기도 이용된다.

북유럽 발효소시지는 신맛이 강하고(pH 5.0 이하) 지중해식보다 높은 온도에서 훨씬 신속하게 발효시킨다. 지중해식 발효소시지는 완만한 발효과정을 거치며 훨씬 더 건조시키고 숙성시킨다. 종종 강하게 양념을 하거나 소시지 표면에 바람직한 곰팡이가 자라게 한다. 반면에 북유럽식은 곰팡이 성장을 억제하기 위해 훈연을 하는 것이 일반적이다. 이러한 제조공정에서의 확실한 차이는 발효하는 우점 미생물의 종류가 달라지는 결과를 가져온다. 생산되는 발효소시지 종류에 따라 우점하는 유산균(LAB)과 응고효소 음성 포도상구균(CNS) 구성이 상이하여 제품의 특성이 지리적으로 상이하게 된다. 남유럽에서는 Lactobacillus sakei, Staphylococcus xylosus, S. equorum 이 우점균이고 북유럽에서는 Pediococcu와 S. carnosus 가 우점균으로 보고된다. 따라서 제조공정과 우점 미생물의 다양성으로 인해 이탈리아에서는 제노아 쌀라미(Genoa salami)같은 건조하고 맵고 양념이 강한 소시지가 발달하고 추운 북유럽에서는 훈연과 가열이 강조된 독일식 비건조 혹은 반건조 소시지, 투링거(Thuringer) 레바논 볼로니(Lebanon bologna), 세벨랏(Cervelat) 등이 생산된다. 더욱이 발효소시지는 원료육의 종류, 사용되는 부위, 지방의 분쇄정도, 케이싱의 종류 및 형태, 건조 정도, 훈연여부 등 제조과정의 변이에 따라 다양한 제품이 생산되어 스페인의 경우 최소 50여 종, 독일에서는 350종 이상이 생산되고 있다. 아시아 지역에서 생산되는 종류는 유럽식에 비해 지방함량이 낮은 것이 특징이다.

(4) 다양성과 간편성의 상징, 소시지

냉장기술이 발달되지 않은 시대에 저장의 역할을 담당한 건조 발효 고기 제품은 가공이라는 차원에서 전 세계적으로 다양함을 이미 앞 장에서 살펴보았다. 식품 요리는 한 가지 원료를 다양한 방법으로 요리하거나 한 가지 방법을 이용하여 다양한 원료를 활용하는 경우가 있다. 일반적으로 원료가 부족한 경우에는 전자의 방법을 많이 사용한다. 우리나라는 역사적으로 식육자원이 풍부하지 못하여 저장이라는 측면에서의 식육가공은 매우 단순하였고 오히려 요리 측면에서 다양한 방법이 활용되었다. 더욱이 다양성의 차원에서조차 식육가공의 역사는 일천하므로 본 장에서는 간편성과 다양성을 외국의 소시지 냉장제품을 위주로 기술하고자 한다.

소시지는 고기를 비롯한 여러 가지 재료를 양념과 함께 혼합하여 케이싱에 담은 것을 말한다. 소시지(sausage)라는 단어는 라틴어 salsus에서 유래한다고 한다. 글자 그대로 "소금에 절인"의 의미이다. 소시지 역사를 보면 기원전 3100년경에 메소포타미아 지역의 스메르인들이 전장에서 다친 말고기를 이용하여 처음 만들었고 이후에는 사자, 소, 멧돼지, 사슴, 가젤, 독수리 고기까지도 이용하였다. 이후 기원전 1000년경에 터키에서 수죽(Sujuk)이 소고기에 옻나무잎 분말(sumac), 큐민, 마늘, 후추, 소금 등을 혼합하여 만들었고, 기원전 580년경에는 중국에서 만들어 이후 랍청(Lap cheong) 소시지의 원조가 되었다. 1300년경에 북아프리카에서 메르게즈(Merguez)소시지가 양고기나 소고기를 이용하여 만들어졌고, 1313년에는 독일에서 브랏부스트(Bratwurst), 1376년에 이탈리아에서의 모타델라(Mortadella)소시지, 1484년에 독일의 프랑크푸르터(Frankfurter), 1600년에 스페인의 쪼리소(Chorizo), 1800년경의 폴랜드의 킬바사

(Kielbasa), 1830년의 잉글랜드의 세이블로이(Saveloy)소시지, 그리고 1903년에 프랑스의 치폴라타(Chipolata) 소시지로 이어진다. 가장 오랜 기록은 기원전 1500년경에 바빌로니아인들이 발효를 이용하여 소시지를 제조하였고, 그리스 시인 호머(Homer)가 약 2,800년 전에 쓴 오디세이(Odyssey)에서 소시지를 굽는 이야기가 나오는 것이다. B.C. 500년경에 에피차머스(Epicharmus)가 쓴 희곡 Orya에서 그리스어로 소시지의 의미인 oryae가 언급되고 BCE 423년에 아리스토페인(Aristophanes)이 쓴 희곡에서도 소시지가 언급이 되고 있다. BCE 5 세기경의 문헌에는 salami에 대한 이야기가 나오며 CE 228에 나온 가장 오래된 요리 책에는 소시지에 대해 언급하고 있다. 국내에서는 1670년 경에 쓰여진 "음식디미방"에 삶은 개고기를 여러 가지 음식재료와 섞어 개 창자에 넣어 만드는 "개장"이 기술되어 있어 소시지의 효시로 보고 있다. 우리가 요새 먹는 순대라는 단어는 1800년대의 "시의전서"에 처음으로 나타나고 있다.

  유럽의 소시지는 크게 세 가지 부류로 나눈다. 프랑스, 독일 그리고 이태리. 잉글랜드, 스코틀랜드 및 웨일즈를 묶어 네 번째 부류. 다섯 번째 부류는 덴마크, 노르웨이 그리고 스웨덴을 포함한다. 하지만 소시지는 유래가 어느 곳이던 간에 현재는 다양한 나라에서 그 지역에 적합하게 변형되어 제조된다. 유럽은 예를 들면 벨기에에서 생산되는 kabanos는 폴란드에서 유래하였고, 동부유럽 소시지인 kolbasa는 미국에서 생산되고 frankfurter는 전세계적으로 생산된다. 그러나 1871년 전까지는 독일, 오스트리아, 동부유럽에는 국가가 존재하지 않았으므로 소시지의 기원을 특정 국가로 지명하는 것은 쉬운 일이 아니다.

  독일인은 소시지를 무척이나 좋아하여 일인당 연간 소비량은 세계에서 제일 많고 종류도 다양하여 1,500개 이상의 wurst를 가지고 있다. 10월은 전통적으로 소시지 축제가 벌어져 Oktoberfest가 독일뿐만 아니라 미국의 독일 이민이 많은 텍사스 및 위스컨신 주에서 벌어진다. 독일과 오스트리아 소시지는 Brühwurst(데친 소시지), Rohwurst(생 소시지), 그리고 Kochwurst(가열 소시지)의 3종류로 구분한다. 데친 소시지는 제조업자가 데치며 데치기 전에 가볍게 훈연한다. 이들은 냉장을 해야한다. Frankfurter, bockwurst 및 bierschinken 소시지는 이 부류에 속한다. 이들은 먹기 전에 삶거나 찌거나 혹은 깡통속에서 가열된다. Bratwurst는 튀기거나 구워 먹는다. 생 소시지는 그냥 보관이 가능한 제품으로서 염지하고 풍건 및 훈연과정을 거친다. Salami, mettwurst, landjaeger, plockwurst, teewurst 등이 여기에 속한다. 이들은 대부분 먹기 전에 슬라이스를 하지만 종류에 따라서는 빵에 발라먹기도 한다. 가열 소시지는 글자 그대로 익힌 소시지이다. 이것은 단지 데친 정도가 아니고 장시간 동안 삶거나 찐 제품으로서 냉장을 해야한다. 다양한 liver 소시지, 흑색 및 백색 pudding 등이 이에 속한다. 이것은 반죽속에 덩어리 고기를 넣어 만들기 때문에 zungenwurst에는 혀, Berliner rotwurst에는 베이컨이 들어 있다. 제품에 따라 슬라이스, 혹은 발라먹는 형태이며 데우지 않고 그냥 차게 소비된다. 독일의 소시지는 법적으로 곡류를 함유할 수 없다. 독일에서는 소고기가 돼지고기보다 비싸기 때문에 소고기 소시지가 돼지고기 소시지보다 고급으로 취급받는다. 세계에서 가장 다양한 종류의 소시지는 독일에서 볼 수 있다. Munich시의 Maximilianstrasse와 Marienplatz사이의 Dienerstrasse에 소재한 Alois Dallmayr's 상점에 가면 120~130가지의 소시지를 볼 수 있다.

오스트리아식 소시지 제조는 brät(미세하게 다진 소고기, 얼음 그리고 첨가물의 혼합물)를 근간으로 한다. 이것과 다른 고기들을 섞어서 다양한 소시지를 만든다. 오스트리아식 schinkenwurst는 15%, salzburger-wurst는 75%를 사용한다. 오스트리아에는 30가지 이상의 소시지 종류가 있다.

이탈리아의 각 지방은 자신들의 독특한 제품을 가진다. 특히 Emilia의 수도 Bologna 지역에 가면 salami, cacciatori, cotechini, salsiccie, mortadelle 등 각종 소시지를 볼 수 있다. 이탈리아인들은 "젖소는 우유를 생산하고 버터밀크는 돼지가 먹고 돼지는 소시지와 그밖의 제품으로 된다."라고 믿을 정도로 돼지고기를 좋아한다. 따라서 돼지고기 풍미가 느껴질 수 있도록 순 돼지고기 정육에 소금, 후추 및 마늘 이외에는 첨가하지 않고 Parma 햄, capocolla(coppa), salami 등을 생산한다. 이탈리아에서 생산되는 salami, cacciatori, salsiccie, budini, zamponi 등 모든 소시지는 insaccata(케이싱에 넣은 것)이다.

프랑스는 이탈리아와는 달리 다양한 풍미와 조직감을 갖는 수많은 소시지를 생산한다. 즉석제조 소시지(charcuterie)는 프랑스가 얼마나 소시지를 즐기며 다양한 제품을 만들고 있는가를 보여준다. 고대 유럽에는 Gaul로 알려지는 지역이 있었고 그 중심이 프랑스였다. 이 지역에는 너도밤나무와 참나무가 많았고 돼지들은 밤과 도토리를 먹고 때때로 송로(truffle)를 먹고 컸다. 이 돼지고기의 맛이 우수하다는 소문이 난 후에 많은 염지육과 소시지가 로마로 수출되었다.

이베리아 반도 및 남미 소시지: 스페인은 유럽의 다른 지역보다 따뜻하여 식품이 일찍 상한다. 따라서 냉장기술이 보급되기 전에 안전하고 맛있는 소시지를 먹기 위해 양념을 강하게 하고 소금과 식초 그리고 술을 이용하여 저장성을 높였다. 스페인과 포르투갈에는 많은 종류의 소시지가 있으나 대부분이 양념이 강하게 되어 있고 따라서 남미에 있는 여러 나라들도 이들의 영향으로 비슷한 경향을 보인다.

스칸디나비아의 소시지는 바이킹이 유럽의 다른 지역에서 들여왔다. 지역의 기후가 유럽의 다른 지역에 비해 춥기 때문에 양념이 강하고 조직이 단단한 소시지는 자리를 잘 잡지 못하고 조직이 연한 종류들이 정착되었다. 그러나 바이킹의 오랜 바다 여행에 적합한 Göteborg 같은 건조소시지는 여전히 잘 적응하였다. 이 지역의 소시지는 소고기, 돼지고기 그리고 감자를 주된 재료로 하여 만들어진다.

영국제도는 소시지보다 고기 파이(meat pie)를 더 좋아하고 돼지보다는 양이나 소를 더 선호하였기 때문에 대부분이 대륙으로부터 들여왔다. 그러나 소시지는 여전히 아침 식사에 인기있는 음식이다. 전통적인 영국의 소시지는 유럽대륙의 소시지보다 고기함량이 낮고 거칠게 분쇄하여 제조된다. 영국의 소시지제조는 대형 가공회사와 정육점과 파이 상점 주인들의 소규모 제조업자로 구성되어있다.

이스라엘, 터키 그리고 이라크, 아르메니아 지역에서 생산되는 소시지는 아시아보다 동유럽의 영향을 받았다. 그러나 무슬림 국가와 이스라엘은 돼지고기를 먹지 않으므로 돼지혈액이나 내장 케이싱을 이용하는 것이 금지되어 있어 소고기나 양고기 소시지가 주로 이용된다. 아프리카에서는 원래 소시지를 만들지 않지만 널리 퍼져있는 것은 아마도 유럽 특히 네델란드의 영향에서 유래한 것으로 판단된다. 알제리의 merguez는 자생적인 것으로 본다.

비록 돼지는 중국에서 가장 먼저 가축화되었지만 소시지의 다양성은 북유럽을 따라가지 못한다. Lapcheong 이라고 부르는 전형적인 중국 소시지는 조직은 단단하고 건조하며 맛은 달콤하다. 중국 소시지는 분쇄기를 사용하지 않고 돼지고기와 지방을 손으로 세절한다. 이 세절육과 설탕, 소금, 대두, 약간의 보존제와 중국 술을 잘 섞은 반죽을 깔때기를 이용하여 천연 케이싱에 충전한다. 소시지 링크는 뜨거운 숯불 위에서 3일간 건조시킨다. 반면에 태국소시지는 맵고 양념이 강하다. 인도네시아는 돼지고기 소시지를 좋아하는 데 이는 주로 유럽에서 들어온 것들이다. 국내에는 1800년대에 처음으로 순대가 문헌에 나타났으며 조선조 숙종 초기 1670년경에 쓰인 "음식디미방"이라는 문헌에서는 개장이라는 용어로 개고기 순대가 기술되고 있다. 이러한 순대는 돼지고기 순대와 개고기 순대, 동태 및 오징어 순대가 있고 나머지는 모두 서양에서 들어온 것들이다. 다른 아시아 국가들은 대부분이 소시지를 만들지 않고 돼지고기를 요리해 먹는다.

미국 그리고 호주는 극동과 유럽의 최고의 소시지를 생산한다. 미국에서는 250여종의 소시지가 생산되며 대부분이 유럽과 아시아에서 유래하는 것들이다. Frankfurter와 wienerwurst는 독일과 오스트리아에서, salami는 이태리에서, medvurst는 스웨덴에서, kielbasa는 폴랜드에서, chorizo는 포르투갈과 스페인에서 유래한 것이다. 미국에서 개발된 유일한 소시지는 Lebanon Bologna 이다. 미국에서는 소시지를 신선(Fresh) 소시지, 가열(Cooked) 소시지, 훈연(Fresh Smoked) 소시지, 가열 훈연(Cooked Smoked) 소시지, 건조 및 반건조(Dry and Semidry) 소시지로 분류한다. 신선 소시지는 주로 돼지고기와 소고기로 만들며 가열이나 훈연을 전혀 하지 않으며 항상 냉장하여야 하고 먹기 전에 꼭 익혀야 한다. 훈연 소시지는 이름이 암

시하는 것처럼 신선 소시지를 단지 훈연만을 한 것으로, 냉장하여야 하고 먹기 전에 꼭 익혀야 한다. 가열 소시지는 소시지를 만들어 훈연은 하지 않고 익힌 것으로, 냉장을 하여야 하며 차게 혹은 데워 먹을 수 있다. 가열훈연 소시지는 가열하며 훈연시킨 소시지로, 차게 혹은 데워 먹을 수 있다.

2) 간편성

간편성은 현대 식품시장의 기본이다. 이것은 소비자들이 쇼핑행태에 덧붙인 생활형태, 품질평가, 환경적 관심에 관련된 구매 동기 등에서 보여주는 주된 추세의 하나이다. 전통적으로 식품의 간편성은 에너지, 시간, 노동력 그리고 재료를 얻거나 손질, 소비하는 데에 간편하도록 산업적으로 가공을 통해 이루어진다. 간편성은 생산현장에서 식탁까지의 식품의 흐름 즉, 재료구입, 손질, 조리, 음식마련 및 음식물 쓰레기 처리까지의 과정에서 요구되는 소비자의 육체적 및 정신적 부담을 경감시키는 것을 의미한다. 어떤 음식은 심지어 일상활동 중에, TV를 시청하면서, 책상에서 일을 하면서, 혹은 전화통화를 하면서 아니면 걸어가면서 힘 안 들이고 소비할 수 있기를 기대한다.

간편성을 추구하도록 하는 동인은 여성의 취업, 독신가구 혹은 소가구의 증가, 가족간 서로 다른 식사시간, 가사노동 과다, 주부의 조리 지식이나 솜씨의 저하, 개인주의 및 가성비에 집중하는 충동적 소비자중심주의, 스트레스 감소 그리고 시간 절약 등 생활스타일의 변화이다. 서양에서 과거 20세기 중반에는 주부가 음식 준비에 소비하는 시간이 일일 45분~2시간 반이었으나 현대에는 일일

평균 30분 이하인 것으로 보고된다. 따라서 특히 고기가 주식인 서양 소비자들에게는 신선육이나 가공 육제품을 이용하는 데에서의 간편성은 매우 중요한 결정요인이다.

　고기제품의 간편성은 가정단계에서 상당한 저장기간과 더불어 조리준비 노력을 최소화하는 기술적 가공을 통해 이루어지고 있어 즉시 소비할 수 있도록 준비된 제품들이 널리 보급되어 현재의 소비관행에 중요한 요소가 되었다. 고기는 개인적 및 문화적 수준에서 가장 다차원적 식품이기 때문에 간편성은 가격, 입수가능성, 선택, 지속가능성, 안전성, 건강 및 윤리, 그리고 위안, 즐거움, 안심, 친숙함 등과 같은 정신적 과정까지 포함한 다양한 주제와 연관되어 있다. 이 복잡한 범위는 지육을 해체하여 냉장, 냉동, 소매포장, 조리, 음식으로 전환하는 과정과 접촉하지 않게 하는 정신적 격리의 요구와도 연결된다. 간편성에 대한 기대는 소비자의 우세한 가치관과 태도와 관련된 문화와 생활 스타일에 집중되어 있다. 예를 들면, 스페인 사람들은 친구와 가족과 함께 음식을 먹는 것을 좋아하기 때문에 전통적인 정육점에서 신선육을 구입하는 것에 여전히 관심이 많다. 그러나 서서히 슈퍼마켓이나 하이퍼마켓에서 구입하는 경향이 커지고 있다. 또한 요리에 관여하고 싶어하지 않는 소득이 낮은 젊은이나 교육수준이 높은 남성들은 양고기 신선육의 간편성을 중요하게 여기지만 반면에 직접 요리를 하기를 좋아하는 전통적이고 모험심이 있는 소비자들은 그렇지 않다. 따라서 거주하는 곳, 나이, 교육수준이 성별, 소득보다 양고기의 간편성을 예측하는 데에는 효과적이었다.

(1) 생산 단계: 입수가능성 및 구입능력

인간이 수렵을 통해 어렵게 고기를 확보하던 시대가 신석기 시대의 농업을 시작으로 좀 더 간편하게 변하였다. 야생동물을 가축화하여 사육함으로써 동물을 사냥하여 고기를 마련하는 과정이 사육하여 도살하고 고기를 마련하는 방식으로 전보다 훨씬 수월하고 간편해졌다. 이것은 고기의 입수 가능성이 신석기 시대로부터 근본적으로 변화하였다는 것을 의미한다. 로마시대에는 소비자를 위해 시장에서 고기를 판매하였다. 19세기 중반이 지나서 거대 집약 축산의 발달로 고기의 생산과 공급이 비약적으로 발전하였다. 철도운송의 발달로 값싼 사료곡물의 장거리 운송이 가능해지고 대량 공급되어짐으로써 미국이나 네델란드, 덴마크 등지에 공장형 축산농장 운영이 가능해졌고 이를 통한 집단 식육 생산공장이 확립되어 고기의 대량생산의 시대가 시작되었다. 19세기 후반에 들어서 도시인구가 증가하면서 고기수요의 증가로 호주 등지에서 값싼 냉동육이 유럽으로 수입되었다. 현대의 선진국에서는 그 어느 때보다도 간편하게 확립된 대형 소매점 및 온라인 유통망을 통하여 고기의 입수가능성은 양적으로나 계절적으로 전혀 거침이 없다. 그러나 아프리카나 아시아의 중저소득 국가에서의 상황은 다르다. 구입시 간편성은 비용이 수반되지만 과거보다 고기 가격이 상대적으로 저렴해져 소비자들의 간편성 선호추세는 고기기반의 즉석식품의 판매증가로 나타난다.

(2) 유통 단계: 저장성

가축화를 통한 고기의 공급은 도살의 계절성으로 인하여 고기의 저장이 필요해진다. 결과적으로 염장, 발효, 건조, 훈연 등과 같은 경험적인 저장기술의 발달을 가져왔다. 이러한 저장기술을 이용하여 가공된 고기들은 역사적으로 다양한 분야에서 활용되어 그 목적을 달성하도록 도와주었음은 주지의 사실이다. 저장에서의 간편성이 도입된 것은 1809년에 발명된 통조림이다. 비록 얇은 철판의 개발과 캔오프너의 발명으로 고기 통조림은 널리 보급되었지만 20세기 전까지 고가로 인해 통조림의 대량 판매는 이루어지지 못했다. 고기 통조림은 간편성과 장기저장성으로 인해 전쟁중 널리 이용되었다. 포장기술의 발전은 진공포장, 가스치환 포장, 고산소 포장 등을 이용하여 신선육의 부패를 지연시키거나 색깔이 선홍색으로 나타나게 할 수 있게 하였다. 포장기술의 혁신은 저장기간을 연장시키면서 동시에 포장 개봉과 재밀봉을 쉽게 하거나 포장지의 투명성을 향상시키거나 환경친화적 포장지를 이용하여 간편성을 향상시킨다. 또 다른 혁신적인 포장은 전통오븐이나 마이크로웨이브 오븐에서 이용할 수 있는 것, 고기의 육즙손실을 최소화하는 포장 등의 간편성과 품질관리 효과를 가져오는 것들이다. 고기 유통 단계에서의 간편성은 현대 소비자 구성에 따른 유통 제품의 포장크기의 다양성을 반영하는 측면이 특히 두드러진다.

(3) 음식 준비 단계

고대 그리스 및 로마 시대에 이미 요리사를 고용하였다는 기록이 있다. 가공육 산업계는 19세기 후반 및 20세기 초반에 조리식품을 확대하였다. 냉동조리식품이나 TV 디너 등과 같은 고기기반 식품은 그 간편성으로 인하여 2차 세계대전이후 노동을 하는 주부들에게 대단한 환영을 받았다. 1980년대 후반에 미국가정의 90%에 전자레인지가 보급되어 전자레인지에서 단순히 데워먹거나 간편조리

식품이 시판되었다. 닭고기의 경우 미국에서 1960년대에는 생통닭(RTC)으로 유통되는 것이 80%이던 것이 이제는 거의 추가가공을 통해 간편한 제품으로 유통된다. 또한 간편성과 즐거움을 제공하기 위해 요리에 필요한 모든 재료를 반가공포장(meal assembly)하여 제공함으로써 가정에서 쉽게 조리를 할 수 있게 되었다. 바비큐 제품이나 양념에 재운 갈비나 스테이크 제품과 같이 일반적으로 사전양념을 하여 포장판매함으로써 소비자가 구입하여 가정에서 가열하면 간편하게 식사에 이용할 수 있는 것들이 대부분이다. 소시지 제품도 신선소시지를 포장하여 판매함으로써 소비자들은 구입 후 가열하여 간편하게 소비할 수 있다.

(4) 소비단계

다양한 전통 가공방법을 통해 저장성이 우수한 즉석소비 제품들이 공급된다. 염지햄, 파스트라미, 발효소시지, 쌀라미, 페퍼로니, 저키 등이 여기에 속한다. 사전에 슬라이스한 후 포장을 하여 유통함으로써 소비자들이 간편하게 이용할 수 있게 한다. 나아가서는 즉석식품으로 조리육, 햄버거, 핫도그, 소시지 등도 제공한다. 소시지의 경우 조직이 부드럽고 저작에 힘이 많이 소요되지 않기 때문에 간편하고 소비가 수월한 제품으로 인기가 있다. 신선육 제품으로는 소비가 간편하고 먹기 수월하게 사전에 발골하고 힘줄 및 결체조직을 제거하여 제품으로 제공한다. 또한 소비자 영양과 건강을 고려하여 지방, 콜레스테롤, 소금 함량을 줄인 간편 제품을 공급한다. 그러나 나라에 따라 소비자들이 건강을 위해 맛을 타협하려 하지 않는 경우가 존재한다.

5편

미래의
고기 소비

미래는 우리가 가는 어떤 곳이 아니고
우리가 창조하는 것이다.
미래로 가는 길들은 발견하는 것이 아니고
만드는 것이다. 그리고 그 길들을 만드는 작업은
만드는 사람과 목적지 모두를 변화시킨다.

John Schaar

사진 5-1. 터키 시장의 양고기 케밥(Kebab)

　1800~1950년대까지 서유럽, 북미 및 호주에서 식품소비에 근본적인 변화가 있었다. 이것은 소득 및 농업생산성의 증가 그리고 식품교역의 증대로 촉발되었다. 그 결과는 전분질 주식에서 동물성 식품, 설탕, 그리고 과채류의 소비증가이었다. 고기를 먹는다는 것은 인간의 우월성 측면에서 문명, 힘, 권력, 안락함, 편의성, 명성, 부유함, 능력 등을 상징함으로써 경제가 발전할수록 그 소비가 증가하였다. 그러나 1960년대에 선진국에서는 식품의 건강에 대한 나쁜 영향을 두려워하여 설탕, 동물성 지방 그리고 유제품 소비가 감소하기 시작했다. 반면에 개발도상국들의 일부에서는 소득수준이

향상됨으로써 식품소비 경향이 과거 선진국 형태를 닮아가기 시작했다. 전 세계적으로 개도국들의 도시화 증가와 소득증대로 인하여 축산물 소비는 증가할 것이지만 선진국을 중심으로 지구환경과 동물권리, 그리고 소비의 양극화에 관련하여 축산물 소비를 줄이자는 운동이 확산되고 있다, 또한 축산물 과다 소비에 의한 순환계 질환의 증가로 건강을 염려하는 소리가 커지고 채식주의를 선호하는 소비자들이 증가하는 추세를 고려한다면 고기 소비의 미래는 결코 순탄치만은 않을 것 같다.

　인간은 존재의 사슬(Chain of Being)에서 다른 존재보다 우월하다는 전제를 망설임없이 받아들인다면 다른 동물을 사냥하거나 도살하여 소비하는 행위는 지속될 것이다. 인류문명은 글자 그대로 자연의 정복과 동의어이다. 문명이 발전이라는 허울을 쓰고 진화하는 한, 인간의 자연 정복은 계속 진행될 것이고 축산을 통한 축산물 공급은 여전히 동물복지 차원에서의 논쟁을 불러일으킬 것이다. 가축사육을 위한 다량의 곡물 생산은 여전히 개도국의 식량부족을 악화시킬 것이고, 집약축산으로 인한 지구환경 파괴와 소비의 양극화 측면에서의 문제는 여전히 우리가 해결해야 할 숙제이다. 따라서 선진국이 당면하고 있는 고기 소비감소라는 문제에 대해 두 손 놓고 앉아서 변화의 물결이 다가오기만 기다렸다가 그 상황에 대처하거나 적응하려고 노력하는 수동적인 자세를 취할것인가 아니면 적극적으로 고기 소비의 미래를 만들어 갈 것인가는 모두 우리 자신에게 달려있다.

⑪ 소비자 요구와 기술적 진보

세계 고기소비는 지난 20년간(2018년 기준) 58%가 증가하였다. 인구증가는 이 증가의 54%를 담당했고 나머지는 개인당 소비증가에 기인했다. 개인당 소비량은 소득증가와 소비자 선호의 변화에 영향을 받는다. 지난 20년간의 세계 고기소비 증가의 85%는 개발도상국에서 발생했다. 이 중의 상당 부분은 아시아, 특히 중국을 중심으로 발생했다. 전세계적인 고기소비 증가와 이에 따른 가축생산 증가는 인간 건강을 해치고, 항생제 내성 병원균들의 발생과 확산을 부추기며, 온실가스생산과 환경훼손의 주요 근원이 되고, 동물학대를 부추기는 공장식 축산을 확대하는 원인이라고 지탄을 받고 있다. 이에 따라 서양 선진국 소비자들은 고기소비를 줄이자는 운동을 펼치고 있다. 이에 대한 대안으로 채식권장과 식육 대체식품의 개발이 제시되고 있다.

1) 소비자의 요구

고기는 인간이 섭취하는 단백질 중에서 약 1/4 정도를 차지하며, 다른 식품들에 비해 필수아미노산들이 고르게 함유된 고품질 단백질일뿐 아니라 인체에 필수적인 여러 지방산 및 미량 비타민, 광물질 등을 인간에게 공급하는 주요 식량자원이다. 고기의 섭취는 신체발달 및 유지에 있어서 중요한 역할을 수행하며, 문화적, 사회적 및 개인의 기호와 연관되어 있어 그 가치는 향후에도 줄어들지 않

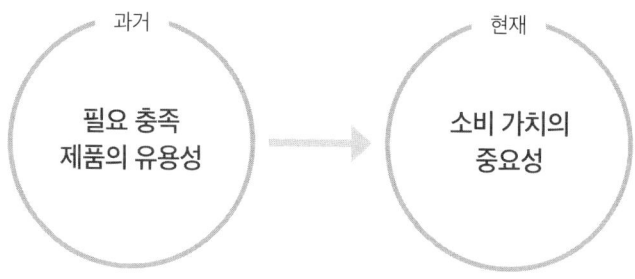

그림 5-1. 축산물 소비에 대한 소비자의 인식 변화

을 전망이다.

축산업이 크게 발전하여 육류 생산량이 늘어나기 이전, 육류의 섭취가 주로 인간의 생존과 영양 공급을 위하여 이루어졌다면 지금은 단순한 음식의 섭취가 아닌 보다 건강하고 잘 살기(well-being) 위한 수단으로서의 육류의 소비가 증가하고 있는 추세이다(그림 5-1). 비만, 심혈관질환, 암 등 식육이 건강에 미치는 유해성과 관련한 우려가 증가하고 있는 추세지만 그 과학적 근거는 여전히 부족하고 결론에 도달하기 위해서는 식육의 종류, 조리방법, 지역, 식문화 등에 따른 다양한 역학적 연구가 필요하다. 건강식 위주의 식단을 찾는 소비자가 늘어나고 이에 따라 기존 집약식 축산을 벗어나 잘 관리된 가축에서 유래된 육류를 선호하는 소비자가 증가하고 있고 이는 생명존중 사상과 더불어 동물복지 기반의 축산업 발전에 기여하고 있다.

유엔식량농업기구(FAO)의 보고에 따르면, 2050년 전세계 인구는 약 97억명에 육박할 것으로 예상되며 이에 따라 미래 육류의 수요는 약 4.5억톤에 도달할 것이라 보고되고 있다. 특히 개발도상국의 경우 경제 발전에 따라서 미래 식육의 소비가 크게 증가할 것으로 예측되며 이에 따라 급증하는 육류의 수요를 충당하기 위해 매년 식육 공급량을 점차 늘려가야 하는 실정이다.

이와 같이 증가하고 있는 육류의 수요에 맞추어 식육 공급량을 늘리는 방법으로 크게 가축의 사육을 통한 증산과 육류 대체식품 개발을 들 수 있다. 이 중 가축의 사육을 통한 식육의 생산은 그동안 전통적으로 이루어지던 방법으로 지속적 발전을 통하여 우수한 품질의 식육을 인류에게 공급하여 왔고 현재까지 요구되던 대부분 육류의 수요를 충족하여 왔다. 그러나 토지, 물 등 지구상 자원의 한계와 온실가스 생산 등 환경적 문제로 인하여 가축의 사육만을 통해 미래 육류의 수요를 모두 충당하기에는 어려움이 있을 것으로 예상된다. 또한 사료용 곡물의 수요가 증가함에 따라 가축의 사육에 소요되는 생산비도 점차 늘어나고 있어, 전통적인 방법으로 생산한 식육은 가까운 미래에 고가의 식량자원으로 자리 잡으리라 예상된다. 이에 따라 앞으로도 지속가능하고 경제적인 가격의 단백질 공급원 마련이 당장 시급하며 그 해결책으로서 식육 대체식품 개발

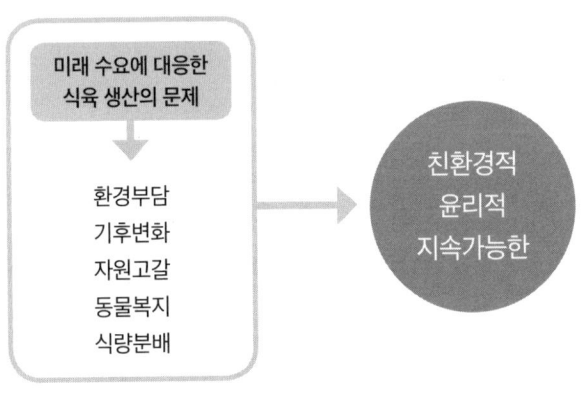

그림 5-2. 식육 대체식품·소재의 등장

의 필요성이 대두되고 있다. 현재 식물성 식육 대체식품, 식용곤충, 배양육 등이 가장 대표적인 대체단백질 소재로 주목받고 있는 실정이며, 향후 가축의 사육을 통한 식육 증산과 식육 대체식품 개발 및 생산은 서로 상호보완적인 관계에서 인간에게 필수적인 영양, 특히 단백질을 공급하는 식량자원으로 활용되리라고 기대하고 있다.

최근, 미래 지속가능한 축산업, 동물복지, 환경보호 등의 키워드를 중심으로 위에서 언급된 대체단백질 소재 개발이 전 세계적으로 주목받고 있다(그림 5-2). 각 대체단백질 소재들은 식물 유래 단백질, 마이코프로테인(mycoprotein)과 같은 미생물 유래 단백질, 식용곤충, 세포배양기술로 제조한 근육 단백질 등을 이용하여 소비자들에게 새로운 단백질 공급자원에 대한 선택의 폭을 넓혀줄 수 있으며 향후 가축의 사육을 통한 전통적 축산과 함께 서로 상호보완적인 관계(그림 5-3)에서 인간에게 필수적인 영양, 특히 단백질을 공급하는 방안으로 활용될 것으로 생각된다. 환경적 문제를 우선적으로 고려한다면 혼합육(hybrid meat) 제품, 식물성 식육 대체식품, 유기·친환경육

그림 5-3. 미래 식육과 식육 대체식품의 관계

그리고 곤충 단백질이 전통적인 고기의 대체품이 될 수 있다. 또 다른 해결방법으로는 고기소비를 줄이거나 환경 위해가 가장 낮은 고기(닭고기) 혹은 지속가능한 양식어의 소비를 늘리는 것이다. 그러나 최선의 선택은 식물성이나 곤충 단백질을 이용하는 것이다.

2) 식육 대체식품

(1) 식물성 식육 대체식품

식물성 식육 대체식품이란 동물성 식품을 대체하기 위하여 식물성 원료를 이용하여 만든 대체단백질 소재를 의미하며 현재 육류 대체식품 시장에서 가장 큰 비중을 차지하고 있다. 주로 밀 글루텐 및 대두단백질이 식물성 식육 대체식품의 주요 원료이며 그 외에도 완두콩, 콩, 깨, 땅콩, 목화씨, 쌀, 곰팡 등을 이용하고 있다. 그 중 대두단백질이 단백질 함량이 높고 고기와 질감이 비슷하기 때문에 식물성 버거 패티, 너겟, 소시지, 미트볼 등을 만드는 데에 가장 많이 이용되고 있다. 사실 식물성 단백질 식품은 인류 역사상 매우 오래된 제품이다. 두부가 CE 965년에 처음 소비되었다고 기록되어 있고 밀 글루텐(wheat gluten)이나 유바(yuba), 템페(temphe) 등도 서로 다른 나라 지역에서 섭취하기 시작하였다. 이미 1888년에 식물성 제품을 육류 대체식품으로 만들기 시작하였다. 그러나 식물성 대체식품은 고기와 사뭇 다른 풍미와 식감으로 기호도가 떨어져 1900년대까지는 시장에서 보다는 건강, 종교 등과 같은 목적이 있는 사람들이나 경제적인 문제가 있을 경우에만 이용되었다. 최근 들어 증가하는 사회적 요구와 지속적인 품질 향상에 대한 노력으로 인해 식물성 대체식품들의 풍미나 식감이 개선되고 있다. 특히

TVP(texturized vegetable protein)의 도입은 이러한 변화를 빠르게 앞당겼다.

고기를 섭취하는 주목적이 영양가라고 본다면 식물성 대체식품 생산에서 가장 먼저 고려해야 하는 것은 고기와 유사한 영양가이다. 일반적으로 식물성 단백질은 동물성 단백질에 비해 라이신, 메티오닌, 시스테인과 같은 몇 개의 필수아미노산이 부족하거나 생체이용률이 떨어져 영양가가 동물성에 비해 낮다. 밀의 경우 8~17.5%의 단백질을 함유하고 있는데 GRAS(generally recognized as safe) 등급으로 식용으로 문제가 없다. 또한 글루텐 단백질은 단백질과 다른 성분들과의 접착력을 증진시키는 성질이 있어 고기를 모사하는 데 매우 유용하게 사용될 수 있는 재료이다. 콩은 35~40%의 질좋은 단백질과 15~20%의 지방, 그리고 30%의 탄수화물로 이루어져 있으며 철이나 칼슘, 아연, 그리고 비타민 B군도 함유하고 있다. 거기에 콩단백질은 재수화율이나 기름흡착력, 유화력, 수분흡착력 등이 뛰어나 식물성 대체식품 생산에 매우 효과적이다.

식물성 식육 대체식품들은 주로 버거 패티나 소시지와 같은 가공된 적육 형태로 생산되며 가장 많이 생산되는 형태는 버거 패티인데, 이는 이러한 형태가 스테이크 형태와 비교하였을 때 기술적으로 덜 복잡하기 때문이다. 식물성 식육 대체식품은 고기의 생화학적 구성과 3차원적 구조에 대한 이해를 바탕으로 현재 거의 고기와 가까운 풍미, 조직감, 외관의 구현이 가능하다.

식물성 대체식품의 풍미나 식감을 개선하기 위해서는 제조공정 중에 다양한 성분들이 첨가되게 된다(표 5-1). 조직감이나 식감을 위해 식물성 단백질의 무정형 구조를 방사법(spinning process), 압출성형공정(thermoplastic extrution), 증기법(steam texturization) 등의 기술을 이용하여 구조화시키는 연구가 진행되었다. 그 중 압출성형공정이 대표적으로 사용되고 있는데 추출한 식물성 단백질을 물과 혼합하여 압출기 내에서 가열하며 높은 압력으로 사출하면 가소성과 신축성을 가지면서 단백질 분자들이 방향성을 갖게 되어 응고되면서 고기와 유사한 종축으로 길게 여러 가닥이 배열되어 있는 구조의 조직을 만들 수 있다. 이렇게 제조한 식물성 단백질을 조직화된 식물성 단백질 즉 TVP라 부른다. 밀 글루텐이나 콩 단백질은 이렇게 TVP로 만들면 외관, 조직감, 맛, 그리고 영양가가 고기와 유사하게 된다. 또한 전분 부산물로부터 곰팡이를 활용하여 단백질을 얻으면 그 구조나 근섬유의 직경이 실제 고기 근육과 유사하다.

고기의 풍미는 주로 근육 내 유리아미노산, 유리지방산, 핵산 관련 물질, 환원당 등 풍미물질로부터 유래되며, 티아민이나 미오글로빈과 같은 성분이 크게 영향을 미친다. 그러므로 식물성 식육 대체식품을 제조할 때 풍미증진제를 첨가해야 한다. 가열과정에서 고기의 휘발성 향기성분을 추출, 농축하여 첨가하거나 식물성 기름(카놀라유, 팜유, 해바라기유 등)으로 풍미와 식감을 높일 수 있다. 또한, 식물성 대체식품은 외관, 특히 색에서도 문제를 발견할 수 있다. 식육의 색은 소비자가 제품을 구매하는 의사결정에 크게 영향을 준다. 따라서 식물성 대체식품을 제조할 때 고기의 색을 모사하기 위해 붉은색을 띄는 비트주스나 토마토를 쓰기도 한다. 그런데 식육의 색은 미오글로빈의 화학적 상태에 따라 선홍색, 적자색 등으로 달라지기도 하고 가열이 끝나면 갈색으로 변화되기도 하기 때문에 항상 붉은 색을 띄지는 않는다. 이를 모사하기 위해 최근에는 고기 내에 존재하는 미오글로빈과 유사한 레그헤모글로빈을 콩과식물 뿌리에서 추출하여 미국 FDA에서 승인받아 사용하고 있다.

표 5-1. 식물성 대체식품 제조공정에서 사용되는 재료

재료	목적	사용량(%)
물	• 재료의 분산 • 유화, 다즙성, 단가	50~80
조직화된 식물성단백질 (TVP)	• 수분결합, 조직감/식감 • 외관, 단백질 강화/영양가 • 식이섬유	10~25
기타 단백질	• 수분결합, 유화 • 조직감/식감 • 단백질 강화/영양가	4~20
향신료/ 풍미물질	• 풍미: 감칠맛, 구운맛, 지방맛, 피맛 등 • 풍미증강 • 곡류풍미 제어	3~10
지방/기름	• 풍미, 조직감/식감 • 다즙성, 갈변화	0~15
결착제	• 조직감, 씹힘성, 수분결합, 섬유소 함량증가	1~5
착색제	• 외관	0~0.5

(Asgar et al. (2010) 참조)

(2) 시장가치 및 한계

고기뿐만 아니라 식물성 소재로 우유, 치즈, 요거트를 모사한 대체식품들도 속속 등장하여 시장에서 높은 성장률을 보이고 있으며 이와 반대로 미국의 경우 동물성 우유나 요거트의 성장은 오히려 감소하는 추세이다(그림 5-4). Nielsen에서 발표한 자료에 따르면 2018년 미국에서 총 식품 소매 판매는 2% 증가에 그친 반면, 식물성 식육 대체식품은 6.8억 달러 규모로 전년도 대비 23% 증가하였다. 현재는 미국과 유럽이 식물성 식육 대체식품 시장을 이끌고 있는데, 시장 조사 기관인 Markets and Markets에 따르면 시장 규모는 2019년에 121억 달러, 2025년까지 279억 달러에 도달할 것으로 예상하고 있다.

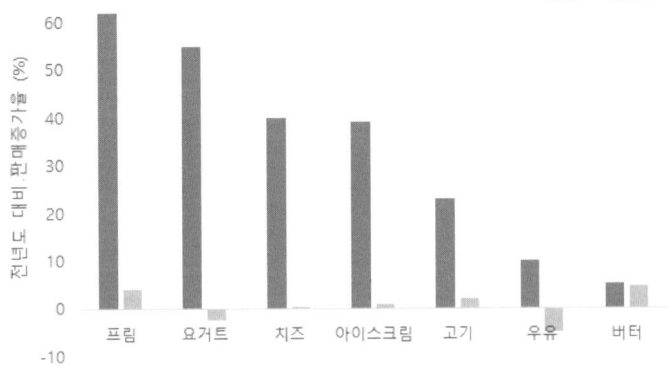

그림 5-4. 동물성 식품 대비 식물성 식품 성장률
(Cameron & O'Neill, 2019)

　미국의 경우에 다양한 회사의 제품들이 식물성 식육 대체식품 산업을 선도하고 있다. 그중에서도 대표적인 식물성 식육 대체식품 회사인 Beyond Meat나 Impossible Food는 고기의 향미, 조직감, 전반적인 섭취 경험을 식물성 식육 대체식품에서 재현하여 소비자들의 높은 만족도를 이끌어 내었다. Impossible Food는 실제 고기와 매우 유사한 피맛이 나는 식물성 버거를 만들기 위해 헴(heme)을 이용하여 식물성 소재에서 실제 고기의 풍미를 내었고, 대두를 주된 원료로 사용한 버거를 출시하였다.

　중국의 경우 채식식품 시장 연평균 성장률 17.2%로 1위에 올랐으며, 다양한 식물성 대체식품들이 개발되어 저렴하게 판매되고 있어 현지 기업들의 제품의 수요가 높다. Whole Perfect Food에서는 식물성 대체식품, 소스, 라면 등 다양한 제품을 판매하고 있으며, 콩으로부터 추출한 단백질로 만든 닭고기 형태의 냉동식품이나 냉동 소시지 등을 개발하였다. Weilong Food에서는 식물성 스낵류를 생산하고 있으며, 밀을 이용하여 만든 식물성 육포를 만들었다.

Laiyfen에서는 매운맛을 첨가한 소고기 형태의 콩고기를 출시하였고, Feiwang에서는 콩고기 제품에 소고기 향과 다양한 향신료를 첨가한 제품을 판매하고 있다. Green Common에서는 콩, 완두, 버섯, 쌀에서 추출한 단백질로 만든 식육 대체식품인 Omnipork를 출시하기도 하였다. 중국에서는 대체식품 중에서도 소고기 형태를 선호하며, 향신료를 첨가한 자극적인 제품들이 인기를 얻고 있다. 또한, 중국의 소비자들이 육포를 즐겨먹기 때문에 육포 형태의 자극적인 맛의 대체식품이 인기를 얻고 있다.

이러한 식물성 식육대체식품 시장 규모 확장의 가장 큰 원인은 채식주의 또는 플렉시테리언(flexitarian; 채식을 주로 하면서 가끔 육류를 섭취하는 형태) 트렌드라고 할 수 있다. 전세계 채식주의자 수는 지속적으로 증가하고 있으며, 2017년 기준 전세계 인구의 5%인 3억 7500만명이 채식주의자인 것으로 집계되었다. 실제로 미국 소비자들의 1/3이 최근 고기 소비를 줄였다고 응답하였으며, 북미와 유럽에서는 비건(vegan; 모든 동물성 식품을 먹지 않는 단계) 트렌드로 채식주의자 인구가 급증하였다. 채식주의자 수가 전세계에서 가장 빠르게 증가하고 있는 중국에서는 현재 5,000만명 정도가 채식주의자인 것으로 집계되고 있으며, 중국 정부에서는 공중 보건 개선과 온실가스 배출량 삭감을 위해 육류 소비를 억제하겠다는 정책을 발표하기도 하였다. 또한, 호주에서는 전체 인구의 10%가 완전한 채식주의자, 17%가 플렉시테리언으로 집계되며 주로 건강문제 때문에 채식에 대한 관심이 늘어나고 있고, 환경, 동물 복지 문제 또한 육류 소비 감소에 기여하고 있다. 이와 같이 음식을 선택할 때 건강, 지속가능성, 사회적 영향 등의 요인을 고려하는 소비자들이 점점 더 많아지면서 식물성 대체식품 시장은 빠른 속도로 성장하고 있다.

한국채식연합에 따르면 국내 채식주의자 수는 2008년 15만명에서 2018년 100만~150만명으로 증가하였으며, 채식 전문 레스토랑 또한 2010년 150여 곳에서 2018년 350여 곳으로 증가한 것으로 추정된다. 그러나 해외에서는 채식주의자들이나 건강 문제로 식물성 단백질을 섭취하려는 소비자들이 고기를 대체할 수 있는 식품을 찾으면서 식물성 식육 대체식품의 수요 증가로 이어지는 반면, 국내의 채식주의자들은 이미 채소 섭취량도 많고 식물이나 해조류 등으로부터 다양하게 단백질을 섭취하고 있기 때문에 굳이 고기의 형태로 된 식물성 대체품을 찾지는 않는 실정이다. 식물성 고기를 비롯한 식물성 식육 대체식품들의 매출이 점차 증가하고 있기는 하지만, 우리나라의 식물성 식육 대체식품 개발은 아직 초기 단계이다. 동물복지나 건강 등의 이유로 식물성 식육 대체식품에 대한 관심이 점차 증가할 수는 있겠으나, 아직까지는 식물성 식육 대체식품에 대한 소비자들의 인식이 미미하다. 뿐만 아니라 식물성 식육 대체식품의 높은 가격과 소비자들의 인식 부족으로 인해 제품의 유통과 마케팅도 쉽지 않은 상황으로 시장 규모 확대에 어려움을 겪고 있다. 그럼에도 불구하고 외국의 식물성 식육대체식품을 수입하여 유통하거나 직접 개발하여 판매하는 기업체가 많아지고 있다.

식물성 식육 대체식품의 경우 가축 전염병의 위험에서 벗어나 있으며, 일반 육류에 비해 자원 사용이 적고 온실가스 배출 또한 적다. 또한, 식물성 식육 대체식품은 단백질 함량이 높고, 제조 과정에서 섬유소, 미네랄, 비타민 등의 영양소를 보충하여 기능성을 강화할 수 있으며, 소화 시간이 고기보다 짧아 위와 장에 부담이 적을 수 있다. 다만, 동물성인 고기의 맛을 따라가기 위해 여러 가지 첨가제를 사용한 가공식품이기 때문에 이러한 성분이 건강에 미치는 영향 또한 고려해야 한다. 실제로 Impossible Foods와 Beyond Meat의 식물성 식육대체식품의 영양성분을 보면 식물성 단백질을 원료로 하였음에도 불구하고, 고기의 특징을 재현하기 위한 코코넛 오일 등 다양한 첨가제 때문에 포화지방이나 칼로리는 일반 육류보다 비슷하거나 더 높은 수치를 보였다. 따라서 식물성 식육 대체식품 개발에 있어서 고기의 맛과 질감을 구현하는 것뿐만 아니라 식물성 단백질 자체가 하나의 건강한 식재료로 자리 잡을 수 있도록 노력해야 할 것이다.

식육 대체식품으로의 소비방향 선회를 주장하는 사람들은 식육 생산을 멈추는 것이 식육 생산이 생존수단인 많은 사람들 특히, 개발도상국에서 경제적 수입원으로 축산에 의존하는 사회에 줄 충격을 염두에 두어야 한다. 또한 식육 대체식품을 사람들이 고기 대신 선택하여야만 유효한 것이다. 따라서 아시아를 주목해야 한다. 장래 고기소비의 증가는 주로 아시아에서 일어날 것이고, 아시아인들은 두류와 곤충을 고기 대체식품으로 소비해온 오랜 역사를 가지고 있기 때문에 아시아 식문화는 서양인들보다 식물성 식육 대체식품을 쉽게 받아들일 것이다. 더욱이 아시아 소비자들은 서양인들보다 안전에 더 관심이 많아서 관리가 잘된 청결한 대체품 생산이 문제가 될 것이다. 서양에서는 환경적, 도덕적 그리고 맛 문제에 관심이 클 것이다.

2) 배양육

배양육은 가축의 사육 과정을 거치지 않고 살아있는 동물의 세포를 배양하여 생산한 고기를 의미한다. 대체단백질 소재 중 동물에서 유래한 실제의 근육을 제조할 수 있는 유일한 방법으로 근육 채취 및 세포 분리, 근육줄기세포의 초대배양·대량배양, 근육 분화 및 성숙, 수확 및 가공(예: 지방 혼합, 색 첨가 등)의 공정을 거친다(그림 5-5).

배양육 생산은 조직의 배양을 기반으로 함으로써 생산공정 중 가축의 사육을 배제하여 동물복지·윤리 및 환경문제 등을 최소화할 수 있다. 또한, 모든 공정들을 무균환경에서 실시할 뿐 아니라 GMP(Good Manufacturing Practice), HACCP(Hazard Analysis, and Critical Control Points) 등 기존 식품품질관리 시스템의 적용이 가능해 외부 오염이나 항생제 오남용을 방지하고 인수공통전염병, 식중독 등 여러 질병의 발생을 현저히 감소시킬 수 있어 보다 안전한 제품의 생산이 가능하다.

그림 5-5. 배양육의 생산 공정

한편, 아직 연구단계지만 조직 배양 중 배지 조성 및 배양조건 등 환경에 따라서 생산되는 식육 내 성분의 조절이 가능하여 인체에 유익한 성분은 가미하고 해로운 성분은 다른 성분으로 대체하는 등 보다 우수한 품질의 식육을 더 빠른 시간 내 생산할 수 있다. 더욱이 배양육은 식물성 대체식품이나 식용곤충 등 다른 소재보다 그 맛과 조직감이 우수하여 소비자의 영양 및 관능적 기호를 모두 만족시킬 수 있다는 장점이 있다. 배양육의 상용화를 위해서는 제조 공정 개발부터 제조 시 필요한 세포주, 배지, 바이오리액터, 제품 품질 개선 등 다양한 방면의 연구가 필요하며, 실제 상용화된 이후에도 계속해서 관련 연구들이 지속될 것으로 사료된다.

먼저, 배양육 생산은 지지틀 기술(scaffolding)과 자가 조직화 기술(self organizing)을 이용한다. 지지틀 기술은 가축 내 근원세포(myoblast) 또는 위성세포(satellite cell) 등을 분리하여 바이오리액터에서 성장하게 만드는 기술로 근육세포의 분화와 증식을 위해 필수적이다. 이때 이용되는 지지틀은 세포의 부착과 성장을 위해 표면적이 넓고 수축하기 유연해야 하며 향후 손쉽게 분리될 수 있어야만 한다. 가장 좋은 것은 식용으로 섭취할 수 있고 단단한 조직을 가진 천연 소재이며 최근 들어 3D 프린팅 기술과 접목하여 연구되고 있는 추세이다. 지지틀에 부착된 세포는 먼저 근관(myotube)으로 전환되고 특정 조건 하에 근섬유(muscle fiber)로 분화되며 이 근섬유를 수확하여 식육제품으로 가공한다. 다만 지지틀 기술만으로는 고도의 구조를 가진 제품의 생산은 어렵고 분쇄육 또는 뼈가 없는 정육의 생산에 적합하다. 반면, 자가 조직화 기술은 근섬유 및 실제 근육 내 존재하는 모든 종류의 세포를 포함한 조직을 외식(explant)하여 배양육을 제조하는 기술이다. 이 기술을 이용하면 지지틀 기술에 비해 보다 고도의 근육질 구조를 가진 배양육을 제조할 수 있다. 이 기술을 통하여 2002년 금붕어 조직을 배양한 사례가 있으나 아직까지 조직의 생장에 필요한 충분한 영양소를 공급하는 방법이 확립되지 않았으며 이를 해결하기 위해 인공 모세혈관 등 여러 가지 방안들이 제시되고 있다.

이와 같이 만들어진 배양육은 아직까지 색 및 외관, 맛, 조직감이 기존의 식육과 조금 다르기 때문에 보다 '고기다운' 제품의 생산을 위한 연구들이 필요하다. 2013년 마크 포스트 박사가 세계 최초로 선보인 배양육 또한 더 고기답게 만들기 위해 비트즙 및 사프란 등을 첨가하여 육색을 재현하였으며 시식 결과 조직감 자체는 기존의 육류와 비슷하나 지방의 함량이 적고 맛이 부족하단 평가를 받았다. 현재 이를 개선하기 위해 근섬유 외에도 실제 피, 뼈, 지방 등을 함께 생산하는 연구들이 병행되고 있다. 또한, 미래 상용화를 위해서는 대량생산체계 마련이 반드시 필요하며 이를 위해 현재 주로 이용되고 있는 부착세포배양 외 부유세포배양 방법 등이 연구되고 있을 뿐 아니라 배지 조성 등 제조비용 및 품질적인 측면에서 더욱더 우수한 배양육을 생산하기 위해 노력하고 있다.

(1) 제품개발 현황

현재 배양육 제품의 개발은 생산 비용 절감과 맛, 식감 개선에 중점을 두고 있다. 전 세계적으로 최초로 선보여진 배양육 제품은 2013년 네덜란드의 마크 포스트(Mark Post) 교수팀에서 만들어졌다. 소의 줄기세포를 배양하여 햄버거 패티를 생산하고 이를 시식 행사를 통해 시연하였는데, 이때 들어간 비용이 100 g 생산에 37만 5천 달러에 달했다. 그 후 미국의 멤피스 미트(Memphis Meats)는 2016년 쇠고기 배양육으로 만든 미트볼을 개발하였고, 2017년에는 최초로 개발한 닭고기 배양육을 1,986달러/100 g에 생산하였다. 앞서 패티나 미트볼 등 간 고기의 형태로 생산되었던 모델과는 달리, 2018년 12월 이스라엘의 알레프 팜스(Aleph Farms)는 스테이크 형태의 배양육 시제품을 처음으로 발표하여 스테이크의 복잡한 모양, 질감, 맛을 재현하였다는 평가를 받았다. 2019년 3월에는 미국의 뉴에이지미트(New Age Meats)가 배양육 소시지 시식회를 개최하였고, 싱가포르의 Shiok Meats는 세포 배양 새우만두를 발표하여 몇 년 안에 상용화 할 것을 기대하고 있으며, 일본의 닛신(Nissin Inc.)과 도쿄대학 생산기술 연구소의 다케우치 쇼지 교수 연구팀은 쇠고기 유래의 줄기 세포를 이용하여 세계 최초의 주사위 스테이크 모양의 조직을 제작하였다. 미국의 저스트(Just)는 너겟 형태의 닭고기 배양육을 50달러/개의 가격으로 2018년에 완성하였다고 발표하였다. 싱가포르가 2020년 11월 세계 최초로 배양육 판매를 승인하여 배양닭고기 제품을 일부 레스토랑이 판매를 시작하고 있기는 하지만 다른 나라들의 법적 승인이나 기술적인 문제로 인해 최소한 몇 년의 시간이 더 필요할 것으로 보인다.

(2) 시장가치와 한계점

배양육은 제조 시 자원 사용량과 온실가스 배출량이 적고, 가축의 사육 과정을 거치지 않기 때문에 자원, 환경 및 동물복지까지 여러 측면에서 이점이 있다. 배양육을 이용한다면 기존 전통적 축산에 비해 토지 사용량의 99%, 가스 배출량의 96%, 에너지 소비량의 45%를 줄일 수 있는 것으로 보인다. 따라서 배양육은 미래 지속가능하면서도 실제 식육을 제조할 수 있다는 점에서 큰 장점을 가진다.

한편, 배양육 제품은 세포배양이라는 새로운 방식에 대하여 소비자가 느낄 수 있는 두려움[새로운 식품에 대한 두려움(Food Neophobia) 및 과학기술 공포증(Technophobia)]을 먼저 해소해야 한다. 배양육에 대한 소비자의 두려움과 부정적 인식은 새로운 방식의 적용으로 인한 혐오감, 안전성, 영양적 가치, 가격, 맛, 질감, 외형, 기존 축산 시장에 대한 우려 등에서 유래할 수 있다고 보고하였다. 하지만 동일한 연구에서 세포배양 등의 기술적인 정보보다는 환경에 대한 긍정적인 영향 등 적절한 정보가 주어졌을 때 오히려 소비의 양이 증가한다는 점을 보아 이는 마케팅을 통해 이를 극복할 수 있을 것으로 보이며 식품의 분류, 명명, 유통 중 라벨링도 소비자 인식에 영향을 미치므로 배양육 상용화에 있어 중요한 요인이 될 것으로 생각된다. 또한, 세포배양 과정 중에 필요한 항생제 등 여러 첨가제가 인체 및 환경에 미치는 영향도 고려해 보아야 한다.

3) 식용곤충

식용곤충이란 식용이 가능한 모든 곤충류를 의미하며, 현재 전 세계적으로 약 1,900여 종의 곤충들이 식용으로 이용되고 있다. 주로 딱정벌레목, 나비목, 벌목, 메뚜기목, 노린재목, 흰개미목, 잠자리목, 파리목 등이 포함되며, 국내에서 이용이 가능한 식용곤충으로는 메뚜기, 누에(유충, 번데기), 백강잠, 갈색거저리 유충, 흰점박이꽃무지 유충, 장수풍뎅이 유충, 쌍별귀뚜라미, 아메리카왕거저리 유충 등 총 8종이 있다.

연구에 따르면 곤충은 인류가 생겨난 이래 지속적인 식량자원으로 이용되어 왔던 것으로 보인다. 현재 곤충을 섭취하는 인구는 전

세계적으로 약 20억명에 달한다고 하며, 2050년 단백질 수요의 약 5%를 곤충으로 대체하면 관련 시장의 매출이 약 57조 원에 도달할 것으로 예상하고 있다. 곤충의 외관에 대한 혐오감 때문에 아직까지도 식용곤충을 혐오식품으로 인식하는 소비자가 많지만 향후 식육 대체식품 시장에서 식용곤충이 가지는 가치는 점점 더 상승할 것으로 보인다. 시장조사기관인 Global Market Insights는 미래의 식용곤충 시장이 2024년 7억 1000만 달러 규모에 달할 것으로 예측하고, Meticulous Research는 2023년까지 12억 달러의 규모를 형성할 것이라고 예측하고 있다.

전 세계 식용곤충 시장은 아시아·태평양 지역이 가장 크고 그 뒤를 유럽이 잇는다. 아시아 중에서도 중국과 태국이 곤충 섭식 역사가 가장 오래되었으며 최근 유럽 및 미국에서도 상품화가 활발하게 이루어지고 있다. 영국 Edible Unique는 식용곤충을 1차 가공하여 판매하고 있으며, Bug Grub에서는 스낵과 파우더를 판매하고 있다. 프랑스의 Europe-entomophagie는 식용곤충뿐만 아니라 곤충 조리 책자와 같이 판매하고 있으며 Micronutris사는 곤충분말이 함유된 마카롱, 귀뚜라미가 올라간 초콜릿도 판매하고 있다.

(1) 제품개발 현황

곤충 특유의 외형에 대한 소비자의 혐오증 극복이 식용곤충 대중화를 위한 가장 큰 과제이다. 현재까지 대부분의 식용곤충들은 주로 원물의 형태로 판매되었으나, 최근 외관으로 인한 곤충 섭취 거부감을 줄이기 위하여 원형 그대로 보다는 이를 가공하여 이용하기 위한 기술들이 개발되고 있다. 식용곤충 가공을 위해서 연구되고 있는 기술로는 주로 원재료 가공, 단백질 가공 및 오일류 가공 등이 있다. 원재료 가공기술이란 곤충의 원형을 건조 및 분말화한 후 식품에 적용하는 방법으로 현재 가장 많이 이용되고 있는 방법이다. 이는 원물에 비하여 제품의 부피가 작아 운반이 간편할 뿐 아니라 제품 내 수분활성도가 낮아 장기간 보관할 수 있어 유통 시 유리하다. 또한, 식품에 적용 시 향미 등의 품질 증진을 기대할 수 있다. 한편, 단백질 및 오일류 가공기술은 곤충 내 단백질 및 오일을 추출한 후 이용하는 것을 목적으로 하며 외형적 특성에서 오는 부정적 영향은 줄이면서 곤충을 섭취할 수 있다는 장점이 있다. 곤충 내 단백질 및 오일의 추출을 위한 기술들은 아직 개발 초기단계이나 향후 다양한 제품의 생산이 가능하여 미래 식육 대체식품부터 바이오디젤의 제조까지 식용곤충의 활용 분야를 넓혀줄 것으로 기대하고 있다.

(2) 시장가치와 한계점

곤충은 가축에 비해서 사육 시 사료의 소비가 적고, 토지 및 물 등 자원의 소모와 환경오염 등의 위험이 비교적 낮으며 번식률도 좋아 사육 시 효율이 높고 그 활용 가능성이 크다. 또한 미래 식육 대체식품으로 영양학적인 측면에서도 큰 가치를 가지는데 지방의 함량이 적고 양질의 단백질과 미네랄 및 비타민은 풍부하여, 식육 단백질 대체 시 인간에게 필요한 영양소 공급이 충분히 가능할 것으로 보고되고 있다.

다만, 향후 시장에서 식육 대체식품으로 식용곤충이 성공적으로 안착하기 위해서는 곤충 섭취와 관련한 소비자의 혐오감을 반드시 극복해야 할 것이다. 식용곤충을 이용하는 데에 선두에 있는 나라들조차도 완전히 식육을 대체할 식품으로 자리 잡았다고는 볼 수 없다. 굳이 심리적 거부감이 있는 곤충을 기존 육류 대신 섭취해야

할 당위성이 없기 때문이다. 그 외에도 항영양인자(anti-nutrients) 및 알레르겐과 관련한 안전성 이슈가 존재하고 있으므로 이와 관련한 지속적 연구가 필요한 실정이다.

4) 식육 대체식품의 현재

역사 속에서 보면 큰 변화와 혁신은 느끼지 못할 만큼의 작은 징후나 힘들이 연이어 나타나고 나서 일어나게 된다. 그래서 정말로 일어날지 아닐지 예측하는 것은 매우 힘들다. 변혁은 이러한 작은 징후들이 모이고 강해지고 동시다발적으로 몰려들 때 발생하기 때문이다. 현재 우리는 이러한 작은 징후들을 사람들이 느낄 만큼 커지고 있음을 알고 있다. 기존 식육산업에서 볼 때의 대체식품과 같은 신산업으로부터 발생하는 징후를 살펴보면 우선 글로벌 조직이나 각국 정부가 환경과 건강을 내세워 지속적으로 고기 소비를 줄이는 것을 언급하고 있다. 또한 식물성 단백질 식품류를 이용한 식단이 대체로 소비자들이 신뢰하는 의료계로부터 폭넓은 지지를 받고 있다. 게다가 투자의 속도와 규모가 매우 빠르게 대체식품 산업으로 옮겨가고 있으며, 이미 햄버거와 같이 시장에 식물성 식육 대체식품을 이용한 제품이 널리 팔리기 시작했기 때문에 전혀 미래의 기술이 아닌 현재진행형이라고 소비자들은 판단한다. 여기에 영향력이 큰 인물들이 건강과 윤리, 지속가능성을 얘기하면서 고기를 대신한 대체식품을 강조하고 있고, 밀레니엄 세대의 식습관도 기존 세대와는 완전히 다르게 변화하고 있다. 마지막으로 소비자가 원하는 신제품에 대한 요구에 대체식품 시장이 즉각 반응하고 있다는 것이다. 시장에는 진짜 고기 바로 옆 매대에서 식육 대체식품이 진열되어 있는 것을 볼 수 있으며 원하는 제품을 어디서나 제공하기 위해 유통반경을 넓히는 노력을 다하고 있다. 한편, 식물성 식육 대체제품은 식육의 특성을 모방하기 위해 각종 첨가물을 사용하는 가공식품이라는 것이다. 맛, 조직, 색깔, 냄새, 등을 고기와 유사하게 만들기 위해 다양한 물질들이 첨가됨을 소비자들이 인식한다면 그 평가는 달라질 수도 있을 것이다.

세계 지리의 관점에서 보면, 이러한 고기생산과 소비에 관련된 지구환경 문제와 인체건강 염려는 미국과 유럽을 포함하는 서양 선진국을 중심으로 제기되는 사안이다. 따라서 배양육이나 식육대체식품 그리고 곤충단백질 같은 주제에 대한 관심이나 연구도 유럽과 미국을 중심으로 이루어지고 있다. 곤충의 식용은 개도국들, 특히 동남아시아에서는 오래 전부터 관행적으로 이루어져 왔기 때문에 서양 선진국들에게는 새로울지 모르지만 아시아 개도국들에게는 그렇지 않다. 더욱이 남아메리카나 아프리카 지역 그리고 아시아의 많은 개도국 소비자들은 아직도 고기소비가 양적으로 불충분하다고 느끼는 형편이므로 식육대체식품에 대한 관심이 거의 전무하다. 그들은 고기생산과 관련한 지구환경이나 기후변화에 대한 관심도 없다. 따라서 향후 고기수요는 지속적으로 증가할 것이고 이에 따른 생산도 지속될 것이다. 단지 선진국 중심으로 식육대체 식품 개발을 위한 기술은 발전하여 새로운 산업으로 부각되어 축산업과 경쟁관계를 유지할 것으로 예측된다.

⑫ 고기 소비의 미래

　FAO에 의하면 세계 고기소비량은 지속적으로 증가하여 2050년에는 거의 배가 될 것이라고 한다. Milford 등(2019)의 세계 137개국의 고기소비 증가의 동인을 분석한 결과에 의하면 개인당 소득, 도시화 그리고 여성의 취업비율이 증가하면 고기소비가 증가하고, 국가의 자연환경이나 기후조건이 고기 생산에 불리하거나, 국민 중 무슬림 인구의 비중 높아지거나, 고기 가격이 상승하면 소비가 줄어든다. 세계적 고기소비 증가는, 선진국의 고기소비는 오랫동안 정체되어 있기 때문에, 주로 인구증가와 개발도상국의 소득 증가에 기인한다. 개도국의 개인당 소비는 완만하게 선진국 수준에 도달할 것으로 예상된다. 장기적으로 세계적 고기소비는 적색육 소비를 가금육 소비가 대체할 것이다. 개도국 소비자들은 여전히 적색육을 선호하기 때문에 앞으로의 그 대체정도는 이제까지 보다는 적게 이루어질 것이다. 세계적 고기 생산량은 2019년과 2020년에 감소하였다. 이것은 세계 인구증가는 느려지고 있고 경제는 코로나 세계적 유행병 사태로 침체되었기 때문이다. 시장이 정점에 도달하면 한 종류의 상품들 중에서 성장하는 것은 유사한 상품을 희생으로 삼아 이루어진다. 고기 시장이 정점에 도달했다면 다양한 고기 종류 중에서 특정 종류가 타 종류의 시장 점유율을 빼앗아야만 성장이 가능하다. FAO가 생산을 조사하는 18종류의 고기중에서 가장 생산량이 많은 소고기, 돼지고기, 닭고기 중에서 소고기 생산은 감소하고, 돼지고기는 안정적이고, 닭고기는 증가했다.

1) 도시화와 고기소비

UNDESA가 2014년 발표한 보고에 따르면 2005년경에 세계 인구 중 도시에 거주하는 인구가 농촌에 거주하는 인구를 넘어서기 시작했고 그 이후 농촌의 인구는 조금씩 감소하는 반면 도시인구는 기하급수적으로 늘어날 것으로 예측된다(그림 5-7). 현재 북미의 경우 82%가 도시화되어 있고 남미, 유럽, 오세아니아, 아시아, 아프리카 순으로 도시화가 진행되어 있으며 세계 평균 도시화율은 54%에 달한다(그림 5-8).

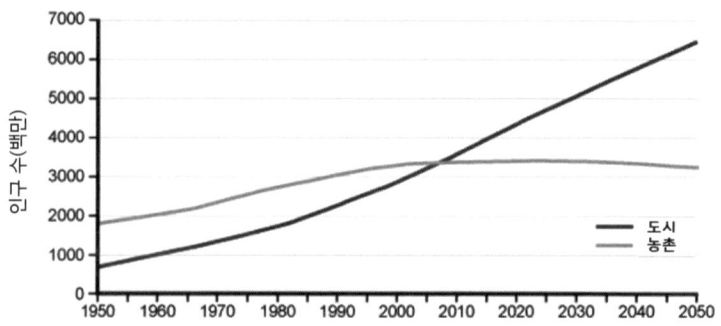

그림 5-7. 1950년에서 2050년까지 세계 도시와 농촌인구 분포
(UNDESA, 2014)

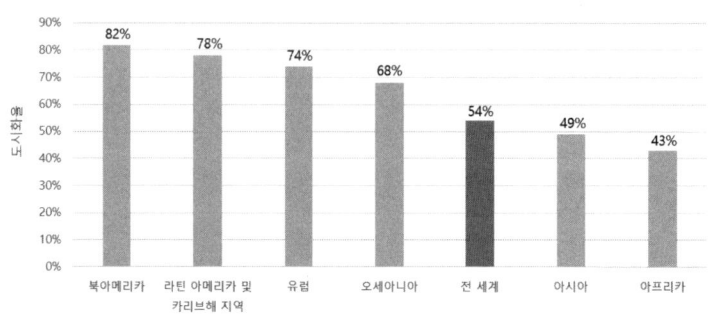

그림 5-8. 대륙별 도시화율(2019)

도시화는 고기소비량 뿐만 아니라 고기소비 패턴도 변화시킨다. 인간 행동은 생물학적 행위인 본능으로부터 벗어나 사회적으로 결정되어지는 방향으로 진화하여 왔다. 따라서 식습관도 자연보다는 사회문화적 선택에 의해 통제되어진다. 고기소비는 중세에 동물을 통째로 굽고 썰어서 소비하는 것을 상류층의 상징으로 여겨왔으나 현대의 사회문화는 동물을 상기시키는 고기 소비를 회피하는 경향을 보이고 있다. 이것은 18세기부터 도시화와 더불어 동물에 대한 인식이 서서히 변화되기 시작하였기 때문이다. 도시화는 타자의 복지에 관심을 갖는 소위, 사회적 양심(social conscience)에 대한 인식을 확산시켜 소비시 고기를 제공하는 동물의 특징을 상기시키는 관행을 회피하기 시작하였다. 따라서 동물의 머리, 다리, 꼬리 등은 식탁에서 사라지고 다른 곳이나 주방에서 준비하여 식탁에 제공되는 형태로 식문화가 변하여 왔다. 더욱이 고기요리 준비시 공개적으로 사용하던 칼은 식탁에서 사라져 가고 채식주의자들은 아예 칼 대신에 포크나 젓가락을 사용하고자 한다.

2) 산업화된 축산방식에 대한 부정적 시각

최근 통계를 보면 인구가 2배로 늘 때 고기소비는 4배로 늘어 결과적으로 일인당 소비량이 2배로 늘었다. 이러한 식육소비량의 증가는 제2차 세계대전 이후 흔히 집약적 축산(또는 공장식 축산)으로 불리는 산업화된 식육동물 생산방법에 의해 촉진되었으며 식육생산시스템은 이 시기를 지나면서 전체 농식품산업에서 가장 크게 변화하고 발전한 산업으로 꼽힌다.

집약적 축산방식이 직접적으로 인간에 영향하는 가장 우선적인

인간	환경	동물복지	윤리
• 식품안전 • 전염병(AI,ASF등) • 과도학 식육 섭취 • 적육, 가공육의 건강관련 • 열악한 근무환경 • 빈곤의 가속화 • 산림 훼손 • 빈곤국의 영양실조, 기아	• 온실가스 생산 • 환경오염 • 생물다양성 저하 • 멸종 위기 • 자원고갈 • 산림 벌목 • 사막화	• 식육 동물의 육체적, 정신적 건강이상	• 동물 생산의 잔인성에 대한 윤리의식의 결여 • 나라별 빈부격차 및 불평등

그림 5-9. 집약적 축산의 부정적 영향

부분은 식품안전이나 새로운 질병에 대한 위험이다. 야생동물의 가축화는 적어도 1만년 전부터 진행되어 가축과 인간의 긴밀한 접촉을 가져왔고 가축으로부터 인간으로 바이러스성 질병이 전파되기가 쉬워졌다. 식육생산이 더욱 확대되고 집중화되면서부터 환경규제가 열악한 나라부터 선진국까지 조류인플루엔자와 같이 가축이나 동물로부터 유래하는 전염성 질병이 늘어나고 있다. 여기에 섭취하려는 식육에 의도적이거나 오염으로 인하여 함유되어 있는 치료목적으로나 성장촉진용으로 사용된 항생제와 성장호르몬 그리고 제초제와 세균을 함유한 분뇨 등이 인간의 복지에 큰 위험으로 다가온다. 광우병(bovine spongiform encephalopahty, BSE)은 변형 프리온(prion)이 오염된 식육으로부터 온 질병이었다. 최근 전지구적 항생제 내성 세균의 위험 또한 같은 항생제를 성장촉진을 위해서 가축에게 투여한 결과로 보는 시각도 있다.

인간과 직접적으로 연관되는 것에는 식육산업의 열악한 근무환경으로 높은 상해위험, 매우 낮은 급여와 복지, 빠른 작업속도에서 오는 과도한 스트레스, 더러운 작업환경에서 살아있는 동물의 무자비한 취급 등이 있다. 이러한 이유로 미국의 식육산업 종사자는 연간 인력 교체율이 150%나 되고 주로 최소 급여를 받는 이민자들이 대부분이다.

지구 전체를 볼 때 집약적 축산은 가난과 영양실조를 유발할 수 있다. 개발도상국이나 저개발국가는 서서히 식육생산 산업화가 진행되면서 빈곤이 더욱 확대될 것이다. 효율이라는 이름으로 많은 사람들을 고용하던 생계형 소목장들이 사라짐과 동시에 실업과 식품 생산량이 감소하게 될 것이다. 대형매장들에 의한 소규모 소매점의 몰락은 곡물가격 인상과 소규모 목장의 생산성을 악화시키게 될 것이다. 사료곡물 생산과 함께 삼림벌채와 이로 인한 지역민들의 실향과 이주, 자연보호주의자들에 의한 시위 등으로 식량부족은 더욱 악화될 것이다.

동물복지 이슈는 이러한 집약축산 시스템과 가장 잘 연결된다. 가장 기본적인 문제는 가축의 물리적 그리고 정신적 웰빙이 결여되어 있다는 것이고 이는 한쪽으로는 질병치료를 위한 과도한 항생제 사용과 다른 한쪽으로는 질병으로 인해 스트레스를 받는 동물들이 인간까지 전염시키는 등 심각하게 인간의 복지에도 위해를 입히게 된다. 현대화된 식육생산은 저개발국의 산업화를 진행시켜 실업과 빈곤을 증가시키고 선진국과의 복지 수준 차이를 더욱 양극화시키게 된다는 윤리적 문제를 발생시킬 수 있다.

인류의 생존 측면에서 본다면 축산의 양적 성장은 너무나 큰 환경적 부담을 주고 토지, 연료, 에너지, 비료, 물, 사료, 종의 단순화 등과 같은 자원의 투입과 분변이나 폐수와 같은 부산물로 인한 온실가스, 삼림벌채, 토지부식, 사막화, 물, 공기, 땅의 오염 등으로 인한 천연자원의 고갈, 그리고 종다양성에 위협을 줄 수 있다. 이러한 위협들을 해결할 쉬운 방법 중 하나는 선진국 국민들이 전통적으로 많이 섭취했던 동물성 식품을 서서히 식물성으로 대체해 나가는 것이다. 그런데 식습관, 특히 육식은 순수하게 이성적인 수준으로 판단하기 어렵다. 왜냐하면 어떤 식품을 섭취한다는 말은 사회적 관습, 문화적 의미, 감성, 가치 등을 포함하며, 주로 잠재적으로 갖고 있는 습관이나 사람들이 살아온 매일의 환경에 각인된 행위들이며, 마지막으로 관련 산업에서도 더 많은 고기를 섭취하도록 최선의 노력을 하고 있기 때문이다. 그래서 대부분의 사람들은 실제로 고기를 끊는 것을 싫어한다. 그리고 정치적으로 고기 섭취는 터부시되는 주제였고 축산정책을 기후변화와 종다양성과 같은 이슈로 연결하면서 방안을 논의하는 정부도 그리 많지 않다.

3) 식육섭취량의 변화

선사시대부터 대략 9,000년 전 목축이 시작되고 1950년대까지는 고기를 먹는 것은 지구상 대부분의 사람들에게는 일상적인 식사보다는 사치스럽게 생각되었다. 그렇지만 고기 섭취량은 상당한 차이가 있었는데 이는 우선 문화적, 지정학적, 그리고 경제적 차이 때문이었다. 예를 들면 북유럽은 농업이 더욱 발달한 남유럽에 비해 더 많은 양의 식육을 섭취했다. 게다가 중세 독일은 고기섭취량이 엄청나서 평민들이 자신들의 급여를 화폐대신 고기로 받기도 했다. 중세 유럽의 경우, 만일 고기 먹는 것을 거부할 경우 이교도의 징표라고 생각하고 죽임을 당하기도 했다. 미국은 19세기 초반에 이미 상당한 양의 고기섭취량을 이루고 있었는데, 물론 부자들이 더 많이 섭취하긴 했지만, 이는 많은 야생동물과 풍부한 목축용 토지 때문이었다. 아르헨티나가 지난 세기에 높은 식육섭취량을 보인 것은 16세기 스페인의 침략의 결과이다.

　인류 역사에서 고기섭취를 하지 않는 경우는 주로 선택의 자유가 없었기 때문이었다. 또한 고대 그리스 피타고라스 학파나 인도의 힌두교도들과 같이 문화적, 철학적 또는 종교적 이유로 고기를 멀리하는 경우도 있다. 2014년 기준 약 30%의 인도인은 채식주의자들이고 영국의 경우 3.25%(2016년 기준)가 채식주의자라고 발표되고 있다. 전반적으로 독일, 스위스, 이스라엘, 호주, 대만 등이 약 10%의 채식주의자가 있다고 보고되고 있는데 반면 식육섭취량은 이러한 변화를 반영하지 않고 있다.

　산업화된 축산이 제2차 세계대전 이후 급속히 발전하게 되어 식육을 어디서나 저가로 살 수 있게 되었다. 여기에 산업체는 마케팅과 홍보 등을 통해 식육섭취를 권장하고 심리적으로 가축과 산업화된 축산물의 심리적 거리를 크게 하여 대부분의 사람들이 식육을 식품의 하나로 이해하고 이에 대한 관심을 갖지 않도록 만들었다. 이렇게 전반적으로 증가된 식육섭취량 중 하나의 변화는 소고기를 닭고기가 대체하게 된 흐름이다. 이러한 이유는 주로 세계화에 있는데 각 나라의 수입의 평등화, 국제식품교역, 산업화된 축산과 식습관의 국제화 등으로 인해 실제로 문화나 관습 등에서 많은 차이가 있음에도 불구하고 각 나라들의 식육섭취는 별 차이가 없게 되고 있다.

　식육섭취량이 거의 변화가 없는 인도를 제외하고 대부분의 산업화된 국가는 지난 반세기 동안 식육섭취량이 늘었으나 이미 포화된 상태의 나라는 지난 5~10년 사이 일인당 식육섭취량이 사실상 줄어들기도 했다. 유럽의 경우 대략 25년간 식육섭취량에 별 차이가 없었으나 유럽 내 국가간의 차이가 존재한다. 스페인의 경우 1961년에 비해 1990년대에 5배 이상 식육섭취가 늘었고 다시 2000년대 들어와 그 양이 줄어들고 있다. 독일과 프랑스의 고기섭취량은 지난 20~30년 사이 조금씩 줄고 있고 영국의 경우는 10~15년간 거의 변화가 없었다. 일본은 1960년대 매우 적은 양의 고기를 섭취했는데 현재는 세계 평균량 정도를 섭취하고 있다. 중국도 1960년에 일본보다도 훨씬 적은 양에서 지속적으로 증가하여 현재 추세로 가면 다음 10년 후에는 유럽 평균 고기섭취량에 도달할 것으로 예상된다. 개발도상국의 중산층이 늘어가면 고기섭취량은 매우 빠르게 증가할 것으로 예상된다.

　식육의 생산, 공급 및 섭취에 대한 통계가 보고서마다 다른 것을 볼 수 있다. 이것은 정확하게 얼마나 식품공급체인에서 손실되거나 버려지는지에 대한 통계 작성이 잘 이루어지지 않고 있기 때문이다. FAO가 2011년에 보고한 바에 따르면 전체 식품생산량의 1/3 그리고 1/5 이상의 고기가 전세계적으로 손실되거나 버려진다고 한다. 이는 선진국이나 저개발국 모두 동일한데 차이는 선진국에서는 주로 식품공급체인에서 마지막 부분인 분배와 섭취의 단계에서 대부분의 손실이 발생하며 이는 "쓰레기(폐기물)"로 해석된다. 반면 저개발국의 경우 이러한 손실이 주로 식품공급체인의 시작점이나 중간지점 즉 취급이나 저장, 가공, 포장 등에서 발생하며 이는 "손실"이라고 표현할 수 있다. 선진국의 식육공급체계에서 섭취 단계에서 발생하는 손실이 전체 식육 손실의 반 이상을 차지한다고 한다. FAO에 따르면 전체적으로 24%의 먹을 수 있는 식육이나 식육 가공품이 EU 식품공급체인에서 농장, 식탁위의 접시, 그리고 쓰레기통 사이에서 사라진다고 한다.

산업적인 축산과 지속가능할 수 없는 낙농제품, 알, 어류제품은 식육과 함께 환경적, 인간 또는 동물의 복지, 그리고 윤리적 문제를 남기게 된다. 따라서 동물성 기반 식품의 과소비를 줄이고 과다한 부분을 식물성 기반으로 이동하는 분위기가 진행되고 있다.

4) 미래 고기소비 조망

현재 식육산업은 대변혁이 일어나고 있다. 식육 대체식품들이 이미 시장에 나와 있거나 새로운 개념의 식육 대체식품의 개발이 진행 중에 있고 소비자들의 호응도 얻고 있다. 기술적 한계로 인해 현재 다진육 위주로 특수한 소비자들에게만 판매되는 제품들이 멀지 않아 기존 식육과 대등하게 경쟁할 수도 있게 될 것이다. 기존의 식육산업의 향방과 고기소비의 미래를 정확하게 예측하기는 매우 어려운 상황이다.

뉴질랜드에서 출시한 2018년 보고서는 미래 식육시장이 보여줄 4가지의 시장 상황을 보여주고 있다(그림 5-10). 이 시나리오에 대해 이해한다면 미래 식육시장 변화에 대한 예측과 대안을 유연하게 생각해 볼 수 있을 것이다.

(1) 고기가 식단에서 배척되는 상황
(수요와 공급 모두 감소)

이 경우 소비자는 아주 특별한 이유가 없다면 고기를 소비하지 않는다. 또, 고기를 피하는 행동이 기후변화와 같은 환경에 바람직하며 필수적인 영양소는 대체식품으로 채울 수 있다고 생각한다. 정부의 연구개발에 대한 투자와 협조로 대체식품은 더욱 발전하여

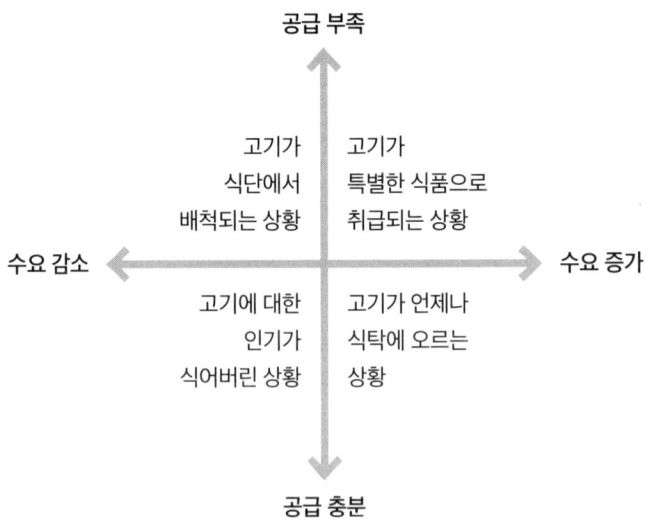

그림 5-10. 시장과 소비자를 고려한 고기소비의 미래

   소비자의 요구에 알맞은 제품을 생산할 수 있으며 가격과 다양성을 갖추게 된다. 이때 식육은 갓난아기나 노인, 허약한 체질 등과 같은 특수한 상황의 소비자나 의료목적으로만 활용되게 된다. 그래서 식품으로서의 고기는 대체식품(단백질)으로 전환되고 고기는 다른 용도로 활용되게 된다. 생산자나 경쟁자의 수가 줄고 다른 산업으로 전환한다. 이러한 상황이 닥친다면 식육시장은 혁신을 위한 장기적인 투자가 필요하며 식품으로서의 고기뿐만 아니라 다른 제품, 서비스, 사업모델을 찾아야 한다.

   이와 유사한 예는 미국 낙농산업에서 찾아볼 수 있다. 원래 우유는 거의 주식에 가까운 식품이었는데 천천히 시장을 잠식당하다가 현재 걷잡을 수 없이 위축된 시장이 되었다. 우유시장은 청량음료나 아몬드밀크와 같이 우유 무첨가 대체식품으로 옮겨가게 되었는데 2011~2015년 사이 미국에서 아몬드밀크는 260% 성장했고 그

사이 우유시장은 10억불 이상의 매출 감소를 보았다.

(2) 고기가 특별한 식품으로 취급되는 상황
　　(수요는 높으나 공급이 부족)

　두 번째 시나리오는 산업 보조금이나 기타 정부지원이 폐지되고 세금이 높아지면 고기의 가격이 매우 비싸게 형성되고 이로 인해 고기는 아무나 즐길 수 있는 식품이 아니게 될 경우이다. 이와 함께 식물성 단백질이나 배양육과 같은 대체식품들은 실제 고기정도는 아니더라도 어느 정도의 유사한 풍미와 식감으로 값싸게 유통될 수 있다. 이 상황은 환경에 대한 고려가 필요없고 소비자들은 고기의 영양가는 대체할 수 없다고 믿기 때문에 소비자의 고기에 대한 욕구는 그대로 유지된다. 이때는 고기가 비싸고 귀하므로 특별한 날 섭취하는 식품이 된다. 이러한 상황에서는 식육산업이 더욱 확대되지는 못하고 더욱 특별해지고 세분되며 가치가 높아지는 프리미엄으로 자리잡게 된다. 이렇게 최고급의 가치를 가지게 되면 시장의 경쟁자는 줄어들겠지만 경쟁은 더욱 치열해지게 된다.

　이와 같은 좋은 예를 생수시장에서 찾을 수 있다. 생수시장은 소비자가 원하는 곳에서 편리하게 물을 마실 수 있게 해 주었고 시장은 매우 확장되었다. 그러나 플라스틱 병과 같은 폐기물 감소를 위한 정부 규제나 환경단체들의 거센 압박으로 인해 시장 규모가 축소될 수 밖에 없는 상황이 되었다. 이때 생수산업체는 규모 축소에 당황하지 않고 소비자가 생수를 찾을 새로운 이유와 그에 맞는 제품을 개발하기 위해 적극적인 투자를 하였다. 그 해법이 생수의 고급화 전략이었으며 소비자에게 새로운 경험을 제공하며 성공적으로 시장에 자리매김하였다.

(3) 고기에 대한 인기가 식어버린 상황

(수요는 낮으나 공급이 과다)

다음 시나리오는 고기에 대한 선호가 낮아지고 단백질을 섭취할 대체식품들의 선택이 가능한 상황이다. 소비자들은 환경이나 건강 문제를 빌미로 더욱 고기에 대해 부정적으로 인식하게 되어 점점 더 고기를 식단에서 없애기 위해 노력하며 고기를 완전히 대체할 다른 식품을 찾기 위해 정부에 압력을 가한다. 그러나 정부는 식육산업을 보호하고 국제기구도 대체식품 개발에 대한 요구를 심각하게 받아들이지 않는다.

사실 이 상황이 현재 시작되고 있다고 볼 수도 있다. 식육산업은 없어지지 않지만 소비자의 요구에 의해 지속적으로 대체단백질 소재를 찾게 되고 식육은 소비자 입장에서는 여러 단백질 식품 중 하나로 인식되게 된다. 세계 인구가 증가하고 수입이 증가하며 식육 소비가 증가하는 상황이 계속되면 전체적인 시장은 증가할 것이다. 가장 좋은 예는 코카콜라에서 찾을 수 있다. 코카콜라사는 2000년까지 90%의 매출이 전통적인 음료에서 왔으며 제품개발보다는 공급유통체인을 모두 소유하는 양적 확대에 중점을 두고 있었다. 그런데 탄산음료와 건강에 대한 소비자들의 우려가 높아지고 소비량을 줄이기 시작하면서 대체제가 전혀 없었다. 회사는 빠르게 소비자 요구를 수용하여 제품 다양화를 시작하여 무설탕음료, 생수 등 신제품을 개발하여 성공적으로 위기를 넘기게 되었다.

(4) 고기가 언제나 식탁에 오르는 상황

(수요도 높고 공급도 충분)

마지막 시나리오는 고기가 여전히 소비자가 섭취하는 주요 단백질 식품이고 환경이나 건강에 대한 영향에도 자유로우며, 소비자는 필수 영양소는 진짜 고기에서 오는 것이라 믿기 때문에 고기소비량을 유지하거나 더 증가시키고자 하는 상황이다. 이 경우 정부는 산업을 보호하고 국제기구나 단체에서는 고기소비와 기후변화를 연결시키지도 못하고 늘어나는 인구에 대비해 대체식품 개발에 관한 지지도 못하게 된다. 또한 대체식품에 대한 기술적 발전도 더디게 진행되어 실제 고기와 대체식품의 품질의 차이도 현격하기 때문에 소비자는 고기를 찾을 수 밖에 없다. 즉, 현재 식육시장이 크게 확대되는 상황이다. 인구증가와 수입 증가에 따른 식육소비 증가는 세계 전체 식육시장의 확대를 가져오게 된다.

이와 유사한 시장을 와인시장에서 찾을 수 있다. 와인은 역사적으로 생산량이 적고 일반 소비자가 섭취하기에는 귀한 식품이었다. 알콜 섭취가 건강에 부정적이라는 증거가 많이 있어도 정부나 산업체들이 함께 노력하여 시장을 확대시켰고 소비자들도 건강관련 경고를 무시하고 있다. 프랑스의 작은 시장에서 발전을 거듭하여 현재는 중국과 인도를 새로운 와인시장으로 편입시키는 상황에 도달했다.

5) 미래 고기소비 전망

서양에서의 고기소비를 소비자 경향으로 볼 때 1950년대까지는 양적(quantity)으로 치중하여 많이 소비하는 것에 만족하였다. 이 시기에는 미국을 시작으로(1917년) 식육의 유통질서를 확립하기 위해 소지육의 등급제도를 수립하였다. 이후 서서히 고기의 품질(quality)을 고려한 소비가 시작되었다. 유럽경제공동체에도 등급제가 도입되어(1968년) 소비자들의 고기 품질에 대한 수요를 만족시켰다. 전세계적으로 등급제를 도입하고 있는 나라들은 주로 고소득 국가들이지만 영국의 식민지였던 남아공을 비롯한 남아프리카의 많은 국가들에서는 식육등급제가 실시되고 있다. 1990년대에 들어와 고기로부터 기인한 식중독 사고가 빈번하여 식품안전성(safety)에 대한 관심이 높아지면서 전세계적으로 고기의 안전성 확보를 위한 규정들이 강화되었다. 2000년대에 들어와서는 고기소비와 관련하여 인류의 건강한 식이(healthy food) 및 동물복지를 포함한 윤리적 측면과 지구환경 문제가 강조되어 가축생산과 고기소비를 줄이자는 주장이 대두되고 있다.

최근의 세계적 화두는 기후변화이다. 인간이 생산하는 온실가스가 지구 기후변화의 주범으로 지목되는 가운데에서 식량생산은 전체 생산량의 1/4인 26%를 야기한다. 축산은 전체의 14.5%를 담당하여 식량생산이 유발하는 온실가스의 거의 절반을 담당한다. 만약 인류의 식생활을 식물기반 식이(plant-based diet)로 변경하면 2050년까지 식량생산이 야기하는 온실가스의 29~70%까지 줄일 수 있다고 주장된다. 이에 따라 서양 선진국을 중심으로 고기소비를 줄이자는 주장이 설득력을 얻고 있다. 그러나 고기를 즐기는 사람들을 고기에서 떼어놓는 것은 쉬운 일이 아니다. 따라서 국가적으로 사회문화적 변화를 통해 고기소비를 줄이려고 환경교육 강화, 채식요리 강좌 홍보, 채식식당 확대 등을 활용한다. 더욱이 식물성 식육 대체식품에 인센티브를 제공하자는 주장까지 나오고 있다.

유엔식량농업기구(FAO)의 미래 고기소비 예측은 다음과 같은 가정하에서 이루어진다: 전세계의 부유한 인구수의 정체 내지는 감소와 완만한 소득증가, 도시화가 진행되어 새로운 대도시들이 계속 생겨나서 개인소득이 증가하는 나라들에서의 지속적인 인구증가, 필수농업자재의 투입비를 상대적으로 낮춰주고 환경영향을 저감시켜주는 기술발전, 장기적으로 급속한 변화없이 연료와 전기의 지속적인 공급 가능, 집약축산의 지속적인 강화와 단위가축 집단사육의 세계적 확산. 그러나 현실은 가축생산의 확대가 환경에 대한 부정적 영향을 증가시키고 있고, 동물복지에 대한 인식이 높아져 집약축산의 부정적 측면을 해소하는 방안을 강구해야 하며, 대부분의 개도국의 경제가 예상한 만큼 개선되지 못하고 있다는 것이다. 특히 21세기 시작부터 세계 식품가격은 매년 지속적으로 증가해 왔다. 이러한 경향은 단기적으로 등락을 보이는 변화가 있겠지만 장기적으로 지속될 것으로 보인다. 세계 식량가격이 높아지는 이유는

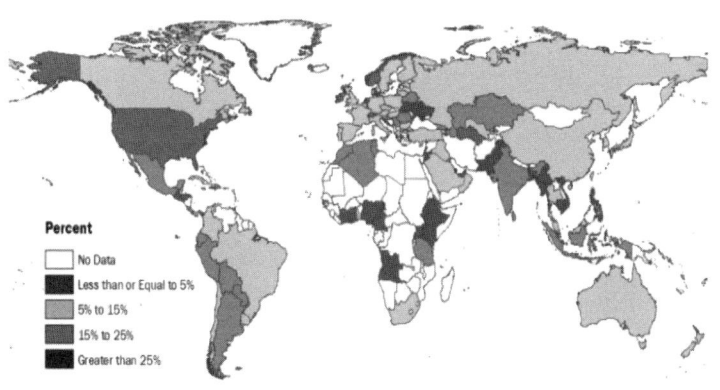

그림 5-11. 각국의 개인소득 중 식품비 지출 비율(2018)

① 원유와 천연가스 가격의 상승, ② 기후변화로 인한 극한 날씨 발생, ③ 미국정부의 농업보조금 대상 변경(식량용에서 연료용으로), ④ 세계무역기구(WTO)의 농업보조금 제한 정책, ⑤ 고기소비증가로서 다섯 가지이다. 따라서 국가경제 사정이 좋지 않은 나라에서는 식료품비 지출이 높게된다(그림5-11). 아시아와 아프리카의 인구가 많은 나라들에서의 식품가격이 서양에서처럼 낮아질 가능성이 없기 때문에 고기소비가 예측한 대로 증가할 가능성이 낮다.

비록 현대 소비자의 건강관심과 지구 환경에 대한 우려 및 동물복지 등과 연계되어 고소득 국가에서의 고기소비는 정체 내지는 감소할 것으로 예상되지만 전 세계적으로는 저소득 및 중간소득국가들의 경제발전은 지지부진할 것이고 인구는 지속적으로 증가할 것이기 때문에 전 세계식료품 가격변동요인에 따라 고기 소비는 단기적으로는 등락을 경험하겠지만 장기적으로는 완만하게 증가할 것이다. 더욱이 나라마다 고기소비 문화가 달라 소비자들의 구성과 취향에 따라 어떤 종류의 고기를 선호하느냐가 축종간의 증감이 다르게 나타날 것이다. 따라서 한 국가에서 다양한 이유로 어떤 축종의 고기소비를 줄이고 어떤 식육 대체식품을 추구하도록 소비자를 유도할지 아니면 그들의 경향에 어떻게 대처할 것인가는 식육산업에 종사하는 사람들의 전략적 두뇌를 필요로 할 것이다.

6편
우리나라의 고기 소비

음식은 우리의 모든 것이다.
이것은 애국심의 연장이고, 민족적 감정이고,
당신 개인의 역사이고, 당신의 지방이고,
당신의 지역이고, 당신 부족이고, 당신의 할머니이다.
이것은 시작부터 있었던 것들에서
분리될 수 없는 것들이다.

Anthony Bourdain

사진 6-1. 대형 식당에서의 고기 소비

우리나라는 전통적으로 농경민족이라서 식문화가 상당히 보수적일 것 같으면서도 생존을 위해서는 무엇이든지 소비하는 경향을 가졌다. 아마도 지역적으로 식재료가 풍부하지 못하여 먹을 수 있는 재료는 모두 식용으로 하였기 때문인 것 같다. 우리 옛말에 초근목피로 연명한다는 말처럼 풀뿌리와 나무껍질조차 소비할 수 있다는 것이다. 특히 식물성 위주로 된 식단으로 인하여 동물성 재료의 보충을 위해서는 우리가 구하여 먹을 수 있는 것은 모두 식용화한 것 같다. 과거부터 번데기, 메뚜기, 개고기, 당나귀, 뱀, 거북이 등을 먹어왔고 현대에 와서는 악어, 사슴, 타조, 메추리 등 소위 이국적인 고기들도 수입해서 먹을 정도로 종류를 가리는 것이 없고 금기식품이 거의 없다시피 한다. 최근에는 먹지 않던 말고기도 서서히 입에 대기 시작하였고 종교적으로나 사회적으로 금기 식품이 별로 없다는 것은 그만큼 사회가 개방적이라는 것을 의미하고 다양성을 즐기는 특성을 보여준다고 할 수 있겠다.

고기 소비의 사회적 진화

1) 고기 소비의 변천

국내에서의 고기소비 역사도 서구와 비슷하여 초기에는 종교가 가장 큰 영향력을 행사하였다. 국내에서는 삼국시대에 소를 농사에 사용한 기록이 남아 있다. 고대부터 근대에 이르기까지 우리나라 민족의 역사속에서 두드러지는 두 가지 고기소비형태는 소고기를 무척 선호하고 숯불구이를 즐겼다는 것이다. 한민족의 정체성을 의미하는 고기요리로 "맥적"을 들수 있다. 맥적은 고구려 시대의 양념한 고기를 꼬챙이에 꿰어 통으로 구운 뒤 각각 칼로 베어먹는 음식으로 백제와 신라에서도 맥적류의 통구이 육식문화가 발달했다. 그러나 고대 국가에서의 식육자원은 매우 귀했기 때문에 식육소비는 활발하지 못하였고 국내에서 기록이 있는 삼국시대에는 불교가 도입된 이후에 살생을 금하는 교리로 인하여 한반도에서는 육식이

그림 6-1.
고구려 무덤 안악 3호분의 벽화(고구려의 부엌과 고기를 걸어놓은 창고)

제한되어 고기의 소비는 더욱 저조하였다. 통일신라 시대에 원광법사의 "살생유택"으로 인하여 제한적으로나마 육식이 허용되어 국민건강이 유지되는 계기가 되었다. 신라의 경우는 젓갈이나 육포의 형태로 식육소재를 오래 저장하면서 즐길 수 있는 가공기술을 갖고 있었다. 고려전반기에는 불교가 번성하면서 육식문화가 쇠퇴하였고 도축도 원활하지 않았다. 그러나 고려 후반기에는 몽고가 고려를 지배하면서 몽골문화의 유입으로 그들은 소를 징발하기 위하여 제주도에 목장을 개설하고 고려에게 목축기술을 전수하고 도축방법도 가르쳐 고려사람들은 소고기를 좋아하게 되었고 소고기를 좋아하는 한국인의 특성이 이때부터 형성되었다. 육식문화가 부활되면서 맥적류의 숯불구이가 다시 유행하게 되었고 고려전기와 다른 점은 소고기를 절단하여 꼬챙이에 꿰어 굽는 꼬치구이와 같은 "설야적"의 형태를 띠게 되었다. 이후 너비아니의 형태로 발전을 하게 된다. 국내 수요도 크게 늘어나 나중에는 농사가 지장을 받을 정도가 되었다. 따라서 고려말기에는 농사를 짓기 위하여 소나 말의 도살을 금하고 닭, 돼지, 오리의 사육을 권장하게 되었다. 이러한 실정은 조선시대에도 계속되어 법적으로 소의 도살과 소고기의 소비가 금지되었지만 기록에 의하면 서울에서는 공식 정육점들이 소고기를 판매하였고 일반대중들 사이에 소고기 인기는 여전히 높아 불고기, 신선로, 육회가 주메뉴로 이용되었다. 결국 우리나라도 유럽에서처럼 고기소비가 증가됨에 따라 농사에 악영향을 주게되어 농업이 고기소비를 억제하게 되는 결과를 가져왔다. 그러나 조선시대는 상류층인 양반 사대부들 사이에 화로에 숯불을 피우고 소고기를 갖은 양념을 해서 구워먹는 것을 즐겼다. 이러한 모임을 난로회(그림 6-2)라고 하면서 겨울의 시작인 10월에 시작하면서 서울과 경기지역

그림 6-2.
조선시대 난로회

을 중심으로 한 양반 사대부사이에서 유행하다가 18세기 후반이후 전국으로 확산되었다.

양반이 아닌 일반 서민들은 비싼 소고기 대신 값이 저렴한 내장이나 뼈와 같은 부산물을 이용하여 국이나 탕을 끓여 먹었다. 이후 조선말기에는 고기와 부산물을 모두 끓여 국물을 만들어 먹는 국밥문화가 전개되었다. 근대시대에는 일제강점기를 거치면서 설렁탕과 같은 탕문화가 대표적이었으나 한국전쟁이후 소 사육 두수의 급격한 하락과 식량난으로 인해 숯불에 고급부위를 구워먹는 숯불구이 대신 저급부위를 양념하여 육수를 부어먹는 불고기가 유행하였다. 1980년 이후부터 현대에는 눈부신 경제발전과 등급제를 바탕으로 한 품질관리를 통해 한우의 경우 숯불구이방식이 크게 선호되고 있다. 한반도에서는 영남지역 초기철기~원삼국시대 유적에 따르면 사육종 돼지가 존재할 가능성이 있음이 보고되었다. 돼지고기는 고구려시대에 제사에 사용한 기록이 있으나 고려시대에는 상대적으로 인기가 없었고 이러한 경향이 조선시대에 이어졌다. 기록에 의하면 17~18세기에 조선시대에 소고기 수요가 줄어들고 돼지고기 소비가 급격히 증가하였다. 조선시대에 이르기까지 한반도에서는 크게 사육되지 않았고 일제시대에 들어와서 서양품종을 도입하여 본격적으로 사육이 시작되었다. 닭은 원삼국시대에 이미 사육되었던 기록이 남아 있는 것으로 보아 가장 일반적으로 키워진 가축이다.

일제강점기에는 지역별 도축한 가축수가 신문에 게재될 정도로 가축사육이 국가적으로 관리되었다. 1933년에는 평안남도를 중심으로 "평양우"라는 브랜드 소와 평안북도의 "평북돈" 혹은 "국경돈"이라는 재래종 가축의 증산에 대한 기록을 보면 육식을 목적으로 가축비육이 시작되었음을 알 수 있다. 해방 후에는 소고기에 대한 소비자의 높은 선호도가 무계획적인 소도살로 이어져 농사에 지장이 생기게 됨으로써 정부가 정책적으로 소고기 대신 돼지고기 소비를 권장하였다. 현대에 들어와 경종농업을 중심으로 하는 산업구조로 인하여 소는 주로 사역용으로 이용되어 도살이 엄격히 관리되어 고기소비는 여전히 미약한 상태로 유지되어 왔다. 소고기보다는 돼지고기를 위주로 소비가 형성되어진 상태로 1970년대에 년간 5.2kg을 소비하던 고기소비량은 국가 경제의 급속한 성장에 힘입어 1990년에는 300%가 증가하였고 2019년에 60kg을 소비하였다. 선진국에서는 적색육의 소비가 위축되고 가금육 소비가 급격히 증가하고 있어 더 이상 소고기 소비가 신분의 과시가 되지 않고 있지만 우리나라는 1990년까지는 소고기와 닭고기 소비량이 비슷하게 증가하다가 이후 소고기 소비가 닭고기 소비를 능가하는 경향을 보여 아직도 소고기 소비를 통한 신분이나 부를 과시하는 경제적 수준을 나타내고 있다. 최근에는 고기소재가 소 뿐만 아니라 돼지와 닭, 오리, 말, 흑염소, 토끼 등 다양하고 이에 따라 조리 방법도 가짓수가 많다. 이들 고기를 이용한 다양한 제품은 이제 특정 지역에 국한되지 않고 전세계가 공유하고 있다.

2) 고기 산업의 변천

식육산업은 크게 나누어 신선육 산업과 가공육 산업으로 구분할 수 있다. 서양에서 유래된 식육산업은 원래 식육소비가 신선육으로부터 시작하였으므로 그들이 신선육으로 소비하기를 좋아하는 부위는 주로 신선육 유통구조를 통하여 판매소비되고, 상대적으로 비인기 부위나 전통적으로 가공해 오던 부위는 가공육으로 제조되어 판매 유통되어 왔다. 유럽에서는 정육점 업자가 도축장을 경영하면서 자기 가축뿐만 아니라 다른 업자의 가축까지 도살해 주는 형태로 발전하여 오면서 신선육뿐만 아니라 가공육 제품까지 자기 매장에서 판매하는 형태를 유지하여 소비자들과 친밀한 관계를 통한 소매 유통을 강조하고 있다. 따라서 신선육 판매와 연계하여 가공육을 생산 판매하는 상호보완적인 유통을 할 수 있는 구조를 갖추고 있다. 우리나라는 최근 메쯔거라이라고 하는 즉석식육가공업으로 운영되고 있다. 반면에, 대형 가공육 회사들은 현대 유통구조에 맞는 도축과 제품 생산을 통한 나름대로의 영역을 확보하고 있다. 미국에서는 신선육은 대부분이 대규모 패커(Packer)들이 도축과 가공

유통을 일괄 체계로 운영하는 구조로 되어 있어 자체 신선육 상품을 판매할 뿐만 아니라 가공육 원료를 납품하기도 한다. 가공육 제품은 가공육 회사들이 제조하여 신선육과 유사한 유통구조를 통하여 판매하는 형태이다. 따라서 일반 소비자들은 대형 슈퍼마켓이나 식료품점에서 신선육이나 가공육 제품을 구입하지만 작은 마을에서는 라커(Locker)라고 불리우는 작은 도축장이 주민들의 신선육 수요에 맞춰 도축도 하고 저장 및 배달도 해 주는 형태로 운영되고 있다. 결국 서양에서는 신선육 산업과 가공육 산업이 상호 보완적으로 축산업과 연계되어 발전해 왔고 앞으로도 그렇게 발전해 나갈 것이다.

국내에서의 식육산업은 산업이라고 불리우게 된 것이 오래되지 않았다. 과거에 양적인 면만 강조되던 시절의 식육산업은 축산업의 일부였고, 신선육 유통은 정육점에서 이루어지던 식육 소매유통이 전부이다시피 하였다. 도축은 별개의 도축산업을 이루고 있어 식육산업과의 연계는 거의 없이 지금까지 유지되어 오고 있다. 국가 경제가 발전하면서 국내 소비자들의 고기 소비량이 증가하기 시작하고 1990년대에 들어와서 신선육은 본격적으로 산업으로서 자리를 잡기 시작하였다. 반면에 가공육은 일제시대에 일본인들이 시작한 사업에 기초하여 1960년대부터는 중소기업 규모의 값싼 어육을 원료로 한 소시지 제품을 주로 생산하는 산업구조를 유지하여 오다가 1980년대에 대규모 회사들이 참여하면서 경제발전과 맞물려 서서히 제품의 구성이 축육제품으로 전환되어져 1985년도에는 어육제품이 70%를 점하던 것이 1990년대 중반에는 20% 이하로 떨어졌다. 결국 국내 가공육 산업은 서양처럼 신선육 산업이나 축산업과 밀접한 관계를 유지하면서 발전하지 못하고 완전히 별개의 산업으로 발전하여 왔다. 이러한 현상에는 과거 국가 신선육 수급을 오로지 축산과 소비자의 신선육 소비에만 국한시켜 운영했던 국가정책이 한몫을 하였다. 시간이 지나면서 국내 소비자들의 신선육 소비가 서양에서처럼 선호 부위와 비선호 부위로 구별되면서 신선육 업계에서 부위별 수급의 불균형을 수입으로 해결하였고 가공산업계는 원료육을 국내생산 비선호부위로 충당하지 않고 저렴한 수입산으로 공급하는 현실로 인하여 식육산업계는 여전히 이중구조가 지속되고 있다. 바람직한 식육산업은 신선육 산업이 축산업과 도축산업이 함께 연계된 산업으로 발전하면서 가공육 산업과 상호보완적인 관계를 유지할 수 있는 구조를 이루는 것이다. 현재는 미국식 패커 형태의 육가공 회사들이 상당수 운영되고 있어 국내 식육시장에서 신선육과 가공육 산업이 어느 정도 균형을 이루고 있다고 볼 수 있겠다. 신선육과 가공육을 포함한 우리나라의 고기 소비의 역사는 품질고급화와 건강에 대한 관심과 함께 여전히 진행중이다. 고품질의 고기는 품질등급화로 인해, 고기와 건강에 대한 관심은 단백질 섭취에 관심이 있는 현대 소비자들의 의견을 반영하고 있다.

3) 고기유통의 현대화: 등급제

우리나라의 식육소비의 대중화는 도체등급제도의 시행으로 활성화 되었다고 볼수 있다. 우리나라는 1992년도 하반기에 처음 도입되었는데 미국의 경우 1927년, 일본은 1964년에 이미 추진되고 있어서 이들 국가와 비교해서도 매우 늦게 추진했다고 볼 수 있다. 도체의 등급제는 식육의 규격화, 품질개선, 생산성 향상 등 유통기술의 선진화에 기여했고 차별화된 제품의 거래를 촉진하기 위한 과학적인 거래제도이다. 생산자는 등급결과를 이용하여 품질이 좋은 축산물 생산으로 소득증대효과를 누릴 수 있고 유통업 종사자는 고객 수준에 맞는 품질의 축산물을 제공할 수 있어 소비자와의 신뢰구축과 판매이익등의 예측이 가능해 안정적인 영업활동이 가능하게 한다. 또한 소비자는 사고자 하는 축산물의 품질을 식별할 수 있어 구입선택의 폭을 넓힐 수 있는 정보를 제공받게 된다.

쇠고기 등급판정은 육질과 육량등급으로 구분하는데 육질 등급은 고기의 품질정도를 나타내며 소비자의 선택기준으로 1++, 1+, 1, 2, 3등급으로 구분된다. 육량등급은 소 한 마리에서 얻을 수 있는 고기의 양이 많고 적음을 나타내며 유통과정에서 거래지표로 A, B, C등급으로 구분하게 된다. 등급제도 시행으로 한우 산업의 경우 연간 2,138억원의 소득증대효과가 발생하고 있다.

2019년 한우자조금에서 보고한 쇠고기 등급제 및 등급제 개편조사결과 보고서에 의하면 특히 한우고기 구매시 등급을 확인하는 가구소비자는 83.6%로 미확인 소비자보다 많은 것으로 조사되었다. 연령층은 60대(87.1%)가 다른 연령층에 비해 등급을 확인하는 경우가 많았고 직업군은 전업주부가 84.3%, 지역중에서는 서울(86.9%)이 상대적으로 높게 나타났다. 또한 학력과 월소득이 높을수록 등급확인 비율이 상대적으로 높았고 직업군은 사무직(68.7%)이 생산/서비스/자영업자(64.1%)보다 높은 것으로 조사되었다.

돼지고기의 등급판정은 고기의 품질정도와 도체중, 등지방두께 및 외관 등을 종합적으로 고려하여 1+등급, 1등급, 2등급으로 구분하며 등급제시행으로 돈육산업에 연간 1,059억원의 소득증대효과가 발생하고 있다. 닭고기의 등급판정은 닭고기의 품질을 1+, 1, 2등급으로 구분하고 있으며 닭고기의 등급기준이 학교 식자재 납품

기준으로 선정되면서 품질이 개선되고 있다.

그러나, 고기소비와 건강의 상관관계를 고려할 때 1992년 이후 운영되어온 소도체등급제는 품질등급이 지나치게 근내지방함량 위주로 설정되어 있으므로 국민건강을 위해 이를 개선해야 한다는 주장이 대두되기 시작하였다. 그래서 2019년 12월 1일 이후부터 높은 근내지방도를 고품질 소고기로 우선 평가하던 체계에서 근내지방도, 육색, 지방색, 조직감 등을 개별 평가하고 최하위 결과를 최종 등급으로 결정하는 평가체계로 전환하여 소비자의 선택기준을 넓히고 생산농가의 경쟁력을 높이도록 소고기 등급기준이 개정되었다. 앞으로도 고기 등급제도는 국가가 국내 축산업의 생존발전과 소비자 건강을 동시에 고려하여 세계적인 전략을 확립하고 발전시켜야 할 것이다. 소위 "생각은 지구적으로, 행동은 지역적으로(Think globally, act locally)"를 기본전략으로 하여 등급제를 개선하여야 한다.

4) 건강한 식육 소비

20세기까지 국내 고기소비는 양적인 측면이 강조된 시기였다면 21세기에 들어서면서 국내 소비자들도 선진국 소비자들처럼 고기소비를 건강과 결부시켜 결정하기 시작하였다고 이야기할 수 있겠다. 특히 선진국에서는 고기 특히 적색육 소비가 소비자들에게 비만을 야기하고 순환계 질환의 발생을 증가시키는 원인으로 지목받고 있다. 따라서 지난 100년 동안 서양에서는 비만과의 전쟁을 심각하게 하여 왔다. 일반적으로 알려진 비만을 억제하기 위한 식사요법은 열량섭취를 제한하여 체내 에너지 결핍 상태를 유도하여 부족한 에너지를 체지방 소모를 통해 공급함으로써 체지방량을 감소시키는 전략이다. 그래서 지방섭취를 제한하는 것이 가장 효과적인 방법으로 고착되었다. 1970년대 이후 미국에서는 지방섭취를 제한하는 정책을 펼쳤으나 오히려 미국인의 비만발생율이 크게 증가하여 지방섭취를 제한했음에도 비만율이 증가하는 이유를 분석한 결과, 동시기에 제한된 지방섭취를 보완하기 위해 증가한 정제탄수화물섭취가 문제가 있음이 제기되었다. 그래서 최근에는 탄수화물의 섭취를 피하고 단백질과 지방이 많은 고기의 섭취가 체중관리방법인 다이어트 방법(저탄고지식단)으로 각광을 받고 있다. 이 방법의 원리는 저탄수화물 식사를 통해 상대적으로 단백질과 지방의 섭취가 증가하고 열발생이 증가하여 에너지소비를 증가시키고 식후 포만감이 증가하여 열량섭취를 감소시키게 된다. 단백질은 탄수화물에 비해 식이성 열발생이 많다. 즉 탄수화물은 섭취한 열량의 5~15%만 체내 발열반응으로 소모하지만 단백질은 섭취한 열량의 20~35%를 체내 발열반응으로 소모하는 것이다. 또한 저탄수화물 식사의 경우 식사량의 감소이유는 단백질 섭취에 의한 식후 포만감과 더불어 지방대사를 통한 혈중 케톤체에 의한 식욕억제효과도 동반 작용하는 것으로 볼 수 있다. 그러나 현재까지 서양에서 적색육 소비가 인체 건강에 부정적인 요인으로 작용하는 것으로 보고되어 있고 국내에서도 고기소비 총량, 적색육, 가공육 소비가 대사증후군(metabolic syndrome) 발생과 정의 상관관계를 보이고 있다. 백색육 소비는 부의 상관관계를 보인다고 보고되었고, 닭고기 소비나 과도하지 않은 신선육의 총소비량은 심혈관질환(CVD)위험과 부의 상관관계를 보인다고 보고되고 있어 소비 목적이 무엇이든간에 너무 과다한 적색육 소비는 바람직해 보이지 않는다. 그러나 한국인들이 가장 좋아하는 고기는 소고기이고 그래서 한우고기가 가장 비싼 것이 현실이며,

가장 많이 소비하는 고기는 돼지고기이고 젊은층에서는 여전히 양을 추구하는 고기소비 행태를 보이고 있음을 고려할 때 장기적으로 국민들의 건강을 고려하여 적색육 위주의 소비경향에 변화를 유도하여야 할 것이다.

⑭ 미래의 소비 조망

쌀밥에 소고기국이 가정의 로망이던 국가 경제가 어려웠던 과거를 기억하는 세대는 사라져 가고 이제는 고기로 배를 채우고 나서 밥을 먹는 시대가 되었다. 아직도 소고기 소비가 신분이나 부의 과시를 의미하는 경향이 남아 있는 우리나라에서 세계화의 영향은 기후환경이나 동물복지에 대한 관심을 증가시켜 한편에서는 고기소비를 줄여야 한다는 주장이 대두되고 있는 것이 현실이다. 여기에 현대 소비자들의 건강에 대한 염려는 적색육 소비에 대한 부정적 의견을 가중시키고 있다.

1) 우리나라 식육소비의 특성과 전망

우리나라는 육류가 고급식품으로 인식되어 있기 때문에 육류이용의 특성이 뚜렷하게 나타나고 있으며, 특히 계절별 소비성향이 아직도 현저하게 나타나고 있다. 육류소비가 제일 많은 시기는 명절에 어느 가정에서나 쇠고기를 제일 많이 이용하게 된다.

경제적인 성장과 식생활의 점진적인 서구화로 우리나라의 식육 및 육제품의 소비량은 증가할 전망이다. 또한, 오랜 식생활의 습관에 따라 삼복 중에서 지금도 닭고기의 소비가 현저하다. 이는 선조들이 옛날부터 닭고기에는 단백질이 풍부하여 보신에 좋은 것임을 알고 있었기 때문이라 생각된다. 하지만, 근래에 외식산업의 발달로 인해 닭고기는 연중 고르게 소비되며 이에 따른 육계산업이 더욱더 발전할 것으로 생각이 된다.

　우리나라의 육류별 이용방식을 살펴보면 쇠고기는 우리 민족의 전통적인 국거리로 가정에서 가장 많이 소비되며 근래에 와서는 불고기, 양념구이, 소금구이용으로도 많이 이용되고 있다. 돼지고기는 삼겹살, 목심, 등심구이, 양념불고기, 찌개, 볶음 그리고 다양한 육제품으로 이용된다. 그리고 닭고기는 백숙, 삼계탕, 닭찜, 튀김, 치킨 등으로 이용되고, 외식산업의 발전과 계육가공제품의 발전으로 인해 더욱더 증가할 것으로 생각된다. 서양인들과 우리나라 사람들이 좋아하는 고기의 부위를 보면 한국인은 맛을 특히 강조한다는 것이다. 고기의 맛은 지방에서 오기 때문에 한국인이 좋아하는 부위를 보면 특히 지방이 많은 부위를 선호하는 것을 볼 수 있다. 닭고기에서는 다리, 돼지고기에서는 삼겹살, 목심, 소고기는 차돌배기나 마블링이 잘된 등심을 좋아하는 특징을 보인다. 그러나 최근 닭고기에 있어서는 젊은층을 중심으로 가슴육을 선호하는 경향을 보이는 것은 서양에서 들어온 패스트푸드의 영향을 받은 것 같다. 과거에는 "고기는 씹어야 맛이다." 라며 소고기의 연도에 별로 관심을 보이지 않다가 소비가 늘어나며 연한 고기를 찾는 시대가 되어 고기의 소비품질(eating quality)에 관심을 보임으로써 생산자들이 고기품질에 신경을 쓰게 되었다. 더욱이 최근 소비자들은 소득수준이 높아지면서 생산물 품질뿐만 아니라 생산 품질에 대해서도 관심을 갖기 시작하여 유기축산이나 자연축산을 통해 생산된 고기의 광고를 매스컴에서 만나게 되었다.

　육제품은 아직까지는 고급식품으로 소비가 도시락 반찬용으로 국한되어 있었으나, 식생활 수준의 향상과 외식산업의 활성화로 점차 일반화될 것이며, 그 소비는 늘어날 것으로 본다.

2) 국내 고기 소비 수준

우리나라의 주요 3대 육류는 소고기, 돼지고기, 닭고기이며, 그 다음으로 염소고기, 오리고기 등이다. 연도별 식육 공급량과 자급율을 그림 6-3으로 제시하였는데, 우리나라 육류 자급률이 2004년 79.3%에서 2019년 65.5%로 14% 가까이 떨어진 것을 알 수 있다. 육류 공급량은 지속적으로 증가하는 것을 알 수 있는데 그에 반해 국내 생산량은 완만하게 상승하는 것을 알 수 있다. 이를 통해 수입량 또한 지속적으로 동반 상승하는 것을 알 수 있다.

미국, 호주, 뉴질랜드, EU 등과 체결한 자유무역협정(FTA)으로 육류에 무관세가 본격적으로 시행되면 자급율은 향후 2028년 62.2%로 추락할 것으로 예상하고 있다. 농림축산식품부와 농촌경제연구원 등에 따르면 한국인의 육류 소비량이 생산량을 초과하면서 필요한 고기를 수입에 의존, 육류자급률이 지속적으로 떨어질 전망이다. 자급률이 하락하는 이유는 육종 및 사육기술의 발전으로 생

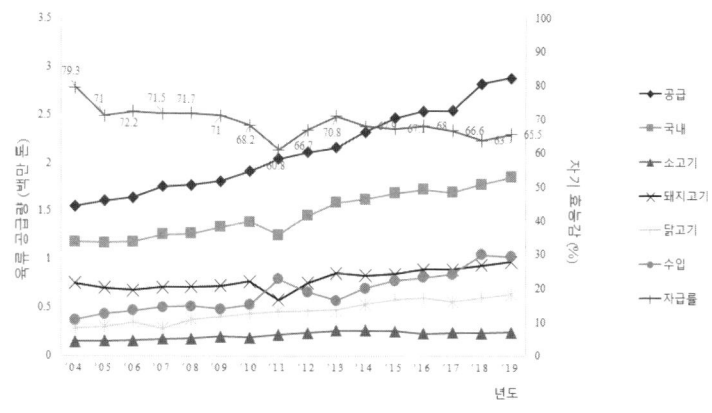

그림 6-3. 연도별 식육 공급량과 자급율

산성이 지속적으로 향상되어 왔지만 증가하는 육류 소비량을 따라가지 못하기 때문이다. 향후 우리나라 국민 1인당 육류 소비량은 2028년 61.2kg으로 2004년 대비 2배쯤 증가할 전망이다. 부족한 육류는 FTA 체결로 관세가 지속적으로 낮아지는 수입 고기에 의존하게 되고, 그 결과 전체 육류 소비량에서 국내산이 차지하는 비중이 줄어드는 것이다. 향후 FTA 체결에 따른 수입 육류에 대한 무관세가 본격적으로 적용되면 수입량이 지금보다 더욱 많아질 전망이다. 수입 육류에 대한 무관세는 2021년 미국산 돼지고기와 EU산 돼지고기를 시작으로 2026년 미국산 쇠고기, 2028년 호주산 쇠고기, 2029년 뉴질랜드산과 캐나다산 쇠고기로 확대된다. 경제성장과 더불어 국민소득 증대에 따른 식생활의 수준이 향상됨에 따라 육류의 소비가 폭발적으로 증가하였다. 이 같은 식육의 폭발적인 소비량 증가는 인구의 자연증가분을 압도적으로 추월하는 것이며, 이에 따라 국내에서 생산되는 식육의 양이 부족하여 외국으로부터 많은 양의 식육을 수입하고 있는 실정이다.

표 6-1에서 제시된 육류 수급 전망에서 국내 육류 생산량도 2000년 118만9,000톤에서 2018년 187만6,000톤으로 증가했다. 2028년 208만4,000톤으로 200만톤을 돌파할 전망이다. 하지만 육류 수입 증가속도는 국내 생산량 증가보다 더욱 가파르다. 육류 수입량은 2000년 39만4000톤에서 2018년에는 104만6,000톤을 기록, 처음으로 100만톤을 넘어섰다. 2028년 육류수입량은 124만4,000톤으로 예상된다.

육류별로는 돼지고기 자급률이 가장 빠르게 하락할 것으로 전망됐다. 돼지고기 자급률은 2019년 66.9%에서 2028년 64.6%로 하락하고, 가격(kg)은 4,296원에서 4,691원으로 10%쯤 오를 전망이다. 반면 소고기와 닭고기의 자급률은 각각 36%와 78% 수준으로 큰 차이가 없을 전망이다.

한편, 국내 축산업에 대한 진입장벽이 높아져 국내에서 육류 생산량을 늘리기는 앞으로 쉽지 않을 것으로 예상된다. 따라서 향후 육류 자급률의 하락은 불가피할 것으로 예상되고 자급률이 하락한 상황에서 질병 등의 이유로 해외 공급이 감소하면 육류 가격 상승이 동반될 수 있다.

표 6-1. 2028년 우리나라의 육류 수급 전망

	소		돼지		닭		오리		계	
	2018 (추정)	2020 (전망)	2018 (추정)	2028 (전망)	2018 (추정)	2028 (전망)	2018 (추정)	2028 (전망)	2018 (추정)	2028 (전망)
생산량 (천톤)	237	297	939	967	603	712	97	108	1,876	2,084
수입량 (천톤)	414	508	464	531	163	200	5	5	1,046	1,244
1인당 소비량 (kg)	12.6	15.2	25.2	27.5	14.1	26.4	2	2.1	53.9	61.2
자급률 (%)	36.4	36.9	66.9	64.6	78.7	78.1	94.9	95.2	64.2	62.6
가격(원)	17,770	19,073	4,296	4,691	4,317	1,499	7,428	7,914		

3) 연도별 고기 종류별 소비경향

우리나라 국민 1인당 식육 소비량은 2004년 31kg에서 2019년 54.6kg으로 23kg 이상 증가했다(그림 6-4). 축종별로 살펴보면 2015년 돼지고기의 경우 21.5kg에서 27kg으로 꾸준히 증가 추세를 보였고, 2015년 닭고기의 경우 12.8kg에서 14.2kg으로, 2015년 쇠고기의 경우 10.8kg에서 12.7kg으로 완만하게 증가하는 경향을 보였다. 소고기의 경우 고가에 기인하여 억제되었던 소비가 상대적으로 값 싼 수입 소고기가 대량으로 수입되면서 소비도 동반 상승한 것으로 사료된다. 돼지고기의 경우 전체 육류소비량의 절반 이상을 차지하고 있으나, 이러한 돼지고기 소비량은 연간 1인당 60kg 이상의 돼지고기를 소비하는 미국, 유럽, 중국, 일본의 소비량보다는 적은 수치이나, 앞으로 꾸준히 돼지고기 소비는 증가할 것으로 예상된다. 돼지고기는 양적으로 3대 식육 중 가장 많은 소비량 증가를 보이고 있으나, 그 소비의 형태가 인기부위에 치중되어 있어 많은 문제점을 보이고 있다. 즉, 소고기와 마찬가지로 식육의 요리문화가 국거리나 수육의 형태에서 구이의 형태로 급속히 전환되면서 구이에 적합한 부위인 삼겹살 및 목살의 소비는 급증한 반면, 뒷다리, 등심, 안심 등 소위 비인기 부위(저지방 부위)의 소비가 제대로 이루어지지 않아 적체되고 있는 실정이다.

   닭고기의 경우 돼지고기 다음으로 소비량이 많은데 꾸준히 증가 패턴을 보이고 있다. 이는 육계는 소나 돼지보다 사료효율이 높으며, 단기간에 대량생산이 가능하고 값이 저렴할 뿐만 아니라 최근에는 건강에 대한 소비자들의 관심이 높아지면서 백색육인 닭고기에 대한 선호도가 높아지고 있어 앞으로 소고기나 돼지고기의 소비 증가율을 앞지를 것으로 예상된다. 또한, 저렴한 닭고기의 생산적 특성을 감안할 때 향후 가공원료육으로도 많이 이용될 것으로 예상된다. 향후 삼계탕과 같은 레토르트 식품이나 뼈를 제거한 부위육을 이용한 구이용 등 제품이 다양화되어 향후 소비가 더 늘어날 것으로 본다. 세계적으로는 일인당 닭고기 소비량이 1997년에 소고기 소비량을 추월하였고, EU 27개국 평균은 1993년에, 미국의 경우는

1995년에 돼지고기 소비량을, 2012년에는 소고기 소비량을 추월하였다. 우리나라에서는 2005년에 소고기 소비량을 추월하여 한국인도 서양 선진국 소비자들처럼 소고기보다 백색육인 닭고기를 선호하는 것으로 보인다.

경제성장에 따라 육류소비량이 과거에 비해 크게 증가하였으나, 아직 OECD 평균의 80% 수준에 육박한 것인데, 이는 주식이 쌀이고, 반찬이 많은 한국의 문화적 특성에 따른 복합적 요인이 있는 것으로 사료된다. OECD 평균과 비교하면 돼지고기를 많이 먹고, 닭고기와 쇠고기는 적게 섭취하는 것으로 나타났다. 향후 식생활의 서구화와 소득증대에 힘입어 육류 수비가 꾸준히 증가 추세를 보일 것으로 예측된다. 다시 말하면 수입육 시장 개방에 따라 식육 자급율이 지속적으로 하락하는 상황에서도 식육 시장의 규모는 전체적으로 확대 과정에 있다는 것이다. 미국에서는 소비자의 건강에 대한 관심이 증가함에 따라 콜레스테롤과 포화지방산을 많이 함유하고 있는 쇠고기에 대한 소비를 기피하면서 백색육 선호경향이 나타나는 반면에 우리나라는 당분간 이러한 현상이 나타나지 않을 것으로 전망한다. 이러한 현상은 우리나라 식습관에서 닭고기는 반찬으로의 역할을 크게 하지 못하고, 간식 또는 일품요리 형태로 섭취되기 때문인 것으로 보인다. 반면 어린이와 청소년층의 닭고기에 대한 선호도가 높고, 외식 특히 패스트푸드가 급속히 확대되는 추세로 장기적으로는 닭고기의 소비가 빠르게 증가할 가능성은 존재한다.

농림축산식품부의 통계자료에 따르면 2018년 기준 식육가공품 생산규모는 5조 6000억원으로 2015년의 4조 3000억원에 비해 연평균 8.9% 증가하였다. 이는 가정간편식(HMR; Home Meal Replacement)

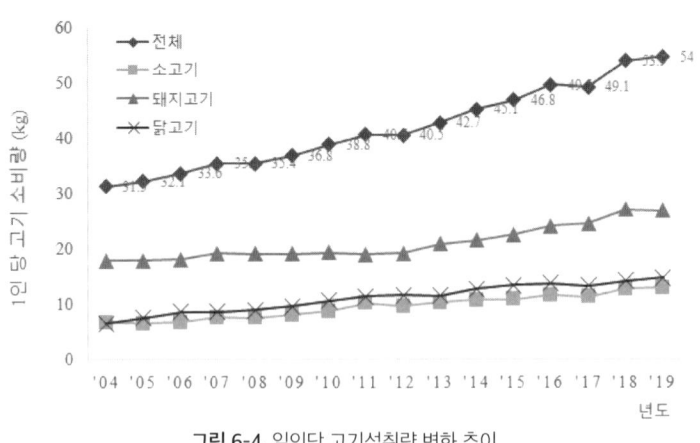

그림 6-4. 일인당 고기섭취량 변화 추이

제품의 다양화와 1인가구의 증가, 그리고 캠핑인구 증가 등으로 양념육류, 소시지류, 건조저장육류 등의 생산이 크게 증가하였기 때문이다. 한편 세계시장을 보면 2019년 세계 식육가공품 시장규모는 4,237억달러로 2015년 이후 연평균 2.4% 지속 성장을 하고 있으며 이 중 미국은 전체 시장의 25.2%를 차지하는 1,066억달러에 달하며 중국이 517억 달러로 12.2%, 독일이 286억달러(6.7%) 순이다. 우리나라는 39억달러로 19위에 이른다. 현재 세계 식육가공품 시장은 저염, 저당 프리미엄 브랜드와 클린라벨에 대한 관심 증가 및 매콤한 육가공품 수요 증가 추세에 있다.

4) 인구분포로 본 우리나라 고기소비의 미래

미래 식육소비를 예측하려면 국내 세대 간의 식육소비에 대한 인식태도도 분석하여 세대 집단에 따른 전략구상이 요구된다. 특히 경제력은 있고 신체적으로 고급 동물성 단백질 섭취가 필요한 고령층의 신체적 약점인 소화능력과 저작력 약화를 해소시키지 않으면 전체적인 고기소비량은 정체하거나 감소할 수 밖에 없다. 그림 6-5을 보면 우리나라도 고령층의 육류섭취가 젊은 층에 비해 또 영양섭취 권장량에 비해 매우 낮은 것을 볼 수 있으며, 이와 함께 연령대별 인구피라미드의 변화로 볼 때 우리나라의 추후 식육소비량은 어느 정도 줄어들 수도 있음을 예측할 수 있다.

이와 함께 앞 장에서도 언급했던 윤리적 소비를 지향하고 있는

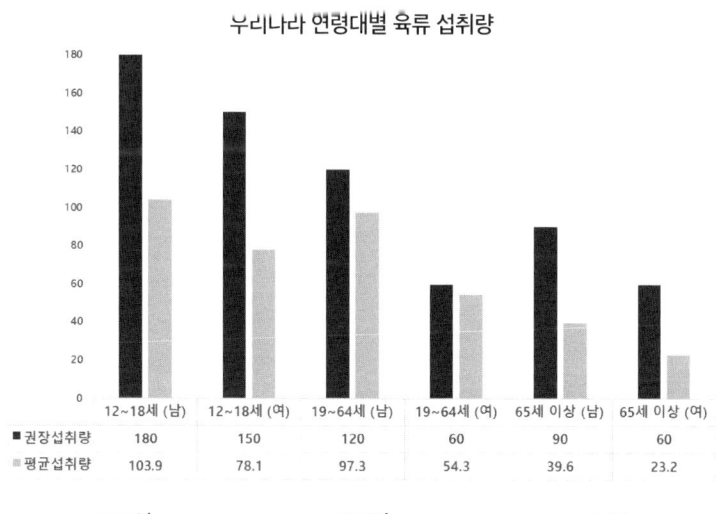

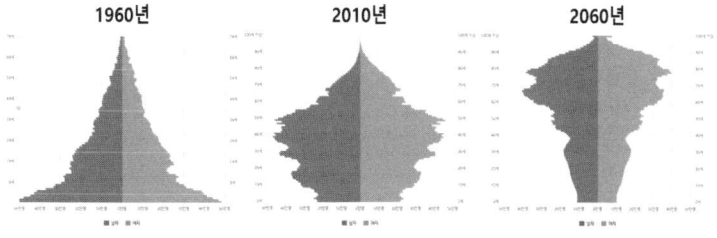

그림 6-5. 우리나라 연령대별 육류섭취량(위)과 연도별 인구피라미드의 변화추이(아래)

최근 소비자들의 소비추세에 따라 식육을 생산하는 축종의 재구성도 고려해 볼 문제이다. 그림 6-6는 콩류와 식육대체 단백질소재, 그리고 기존 육류 등 단백질원 식품들에 대한 에너지 사용량, 온실가스 효과 및 토지사용을 비교한 결과인데 추정 범위가 꽤 넓긴 하지만 식육 대체단백질소재가 온실가스 효과나 토지이용에서의 감축효과는 확실하다. 이에 더하여 이러한 사회경제적/환경적 비용이 축종간에도 꽤 차이가 나 반추동물의 경우 온실가스 효과나 우리나라에서는 완전히 일치하지 않지만 토지 사용에서 단위동물에 비해 불리하다는 것이 소비자들에 의해 인식될 수 있을 것이다.

대체식품 또는 소재는 맞춤형(예: 유아식, 노인식, 환자식 등) 또는 보다 경제적인 가격의 단백질 공급원으로써 사회적 역할을 수행할 것으로 예상되는 반면, 가축의 사육은 자원, 환경, 생산비(예: 사료곡물가격 폭등), 인건비 및 친환경 축산으로 전환 등의 요인으로 인해 가격을 낮추는데 어려움이 있을 것으로 예상된

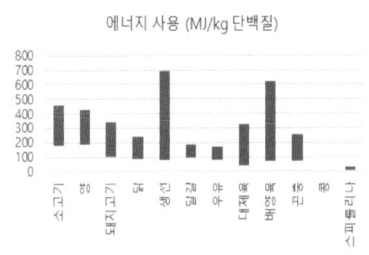

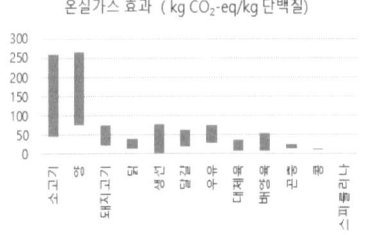

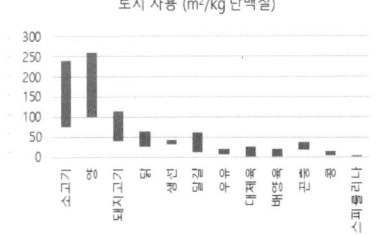

그림 6-6. 식품 단백질원 1kg 생산을 위한 에너지 사용(상), 온실가스효과(중) 및 토지 사용(하) 비교
(Kanerva, 2019)

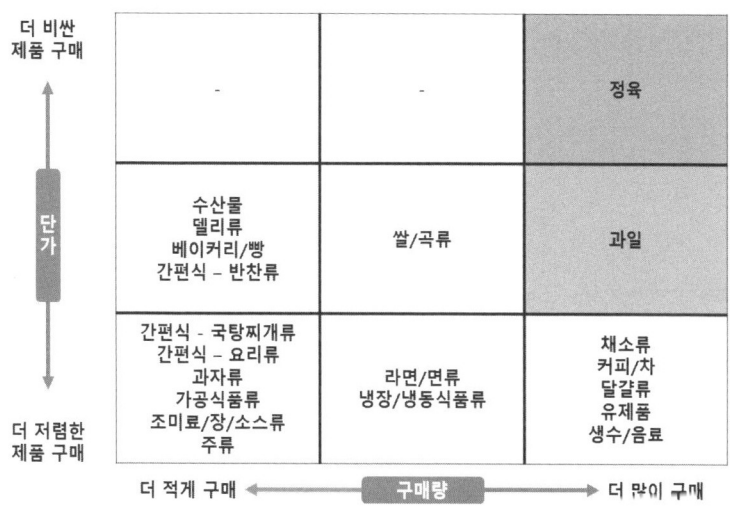

그림 6-7. 1년간 식료품 단가 및 구매량 변화(김, 2020)

다. 대신, 대체단백질 소재들이 기존의 식육과 유사도가 낮아 소비자 만족도 및 품질이 기존의 식육에 비해 낮다는 사실을 활용하여 기존 식육의 위생과 품질 수준을 높이도록 연구개발이 진행될 것이고, 이를 기반으로 최종제품에 부가가치를 부여해서 가격경쟁력을 확보하는 고급화 전략이 진행될 것이다. 2020년 소비자의 구매 추세가 정육과 과일의 경우 더 비싼 것을 더 많이 구매했다는 결과도 이를 증명한다(그림 6-7).

향후 예상되고 있는 인구의 급증과 기후변화, 자원고갈 등의 문제로 인하여 식량안보 위기는 더욱 고조될 것이다. 특히, 해외 다른 나라들에 비해 우리나라 식량 자급률이 낮고 토지 등 자원 부족으로 인해 가축 사육만을 통한 식육의 증산은 어렵다. 이런 측면에서 육류 대체단백질 소재는 우리 국민에게 양질의 단백질을 공급하기 위해 반드시 필요한 수단일 수 있다. 미래 고기 시장은 기존의 진짜 고기와 대체단백질 소재가 각자의 장점을 개선하고 단점은 보완하여 공존한다면 우리 모두에게 긍정적 효과를 가져올 수 있을 것이다.

　개도국의 경제발전과 전 세계적 중산층 비율의 증가는 전체적인 식육수요 증가로 이어질 것이며, 특히 동남아시아, 서아시아 등 우리 주변 국가들이 주도해 나갈 것으로 예상된다. 따라서 우리가 경험하고 습득한 선진화된 집약적 축산기술을 주변 국가들과 함께 공유하는 등 기술수출과 해외시장 개척이 용이할 수 있다. 반면, 위에서 언급한 개인 소득수준과 세대간의 식육에 대한 인식과 섭식 용이성 차이, 그리고 좀 더 윤리적인 관점에서 바라보는 소비자가 늘어가는 추세에 따라 우리나라 식육소비는 양적으로는 지금보다 크게 늘어나기보다는 점진적인 증가가 예측되며, 따라서 더 고급화되고 가치지향적인 제품의 생산이 주를 이루게 될 것으로 보인다. 여기에는 환경과 생물다양성 보전 관점에서 축종의 조정 등을 통한 탄소발자국 저감 노력이나 토종 축종의 발굴, 보전 및 확대 등의 미래지향적 방향으로 식육산업이 발전할 것으로 판단된다. 더욱이 우리나라는 동아시아권에 속하기 때문에 고기소비가 서양과는 다른 형태를 보일 것이다. 소득 수준에 비해 고기소비가 상대적으로 낮은 일본의 경우를 보면 이미 정체 상태에 도달했음을 볼 때 우리나라 고기소비도 계속 증가하지 않고 언젠가는 정체할 것을 예상해야 할 것이다. 통계청(2020) "2019년장래인구특별추계를 반영한 내외국인 인구전망 : 2017~2040"에 의하면 2028년을 정점으로 국내인구는 감소할 것이고 반면에 인구구성의 외국인 비율은 꾸준히 증가할 것이다. 이것은 고기소비량증가의 54%가 인구수 증가에 기인한다는 보고를 고려하면 국내 고기소비량은 과거처럼 증가하지 않을 것임을 보여준다. 더욱이 인구구성의 연령대 구성비와 외국인 비율 변화를 고려하면 소비되는 고기의 종류도 과거와는 다르게 진행될 것으로 예상해야 할 것이다. Statista(2022)에 의하면 우리나라 일인당 연간 돼지고기 소비량은 2020년 27.1kg, 닭고기는 13.5kg, 소고기 및 송아지고기는 12.9kg, 그리고 양고기 및 염소고기는 0.1kg으로 완만하게 증가할 것으로 예측하고 있다. 아울러 타국 문화를 쉽게 받아들이는 한국인의 성향을 비추어 볼 때 아직은 소고기의 상징성에 집착하는 소비자가 많지만, 장기적으로 볼 때 고기소비도 선진국에서처럼 적색육의 소비를 줄이고 백색육을 더욱 증가시킬 것 같다.

5) 고기수요의 충족을 위한 지리학적 고찰

1930년대 중국에서 "지도전쟁"을 책임지고 이끌었던 지리학자 바이메이추(白眉初)는 "지리학을 배울 때 가장 우선시해야 하는 것이 바로 애국심이다." 따라서 "일반 국민들에게 애국심을 일깨우는 것' 이 자신의 목표 중 하나라고 말했듯이 우린 고기의 지리학을 공부하면서 미래 우리나라 고기수요의 충족을 위한 전략을 생각할 수 있어야 한다.

우리나라의 고기 자급율은 표 6-1에서 보는 것처럼 36.5~78%의 범위를 보이고 있으며 축종에 따라 차이를 나타내고 있다. 자급율은 소고기가 가장 낮고 다음이 돼지고기, 닭고기 순이다. 이에 따라 우리나라가 고기를 수입해오는 국가들을 보면(표 6-2, 6-3, 6-4) 소고기는 미국과 호주에서 주로 수입해오고, 돼지고기는 2000년대 초반까지는 유럽에서 주로 수입해 오다가 최근에는 미국이 주 수입원이 되었다. 반면에 닭고기는 2000년대 초반까지는 미국에서 주로 수입해오다가 최근에는 브라질로 수입원이 변경되었다.

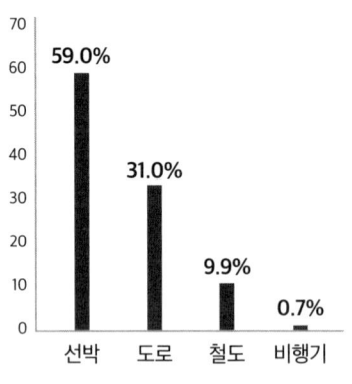

그림 6-8. 세계 식품 운송 수단별 이동거리 (2018)

한국인이 주로 소비하는 3대 육류, 소고기, 돼지고기, 닭고기는 국가경제가 발전하면서 그 소비량이 큰 폭으로 증가한 반면에 국내 생산은 토지와 환경의 제약으로 증가하지 못함으로써 수입량이 급격히 증가하여 1990년에서 2019년 사이 육류의 자급률이 큰 폭으로 감소한 것으로 나타난다. 소고기는 100%에서 36.5%로, 돼지고기는 85.0%에서 69.7%로, 닭고기는100.0%에서 78.1%로 감소하였다(농림축산식품 주요통계, 농촌경제연구원, 2020). 이러한 육류수입은 선편으로 이루어지기 때문에 항로가 매우 중요하다(그림 6-8). 남중국해는 세계에서 가장 중요한 항로로 알려져 있으며 인도양에서 아시아, 그리고 태평양까지 뻗어 있으며 인도네시아, 말레이시아, 필리핀, 베트남, 중국 그리고 타이완이 그 주위를 둘러싸고 있으며 전 세계 교역량의 30%에 달하는 물량이 이곳을 지나간다. 국제적 분쟁이 일어나거나 식량위기가 닥치게 되면 우리나라같이 식품자급율이 50%가 되지않는 나라의 경우에는 그 수입량의 확보가 문제가 될 수 있다. 따라서 가능하면 남중국해를 거쳐오는 유럽발 수입은 줄이고 태평양을 항로로 이용하는 수입선을 확보하는 것이 전략적으로 유리할 것이다. 2020년 한국농촌경제연구원이 제시한 고기 자급율의 추정치를 보면 소고기, 돼지고기, 닭고기의 자급율이 전년도에 비해 다소 증가한 것을 볼 수 있는데 이는 지난 2020년 1월 이후 전 세계가 고통받고 있는 코로나-19 바이러스로 인한 펜더

믹에 의해 수입량이 다소 감소했기 때문으로 예상된다. 국제적인 감염성 질병의 발생같은 사회적인 이유도 고기지리에 영향을 줄 수 있다는 예를 보여주고 있다.

표 6-1. 소고기, 돼지고기, 닭고기 자급율[1]

(단위: 천톤, %)

연도	소고기				돼지고기				닭고기			
	생산	수입	총소비량	자급률(%)	생산	수입	총소비량	자급률(%)	생산	수입	총소비량	자급률(%)
1970	37	-	37	100	83	-	83	100	45	-	45	100
1975	70	-	70	100	99	-	99	100	56	-	56	100
1980	93	-	93	100	239	13	252	94.8	92	-	92	100
1985	118	-	118	100	346	9	355	97.4	126	-	126	100
1990	95	-	95	100	508	89	597	85.0	172	-	172	100
1995	155	-	155	100	639	199	838	76.2	265	-	265	100
2000	214	-	214	100	714	394	1108	64.4	261	-	261	100
2004	145	-	145	100	749	374	1123	66.6	287	-	287	100
2005	152	-	152	100	701	433	1134	61.8	301	-	310	100
2006	158	-	158	100	677	464	1141	59.3	349	-	349	100
2007	171	-	171	100	706	499	1205	58.5	280	-	280	100
2008	174	-	174	100	709	509	1218	58.2	377	-	377	100
2009	198	-	198	100	722	479	1201	60.1	409	-	409	100
2010	186	-	186	100	764	524	1288	59.3	436	-	436	100
2011	216	289	505	42.7	574	370	944	60.8	456	131	587	77.6
2012	234	254	488	47.9	750	275	1025	73.1	464	131	595	77.9
2013	260	257	517	50.2	853	185	1038	82.1	473	127	600	78.8
2014	261	282	543	48.0	830	274	1104	75.1	528	141	669	78.9
2015	255	299	554	46.0	842	358	1200	70.1	585	119	704	83.0
2016	231	363	594	38.8	891	318	1209	73.6	599	128	727	82.3
2017	239	344	583	40.9	894	369	1263	70.7	558	132	690	80.8
2018	237	417	654	36.2	936	463	1399	66.9	604	163	767	78.7
2019	245	426	671	36.5	969	421	1390	69.7	637	178	815	78.1
2020[2]	249	419	668	37.2	996	310	1306	76.2	641	139	780	82.1

주 1) 자급률 = 국산 고기 생산량 / 고기 총 소비량 / 2) 2020년은 한국농촌경제연구원 추정치임.

표 6-2. 수입원 국가별 소고기 수입량 추세

(단위:%)

연도	미국	호주	캐나다	뉴질랜드	멕시코	기타	총량(톤)
1998	56.2	34.6	4.6	4.5	0	0.1	87,077
1999	49.5	40.3	5.9	4.3	0	0	197,489
2000	55.3	29.5	7.8	4.7	0	2.7	237,841
2001	57.5	32.7	3.4	6.1	0	0.3	166,273
2002	63.9	26.2	4.0	5.9	0	0	292,246
2004	0	64.7	0	34.8	0	0.5	132,869
2007	7.2	72.7	0	18.9	1.2	0	202,785
2010	37.0	49.7	0	12.6	0.7	0	245,086
2015	37.8	55.2	0.3	6.1	0.1	0.5	297,265
2016	42.4	49.1	1.5	5.6	0.4	1.0	361,531
2018	52.9	40.3	0.9	4.4	1.0	0.5	415,685
2020	54.5	37.7	1.4	4.2	1.8	0.4	419,469

(자료: 한국육류유통수출협회, 2021)

표 6-3. 수입원 국가별 돈육 수입량 추이

(단위:%)

연도	덴마크	벨기에	헝가리	캐나다	미국	네덜란드	칠레	프랑스	오스트리아	폴란드	기타	총량(톤)
1999	39.6	4.1	8.3	12.3	14.0	7.5	0	0	0	0	14.2	141,954
2000	18.4	1.6	18.8	9.2	7.5	17.0	0	0	0	0	27.5	95,892
2001	20.9	20.6	16.2	4.9	3.6	7.6	0	0	0	0	26.2	51,516
2003	5.7	21.7	10.9	5.5	8.5	7.7	19.8	0	0	0	20.2	60,813
2004	9.0	15.4	5.0	8.0	11.8	8.7	16.0	0	0	0	26.1	108,832
2005	5.0	9.7	4.0	11.6	24.9	5.5	14.6	0	0	0	24.7	173,556
2009	0.9	5.0	2.3	12.5	35.7	5.4	17.3	6.8	6.1	1.2	6.8	209,838
2010	0.6	7.4	2.0	10.0	28.4	7.3	16.6	7.7	7.4	1.2	11.4	179,491
2011	4.5	3.7	2.0	12.8	38.6	5.1	6.7	4.5	4.8	2.5	14.8	370,248
2014	2.1	3.6	1.7	4.2	34.3	3.5	6.6	4.0	5.4	1.3	33.3	273,888
2017	2.4	2.5	0.1	4.0	37.4	6.1	5.9	2.0	3.8	0	35.8	369,217
2018	2.4	2.2	0.1	4.8	39.8	5.3	5.6	1.7	3.0	0	34.5	463,521
2019	1.9	0	0	6.0	41.2	4.7	5.9	1.3	2.5	0	36.5	421,343
2020	2.6	0	0	7.0	41.4	4.3	7.3	1.2	3.3	0	32.9	310,466

세계적으로 과거에 남미나 폴란드, 그리고 러시아에서는 고기 가격의 상승으로 국민들의 불만이 커져 폭동으로 번진 사례들이 있었듯이 식량파동이 생기면 자급률이 낮은 나라들에서는 식품가격의 상승으로 이어져 사회적 불만의 폭발로 이어질 수 있다. 따라서 고기에 입맛을 들인 한국인들을 위하여 수입선의 다변화와 항로의 전략적 선택이 미래 고기수요 증가에 따른 국가적 공급정책이 될 것이다.

표6-4. 수입원 국가별 닭고기 수입량 추이

(단위:%)

연도	미국	태국	캐나다	중국	덴마크	브라질	기타	총량(톤)
1999	88.0	11.8	0.2	0	0	0	0	45,976
2000	80.9	15.9	0.2	3.0	0	0	0	66,334
2002	65.5	33.1	0.6	0.3	0.5	0	0	97,324
2003	49.0	50.3	0	0.5	0.2	0	0	81,901
2005	51.1	0	0	0	37.2	0	11.7	52,765
2007	44.0	0	0	0	4.0	52.0	0	37,812
2009	43.1	0	0	0	3.1	53.7	0.1	59,599
2010	60.8	0	0	0	2.5	36.0	0.7	98,912
2014	54.1	0	0	0	3.6	42.0	0.3	124,947
2017	10.5	2.0	0	0	2.6	84.6	0.3	102,835
2020	1.7	4.1	0	0	3.8	89.9	0.5	138,548

참고문헌

1편

- Aiello LC, Wheeler P. 1995. The expensive tissue hypothesis. Curr Anthropol 36:199–332.
- Berthoud HR, Seeley RJ. 1999. Neural and Metabolic Control of Macro Nutrient Intake. CRC Press.
- Breslin, PAS. 2013. An Evolutionary Perspective on Food and Human Taste:Review. Curr Biol 23(9):R409-R418.
- Cordain L, Eaton SB, Sebastian A, Mann N, Lindeberg S, Watkins BA, Brand-Miller J. 2005. Origins and evolution of the Western diet: health implications for the 21st century. Am J Clin Nutr 81(2):341-354.
- Cordain L, Eaton SB, Sebastian A, Mann N, Lindeberg S, Watkins BA, O'Keefe JH, Brand-Miller J. 2005. Origins and evolution of the Western diet: health implications for the 21st century. Am J Clin Nutr 81:341–54.
- Dominguez-Rodrigo M, Bunn HT, Mabulla AZP, Baquedano E, Uribelarrea D, Perez-Gonzalez A, Gidna A, Yravedra J, Diez-Martin F, Egeland CP, Barba R, Arriaza MA, Organista E, Anson M. 2014. On meat eating and human evolution: A taphonomic analysis of BK4b(upper bed II, Olduvai Gorge, Tanzania), and its bearing on hominin megafaunal consumption. Quaternary International 322-323:129-152.
- Garnas E. 2015. The Evolution of the Human Diet: From Wild Meat, Fruits, and Tubers to Candy, Donuts, and Pizza. Bachelor thesis. Oslo and Akershus University College of Applied Science.
- Grau-Sologestoa I, Albarella U. 2019. The 'long' sixteenth century: a key period of animal husbandry change in England. Archaeological and Anthropological Sciences 11:2781–2803.
- Grine FE, Fleagle JG, Leakey RE. 2006. The First Humans - Origin and Early Evolution of the Genus Homo. Springer.
- Henneberg M, Sarafis V. Mathers K. 1998. Human adaptations to meat eating. Hum Evol 13:229–34.

- Henneberg M. 1998. Evolution of the human brain: is bigger better? Clin Exp Pharmacol Physiol 25:745–9.
- Hladik CM, Pasquet P. 2002. The human adaptations to meat eating: a reappraisal. Human Evolution 17:199-206.
- James WPT, Johnson RJ, Speakman JR, Wallace DC, Fruhbeck G, Iversen PO, Stover PJ. 2019. Nutrition and its role in human evolution. J Intern Med 285:533–549.
- Kelly RL. 2016. The fifth beginning:What six million years of human history can tell us about our future. University of California Press.
- Kolbert E. 2014. The Sixth Extinction: An Unnatural History. Bloomsbury.
- Kuperavage A, Pokrajac D, Chavanaves S, Eckhardt RB. 2018. Earliest Known Hominin Calcar Femorale in Orrorin tugenensis Provides Further Internal Anatomical Evidence for Origin of Human Bipedal Locomotion. Anat Rec 301(11):1834-1839.
- Luca F, Perry GH, Rienzo AD. 2010. Evolutionary Adaptations to Dietary Changes. Annu Rev Nutr 30:291–314.
- Mann N. 2007. Meat in the human diet:An anthropological perspective. Nutr Diet 64(s4):s102-s107.
- Mathieson S, Mathieson I. 2018. FADS1 and timing of human adaptation to agriculture. Mol Biol Evol 35(12):2957-2970.
- Milton K, 1999. A hypothesis to explain the role of meat-eating in human evolution. Evol Anthropol 8:11-21.
- Milton K. 2003. The critical role played by animal source foods in human(homo) evolution. J Nutr 133: 3886S-3892S.
- Pasquet P, Hladik CM. 2005. Theories of human evolutionary trends in meat eating and studies of primate intestinal tracts. In A. Hubert, I. Garine & H. Macbeth (Eds.), Meat: Environment, Diet and Health. Universidad de Gualararaja, Mexico. Estudio del Hombre 19:21-34.
- Pereira PMCC, Vicente AFRB. 2013. Meat nutritional composition and nutritive role in the human diet. Meat Sci 93:586–592.
- Pobiner B. 2013. Evidence for meat-eating by early humans. Nat Edu 4(6):1-8.
- Pobiner B. 2016. Meat-eating among the earliest humans. Am Sci 104(2):110-117.
- Roos D. 2019. The juicy history of humans eating meat. History.
- Scott J. 2017. Against the grain. Yale University.
- Smil V. 2002. Eating Meat: Evolution, Patterns, and Consequences. Popul Dev Rev Review 28(4):599–639.
- Teaford, M.F., Ungar, P.S. 2000. Diet and the evolution of the earliest human

ancestors. Proc Nat Acad Sci 97(25):13506-13511.
- Ungar PS, Sponheimer M. 2011. The Diets of Early Hominins. Science 334:190-193.
- Ungar, Peter S. 2007. Evolution of the Human Diet:The Known, the Unknown, and the Unknowable. Oxford University Press.
- Zink KD, Lieberman DE. 2016. Impact of meat and Lower Palaeolithic food processing techniques on chewing in humans. Nature 531:500-503.
- Zink KD, Lieberman DE. 2016. Impact of meat and Lower Palaeolithic food processing techniques on chewing in humans. Nature 31:500-503.
- 김서형. 2018. 빅히스토리. 살림
- 유발 하라리. 2015. 사피엔스. 김영사
- 임용한. 2014. 세상의 모든 혁신은 전쟁에서 탄생했다. 교보문고

2편

- AVEC. 2019. Annual Report
- Carr KE. African Food – History – Cooking and eating in early Africa. Available from: https://quatr.us/african-history/african-food-history.htm Accessed at July. 2020.
- Chiles RM, Fitzgerald AJ. 2018. Why is meat so important in Western history and culture? A genealogical critique of biophysical and political economic explanations. Agric Hum Values 35:1-17.
- Chiles, R.M., Fitzgerald, A.J. 2018. Why Is meat so important in Western history and culture? a genealogical critique of biophysical and political-economic explanations. Agric Hum Values 35:1-17.
- Davenport, C. B. 1945. The Dietaries of Primitive Peoples. Am Anthropol 47(1):60-82.
- Devine C, Dikeman M. 2014. Encyclopedia of Meat Sciences. 2nd ed. Academic Press.
- Dindyal S, Dindyal S. 2003. How Personal Factors, Including Culture And Ethnicity, Affect The Choices And Selection Of Food We Make. Internet J Third World Med 1(2):27-33.
- Dindyal S, Dindyal S. 2003. How Personal Factors, Including Culture And Ethnicity, Affect The Choices And Selection Of Food We Make. The Internet J Third World Med 1(2):27-33.

- Driscolla CA, Macdonalda DW, O'Brien SJ. 2009. From wild animals to domestic pets, an evolutionary view of domestication. Proc Nat Acad Sci 106(s1):9971–9978.
- Encyclopedia Britannica. Language and Culture.
- FAOSTAT. 2020. Livestock primary.
- Faunalytics. Meat-Eating And Western Culture: A thorough and nuanced look at the myriad ways that meat-eating has evolved and shaped Western culture and food value norms. Availlable from: https://faunalytics.org/meat-eating-culture-review/#. Accessed at Nov 12. 2020.
- Gat, A., Yakobson, A. 2013. Nations: The long history and deep roots of political ethnicity and nationalism. (번역본: 민족. 2020. ㈜교유당)
- Gibert M, Desaulniers E. 2014. Carnism. Encyclopedia of Food and Agricultural Ethics. pp 292-298.
- Global Trade. 2019. Global Duck And Goose Meat Market to Keep Growing, Driven by Strong Demand in Asia.
- Global Trade. 2020. Camel Meat Market in the Middle East is Driven by Rising Demand in Saudi Arabia.
- GuerreroI A, ValeroII MV, CampoI MM, SañudoI C. 2013. Some factors that affect ruminant meat quality: from the farm to the fork. Review. Acta Sci. Anim. Sci 35(4): 335-347.
- Harris M, Ross EB. 1989. Food and Evolution: Toward a theory of human food habits. Temple University Press.
- Joy M. 2010. Why we love dogs, eat pigs, and wear cows. An introduction to carnism. Red Wheel.
- Koo, S.J., Kim, H.S. 2005. Cultural foods in the world. Kyomoonsa, Paju, Korea. pp 1–48.
- Leroy F, Praet I. 2015. Meat traditions. The co-evolution of humans and meat. Appetite 90:200-211.
- Li, B. 2016. Comparison of diet and cooking based on Chinese and Western culture. International Conference on Information System and Management Engineering. pp 209-212.
- Milford AB, Le Mouël C, Bodirsky BL, Rolinski S. 2019. Drivers of meat consumption. Appetite 141:104313.
- Nam, K.C., Jo, C., Lee, M. 2010. Meat products and consumption culture in the East. Meat Sci 86:95-102.
- Nick Fiddes. 2004. MEAT: A Natural Symbol. The Taylor & Francis e-Library.
- OECD/FAO. 2019. OECD-FAO AGRICULTURAL OUTLOOK 2019-2028.
- Piazza J, Ruby MB, Loughnan S, Luong M, Kulik J, Watkins HM, Seigerman

- M. 2015. Rationalizing meat consumption. The 4Ns. Appetite 91:114–128.
- Roel Sterckx. 2005. Of Tripod and Palate:Food, Politics, and Religion in Traditional China. Palgrave Macmillan. Spinger. New York.
- Sans P, Combris P. 2015. World meat consumption patterns: An overview of the last fifty years (1961–2011). Meat Sci 109:106-111.
- Scherf BD, Pilling D. 2015. The second report on the state of the world's animal genetic resources for food and agriculture. FAO.
- Smil V. 2013. Should we eat meat? Evolution and Consequence of Modern Carnivory. John Wiley & Sons, Ltd.
- Sun, T., Gao, F., Wang, Z. 2004. Difference between Chinese and western dietetic culture and their implications for kitchenware design. Journal of Southern Yangtze University. 3:118-121.
- Swatland, H.J. 2010. Meat products and consumption culture in the West. Meat Sci 86:80-85.
- Trocino A, Cotozzolo E, ZomeñoC, Petracci M, Xiccato G, Castellini C. 2019. Rabbit production and science: the world and Italian scenarios from 1998 to 2018. Italian J Anim Sci 18(1):1361-1371.
- Wahlqvist ML, Lee MS. 2007. Regional food culture and development. Asia Pac J Clin Nutr 16(s1):2-7.
- Wikipedia. Available from: Wikipedia.org. Wikipedia. Developed country. Available from: https://en.wikipedia.org/wiki/Developed_country. Accessed at Jan 20. 2021.
- Wilson JW. 2018. Meat Makes People Powerful: A Global History of the Modern Era. University of Iowa Press.
- Wong, K. 2016. Nutritional practices and predisposition towards aggression in Homo sapiens. J Clinic Nutr Diet 2(4):21-24.
- World Bank. International Monetary Fund World Economic Outlook.Available from: http://statisticstimes.com/economy/countries-by-gdp-capita.ph. Accessed at Oct. 2019.
- Worldometers. Current world population. Available from: https://www.worldometers.info/world-population/.
- Zaraska M. 2016. Meathooked: The History and Science of Our 2.5-Million-Year Obsession with Meat. Basic Books.
- Zhang, C., Maheswarappa, N.B., Jo, C., Sakata, R., Zhou, G., Benerjee, R., and Nishiumi, T. 2017. Tehcnological demands of meat processig - an asian perspective. Meat Science 132:35-44.
- 정경조. 2018. '밥과 빵' 주식(主食)문화가 낳은 한국과 서양의 문화 차이. 한국사상과 문화 94:309-335.

- 최성익. 2014. 인터페이스 디자인에 나타난 동양과 서양의 문화적 성향 연구. 한국디자인문화학회지 20(1):603-614.

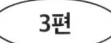

- Ali J, Pappa E. 2011. Understanding structural changes in global meat sector: a comparative analysis across geographical regions. 21st Annual IFAMA World Forum and Symposium. Frankfurt, Germany.
- Bizvibe blog. Available from: https://www.bizvibe.com/blog
- Cawthorn DM, Hoffman LC. 2014. The role of traditional and non-traditional meat animals in feeding a growing and evolving world. Animal Frontiers 4(4):6-12.
- FAO. 2020. Food Outlook. BIANNUAL REPORT ON GLOBAL FOOD MARKETS. FAO, Rome, Italy.
- FAOSTAT. 2020.
- Food and Agriculture Organization of the United Nations. The Gridded Livestock of the World Project. Available from: http://www.fao.org/livestock-systems/en/. Accessed at Nov 13. 2020
- Gladek E, Fraser M, Roemers G, Muñoz OS, Kennedy E, Hirsch P. 2017. The Global Food System: AN ANALYSIS. WWF Netherlands.
- Glovaltrade. Available from: https://www.globaltrademag.com/
- Gossner C, Danielson N, Gervelmeyer A, Berthe F, Faye B, Kaasik Aaslav K, Adlhoch C, Zeller H, Penttinen P, Coulombier D. 2016. Human–Dromedary Camel Interactions and the Risk of Acquiring Zoonotic Middle East Respiratory Syndrome Coronavirus Infection. Zoonoses 63(1):1-9.
- Nationmaster. Available from: https://www.nationmaster.com
- OECD/FAO. 2019. OECD-FAO Agricultural Outlook 2019-2028.
- Ritchie H, Roser M. 2019. Meat and Dairy Production. Available from: https://ourworldindata.org/meat-production. Accessed at Nov. 2019.
- Robinson TP, Wint GRW, Conchedda G, Van Boeckel TP, Ercoli V, et al. 2014. Mapping the Global Distribution of Livestock. PLoS ONE 9(5): e96084.
- Steinfeld,H.,Wassenaar,T., Jutzi,S. 2006. Livestock production systems in developing countries: status, drivers, trends. Rev Sci Tech 25(2):505-516.
- UNSIC. 2014. African Livestock Futures.
- Wollen TS, Bhandari DP. 2012. Sustainable Livestock Management for

Poverty Alleviation and Food Security. Cabi.
- World Economic Forum. 2019. Meat: the Future series Options for the Livestock Sector in Developing and Emerging Economies to 2030 and Beyond.

4편

- Adeyeye SAO. 2016. Quality and safety assessment of sun dried meat product (kundi) from Ibadan, Oyo state, Nigeria. Cogent Food Agric 2(1):1-12.
- Ajiboye AE, Kolawole OM, Oladosu TO, Adedayo MR, Akintunde JK. 2011. Studies on the microorganisms associated with dried meat (Tinko) sold in Ilorin, Nigeria. Africna J Microbiol Res 5(24):4150-4154.
- Anderson, J. 2013. The Empire Bites Back? Writing Food In Oceania. J Multidiscipl Int Study 10(2).
- Bacha K, Jonsson H, Ashenafi M. 2010. Microbial dynamics during the fermentation of wakalim, a traditional Ethiopian fermented sausage. J Food Qual 33(3):370-390.
- Bacha K, Mehari T, Ashenafi M. 2007. Microbiological study of wakalim, a traditional Ethiopian fermented sausage. Ethiopian J Biol Sci 6(2).
- Bacha K, Mehari T, Ashenafi M. 2011. Effects of lactic acid bacteria (LAB) on the survival and growth of some food-borne pathogens in fermenting wakalim, a traditional Ethiopian fermented beef sausage. Int J Food Saf Nutr Public Health 4(2-4):140–151.
- Benkerroum N. 2013. Traditional Fermented Foods of North African Countries: Technology and Food Safety Challenges With Regard to Microbiological Risks. Compr Rev Food Sci Food Saf 12(1):54-89.
- Burton, D. 'Food - Meat', Te Ara - the Encyclopedia of New Zealand. Available from: http://www.TeAra.govt.nz/e n/food/page-1. Accessed at Sep 5. 2013.
- Dabasso B, Makokha A, Onyango A, Roba H, Maina J. 2018. Process characterization and nutrient profiling of traditional meat products of the Borana communities in northern Kenya. MOJ Food Process Technol 6(2):230–235.
- Dabasso BG, Roba HG, Makokha A. 2018. Understanding Traditional Meat Processing Knowledge among the Borana Pastoralist of Northern Kenya.

Journal of Food Research 7(4): 30-42.
- de Noronha Vaz, T., Nijkamp, P. and Rastoin, J.L. 2009. Traditional Food Production and Rural Sustainable Development: A European Challenge. Ashgate Publishing Limited, London, United Kingdom.
- Dikeman M, Devine C. 2014. Encyclopedia of Meat Sciences. Academic Press. US.
- Eke MO, Ariahu CC, Okonkwo TM. 2012. Production and Quality Evaluation of Dambu-Nama - A Nigerian Dried Meat Product. NIFOJ 30(2):66–72.
- Faparusi SI.1981. Identity of Microorganisms from 'Khundi' - A Smoked Meat. Journal of Food Protection 44(8): 581-582.
- Fonkem DN, Tanya VN, Ebang AL. 2010. Effects of Season on the Microbiological Quality of Kilishi, a Traditional Cameroonian Dried Beef Product. Tropicultura 28(1):10-15.
- Gagaoua M, Boudechicha HR. 2018. Ethnic meat products of the North African and Mediterranean countries: An overview. Journal of Ethnic Foods 5(2):83-98.
- Gailani MB, Fung DY. 1989. Microbiology and Water Activity Relationship in the Processing and Storage of Sudanese Dry Meat (Sharmoot). Journal of food protection 52(1):13-20.
- Harry N. Abrams. 1996. The Great Book of Sausages. Anthony Hippisley Coxe.
- Hui YH, Nip WK, Rogers R, Young O. 2001. Meat Science and Applications. CRC Press. US.
- Hui YH. Evranuz EO. 2012. Handbook of Animal-Based Fermented Food and Beverage Technology. 2nd ed. CRC Press.
- Iheagwara MC, Okonkwo TM. 2016. Influence of Storage Duration on Stability and Sensorial Quality of Dried Beef Product (Kilishi). J Food Process Technol 7(4).
- Isam T. Kadim. 2013. Camel Meat and Meat Products. CABI.
- Italianbarrel. Who invented sausage?. Available from: https://italianbarrel.com/who-invented-sausage/. Kutas, R. 2008. Great Sausage Recipes and Meat Curing. The sausage maker, Inc.
- Jones MJ, Tanya VN, Mbofing CMF, Fonkem DN, Silverside DE. 2001. A Microbiological and Nutritional Evaluation of the West African dried meat product, Kilishi. The Journal of Food Technology in Africa 6(4):126-129.
- Jones MS. 2017. Profiling of traditional South African biltong in terms of processing, physicochemical properties and microbial stability during storage. Ph.D. thesis, Stellenbosch Univ. Montpellier, France.

- JonesI M, ArnaudII E, GouwsI P, HoffmanII LC. 2017. Processing of South African biltong - A review. South African Journal of Animal Science 47(6):743-757.
- Joshi, V.K. 2016. Indigenous Fermented Foods of South Asia. CRC Press.
- Kilic, B. 2009. Current trends in traditional Turkish meat products and cuisine. LWT - Food Science and Technology 42: 1581–1589.
- Kovács, A. and Zsarnóczay, G. 2007. Protected meat products in Hungary – local foods and hungaricums. Anthropol Food S2.
- Kristbergsson, K., Oliveira, J. 2016. Traditional Foods: General and Consumer Aspects. Springer.
- Kristbergsson, K., Otles, S. 2016. Functional Properties of Traditional Foods. Springer.
- Leroy, F., De Vuyst, L. 2016. Fermented meat products. In Encyclopedia of Food and Health. Academic Press.
- Leroy, F., Filip Degreef, F. 2015. Convenient meat and meat products. Societal and technological issues. Appetite 94:40–46
- Liicke, F.-K. 1994. Fermented meat products. Food Res Int 27:299-307.
- Mattielloa S, Caropreseb M, Crovettoc GM, Fortinad R, Martinie A, Martinif M, Parisie G, Russof C, Severinib C, Zecchinia M. 2018. Typical edible non-dairy animal products in Africa from local animal resources. Italian Journal of Animal Science 17(1):202–217.
- Meagher, S. 1975. The Food Resources of the Aborigines of the South-West of Western Australia. WA Museum Records and Supplements.
- Mukumbo FE, Arnaud E, Collignan A, Hoffman LC, Descalzo AM, Muchenje V. 2018. Physico-chemical composition and oxidative stability of South African beef, game, ostrich and pork droe¨wors. J Food Sci Technol 55(12):4833–4840.
- Nutrition Advance. 12 Types of Cured Meat: Traditional and Delicious Options. Available from: https://www.nutritionadvance.com/types-of-cured-meat/. Accessed at Aug 15. 2018
- Oladejo DA, Adebayo-Tayo BC. 2011. Moulds, Proximate Mineral Composition and Mycotoxin Contamination of Banda ("kundi"/ "tinko") Sold in Ibadan, Oyo State, Nigeria. AU J.T 15(1):32-40.
- RAI, A.K. 2008. Microbiology of Traditional Meat Products of Sikkim and Kumaun Himalaya. Ph.D. Dissertation, Kumaun Univ. India.
- Ratsimba A, Rakoto D, Jeannoda V, Andriamampianina H, Talon R, Leroy S, Grabulos J, Arnaud E. 2019. Physicochemical and microbiological characteristics of kitoza, a traditional salted/dried/smoked meat product of

- Madagascar. Food Sci Nutr 7(8):2666–2673.
- Reckem,E.V., Geeraerts, W., Charmpi, C., Van der Veken, D., De Vuyst, L. and Leroy, F. 2019. Exploring the Link Between the Geographical Origin of European Fermented Foods and the Diversity of Their Bacterial Communities: The Case of Fermented Meats. Front. Microbiol 10:02302.
- Rockland LB, Beuchat LR. 1987. Water Activity: Theory and Applications to Food. Marcel Dekker, Inc.
- Speth JD. 2017. Putrid meat and fish in the Eurasian middle and upper paleolithic: are we missing a key part of Neanderthal and modern human diet?. PaleoAnthropology. pp 44–72.
- Spyroua A, Maher LA, Martin LA, Macdonald DA, Garrard A. 2019. Meat outside the freezer: Drying, smoking, salting and sealing meat in fat at an Epipalaeolithic megasite in eastern Jordan. J Anthropol Archaeol 54:84–101.
- Tamang, J.P. and Kailasapathy, K. 2010. Fermented foods and beverges of the World. CRC Press.
- Tamang, J.P., Okumiya, K., Kosaka, Y. 2010. Cultural Adaptation of the Himalayan Ethnic Foods with Special Reference to Sikkim, Arunachal Pradesh and Ladakh. Himalayan Study Monographs 11:177-185.
- Tasteatlas. Top 100 MOST POPULAR EUROPEAN CURED MEATS. Available from: https://www.tasteatlas.com/. Accessed at 2020
- Tasteatlas. Top 100 Most Popular European Meat Products. Available from: https://www.tasteatlas.com/100-most-popular-meat-products-in-europe. Accessed at Jan 17. 2021. Toldrá, F.,Hui, Y.H., Astiasarán, I., Nip, W.-K., Sebranek, J.G., Silveira, E.-T. F., Stahnke, L.H. and Talon, R. 2007. Handbook of Fermented Meat and Poultry. Blackwell Publishing.
- Tasteatlas. Top 6 most popular North American meat products. Available from: https://www.tasteatlas.com/most-popular-meat products-in-north-america. Accessed at Jan 12. 2021
- Toldrá, F., Hui,Y.H., Nip,Wai-Kit, Sebranek, J.G., Silveira,Expedito-Tadeu F., Stahnke, L.H. and Talon, R. 2007. Handbook of Fermented Meat and Poultry. Blackwell Publishing.
- Toldrá F. 2014. Ethnic meat products Mediterranean. In: Encyclopedia of meat sciences. 2nd ed. Oxford: Academic Press. pp 550-552.
- Werikhe G, Kunyanga CN, Okoth MW, Roba HG. 2019. Status and process analysis of koche, a traditional pastoral meat product in Kenya. Pastoralism 9(1):6.
- Wikipedia. Fermentation in food processing. Available from: https://en.wikipedia.org/wiki/Fermentation_in_food_processing. Accessed at Jan

15. 2021. Yilmaz,I. and Velioglu, H.M. 2009. Fermented meat roducts. In Quality of Meat and Meat Products. Transworld Research Network. India.
- Zeng W, Wen W, Deng Y, Tian Y, Sun H, Sun Q. 2016. Chinese ethnic meat products: Continuity and development. Meat Sci 120:37-46.
- Zhou, G.-H., Zhao, G.-M. 2012. History and heritage of Jinhua ham. Animal Frontiers 2(4):62–67.
- 강석남 등. 2018. 식육과학 4.0. 유한문화사.
- 식품공전. 2020. 식품의약품안전처.
- 우야마 다쿠에이. 2018. 혈통과 민족으로 보는 세계사. 센시오.

5편

- Accessed at 2018. https://www.fb.org/market-intel/u.s.-food-expenditures-at-home-and-abroad
- Alexander P, Brown C, Arneth A, Dias C, Finnigan J, Moran D. and Rounsevell MDA. 2017. Could consumption of insects, cultured meat or imitation meat reduce global agricultural land use?. Global Food Security 15:22-32.
- Asgar MA, Fazilah A, Huda N, Bhat R., Karim AA. 2010. Nonmeat protein alternatives as meat extenders and meat analogs. Compr Rev Food Sci Food Saf 9:513-529.
- Beeby N. 2018. The future of meat. Summary report of beef+lamb New Zealand.
- Bhat ZF, Kumar S., Fayaz H. 2015. In vitro meat production: Challenges and benefits over conventional meat production. J Integr Agric 14:241-248.
- Bonny SPF, Gardner GE, Pethick DW., Hocquette JF. 2015. What is artificial meat and what does it mean for the future of the meat industry? J Integr Agric 14:255-263.
- Bryant C. and Barnett J. 2018. Consumer acceptance of cultured meat: a systematic review. Meat Sci 143:8-17.
- Cameron B., O'Neill S. 2019. State of the Industry Report: Plant-based Meat, Eggs, and Dairy. The Good Food Institute.
- D'Silva J, Webster J. 2017. The meat crisis: developing more sustainable and ethical production and consumption, 2nd ed. Routledge, Abingdon, UK. pp. 9-20.
- de Castro RJS, Ohara A, dos Santos Aguilar JG., Domingues MAF. 2018.

- Nutritional, functional and biological properties of insect proteins: Processes for obtaining, consumption and future challenges. Trend Food Sci Technol 76:82-89.
- de Smet S., Vossen E. 2016. Meat: The balance between nutrition and health. A review. Meat Sci 120:145-56.
- Deloitte. Capitalizing on the shifting consumer food value equation. Available from: https://www2.deloitte.com/content/dam/Deloitte/us/Documents/consumer-business/us-fmi-gma-report.pdf. Accessed at 2016. Dobermann D, Swift JA., Field LM. 2017. Opportunities and hurdles of edible insects for food and feed. Nutr Bull 42:293-308.
- Dobersek U, Wy G, Adkins J, Altmeyer S, Krout K, Lavie CJ, Archer E. 2020. Meat and mental health: a systematic review of meat abstention and depression, anxiety, and related phenomena. Crit Rev Food Sci Nutr 61(4):622-635.
- FAO. 2011. Global food losses and food wastes – Extent, causes an dprevention. Food and Agriculture Organization, Rome, Italy.
- Foer, J. S., 2009. Eating animals. Back Bay Books, New York.
- Grigg D. 1999. The Changing Geography of World Food Consumption in the Second Half of the Twentieth Century. Geogrph J 65(1):1-11.
- Hur SJ, Jo C, Yoon Y, Jeon JY., Lee KT. 2018. Controversy on the correlation of red and processed meat consumption with colorectal cancer risk: an Asian perspective. Crit Rev Food Sci Nutr 59:3526-3637.
- Kanerva, M. M. 2019. The role of discourses in a transformation of social practices towards sustainability: The case of meat eating related practices. Ph.D. dissertation, Universitat Bremen.
- Lawrence S., King T. 2019. Meat the Alternative: Austrailia's $3 Billion Dollar Opportunity. Food Frontier.
- MacLachlan, I. 2015. Evolution of a revolution: Meat consumption and livestock production in the developing world. In J. Emel & H. Neo (ed), Political ecologies of meat. Routledge, Abingdon, UK. pp 21-41.
- Markets and Markets. 2019. Cultured Meat Market by Source (Poultry, Beef, Seafood, Pork, and Duck), End-Use (Nuggets, Burgers, Meatballs, Sausages, Hot Dogs), and Region (North America, Europe, Asia Pacific, Middle East & Africa, South America) - Global Forecast to 2032. Available from: https://www.marketsandmarkets.com/Market-Reports/cultured-meat-market-204524444.html. Accessed at Sep. 2019.
- Markets and Markets. 2019. Plant-based Meat Market by Source (Soy, Wheat, Pea, Quinoa, Oats, Beans, Nuts), Product (Burger Patties,

Sausages, Strips & Nuggets, Meatballs), Type (Pork, Beef, Chicken, Fish), Process, and Region - Global Forecast to 2025. Available from: https://www.marketsandmarkets.com/Market-Reports/plant-based-meat-market-44922705.html. Accessed at 2019. Milford AB, Le Mouël C, Bodirsky BL, Rolinski S. 2019. Drivers of meat consumption. Appetite 141:104313.
- Kanerva, M. 2013. Meat consumption in Europe: Issues, trends and debates. SSOAR 1-59.
- Modlinska K, Pisula W. 2018. Selected psychological aspects of meat consumption – A short review. Nutrients 10:1301.
- Ourworldindata. Urbanization. Available from: https://ourworldindata.org/urbanization. Post MJ. 2012. Cultured meat from stem cells: challenges and prospects. Meat Sci 2:297-301.
- Rutenfrans L. 2015. Insects as a replacement for meat. Bachelor thesis, Wageningen UR.
- Smil V. 2013. Should we eat meat? Evolution and Consequence of Modern Carnivory. John Wiley & Sons, Ltd.
- Smil V. 2014. Eating meat: Constants and changes. Global Food Security 3(2):67-71.
- Statista. Degree of urbanization(percentage of urban population total population) by continent in 2020. Available from: https://www.statista.com/statistics/270860/urbanization-by-continent/. Accessed at 2020. Szejda K. 2019. Plant-based meat descriptor terms: Consumer perceptions. The Good Food Institute.
- TAPPC. 2020. Good news for climate change as world loses its taste for meat.
- Tubb C, Seba, T. 2019. Rethinking Food and Agriculture 2020-2030. RethinkX.
- Tudge, C. 2017. How to raise livestock and how not to.
- Whitnall, T., Pitts, N. 2019. Global trends in meat consumption. ABARES, ADA.
- Wikipedia. Urbanizartion. Available from: https://en.wikipedia.org/wiki/Urbanization. World Economic Forum. 2019. Meat: the Future series Alternative Proteins. White Paper.
- 이무하 등. 2018. 식육과학 4.0. 유한문화사.
- 김수희. 2017. 식용곤충산업의 현황과 전망. 세계농업 207:43-66.
- 김철재. 2005. 식물성 단백질을 이용한 육류대체식품의 개발. 동아시아식 생활학회 학술발표대회논문집 1:75-92.
- 농림축산식품부 한국농수산식품유통공사. 2018. 중국, UAE, 호주 육류대체식품 및

채식식품 시장현황.
- 동아사이언스. 억만장자 빌게이츠와 리처드 브랜슨은 왜 인공고기 사업에 투자했나. Available from: http://dongascience.donga.com/news.php?idx=25226. Accessed at Nov 24. 2018.
- 류정표. 2017. 세계 식용곤충 시장 및 가공기술 동향. 세계농업 207:25-42.
- 맹진수. 2016. 미래 식품의 대체 기술 동향: 배양육, 인공계란과 식용곤충을 중심으로. 융합연구리뷰 2:4-34.
- 블록체인AI뉴스. 배양육을 먹지 않으면 안되는 이유, 2050년 육류소비 3배 증가하여 배양육이 대안, 땅과 물 소비 98% 절감, 이산화탄소배출 96% 감소, 에너지소비 45% 절약. Available from: http://blockchainai.kr/client/news/newsView.asp?nBcate=F1008&nMcate=M1001&nScate=11&nIdx=30530&cpage=18&nType=1. Accessed at Feb 18. 2016.
- 식품음료신문. '비욘드미트' 국내 판매 뜨거운 관심...대체육 전망은? Available from: https://www.thinkfood.co.kr/news/articleView.html?idxno=83759. Accessed at Mar 26. 2019. 아시아경제. 2020년 '지속 가능한 식품'이 뜬다... '대체육'사업 힘 주는 기업들. Available from: https://www.asiae.co.kr/article/2019122708072977006. Accessed at Jan 2. 2020.
- 오승희. 2015. 배양육(In vitro meat)의 미래. Future Horizon 26:2-2.
- 이정민, 김용렬. 2018. 대체 축산물 개발 동향과 시사점. 농정포커스 1:1-24.
- 이현정, 조철훈. 2019. 세계 대체육류 개발 동향. 세계농업 223:51-71.
- 정종연, 조철훈. 2018. 식육 및 육가공 산업에서의 육류 대체 식품 및 소재의 활용. 축산식품과학과 산업 5:2-11.
- 한국경제. 식물성 고기 '베지 푸드'. Available from: https://www.hankyung.com/opinion/article/2017111363611. Accessed at Nov 14. 2017.

6편

- 2018 식품수급표. 한국농촌경제연구원. 2019.
- Kanerva, M. M. 2019. The role of discourses in a transformation of social practices towards sustainability: The case of meat eating related practices. Ph.D. dissertation, Universitat Bremen.
- Kim,Y., Je, Y. 2018. Meat Consumption and Risk of Metabolic Syndrome:Results from the Korean Population and a Meta-Analysis of

Observational Studies. Nutrients 10, 390.
- OECD. Meat consumption. Available from: https://data.oecd.org/agroutput/meat-consumption.htm. Accessed at 2020.
- Park,K., Son,J., Jang,J., Ryungwoo Kang,R., Chung, H.-K., Lee, K.W., Lee, S.-M., Lim,H., Shin, M.-J. 2017. Unprocessed Meat Consumption and Incident Cardiovascular Diseases in Korean Adults: The Korean Genome and Epidemiology Study (KoGES). Nutrients 9, 498.
- Shin,D.H., Chai,J.-Y., Hong,J.H., Seo,M. 2017. Historical Details about the Meat Consumption and Taeniases in Joseon Period of Korea. The Korean J Parasitol 55(4):457-460.
- Statista. Meat market in south korea - statistics & facts. Available from: https://www.statista.com/topics/5758/meat-industry-in-south-korea/. Accessed at Aug 28. 2020.
- 국가농식품통계서비스. 2021. 1인당 연간 축산물소비량. Available from: https://kass.mafra.go.kr/kass/ka/main.do.
- 급식뉴스. 식료품, 외식 소비행태가 바뀐다. Available from: http://m.newsfs.com/news/articleView.html?idxno=18627. Accessed at Jan 7. 2020.
- 대니엘 예긴. 2021. 뉴맵. 리더스북.
- 성경일, 윤은숙, 배재홍, 최홍열, 김경희, 백영태, 김지융. 2017. 한우와 한반도 육식문화의 변천사 및 한민족의 정체성. 한우자조금조사연구용역보고서.
- 이규진, 조미숙. 2012. 근대 이후 한국 육류 소비량과 소비문화의 변화-쇠고기·돼지고기를 중심으로. 한국식생활문화학회지 27(5):422-433.
- 이준정. 2011. 사육종 돼지의 한반도 출현시점 및 그 사회경제적, 상징적 의미. 한국고고학보 79: 131-174.
- 조선비즈박지환. 추락하는 육류 자급률... 돼지고기 수입 증가가 가장 큰 원인. Available from: https://biz.chosun.com/site/data/html_dir/2019/03/28/2019032801323.html. Accessed at Mar 28. 2019.
- 조영규, 강재헌. 2017. 저탄수화물 식사의 효과와 안전성. J Korean Med Assoc 60(1):40-46.
- 이무하 등. 2018. 식육과학 4.0. 유한문화사.
- 축산물품질평가원. 2020. 축산물등급판정. Available from: https://www.ekape.or.kr/contents/list.do.
- 통계청. 2020. 2019 장래인구특별추계를 반영한 내외국인 인구전망:2017-2040.
- 한국식육과학연구회. 2018. 식육과학. 선진문화사.
- 한국육류유통수출협회 Available from: http://www.kmta.or.kr

"Food is the best way to teach history and geography and most everything else."
- Mark Kurlansky

음식은 역사와 지리 및 그 외 모든 것을 가르칠 때 가장 좋은 소재이다.

"My mother has taught me that food is a universal passport. Whatever the constraints of language, culture or geography, food crosses over all boundaries. To offer food is to extend the hand of friendship; to accept is to be accepted into the most closed of communities. I"
- Joanne Harris

어머니께서 음식은 전 세계를 갈 수 있는 여권이라고 말씀하셨다.
언어, 문화, 지역의 한계가 어떻든 간에 음식은 국경을 넘나든다.
음식을 제공하는 것은 우정의 손을 내미는 것이고, 음식을 받아들이는 것은 내가 공동체의 가장 폐쇄된 곳에 받아들여지는 것을 의미한다.

The Meat
지리와 문화의 관점으로 보는
고기의 역사

글쓴이들	남기창, 이무하, 장애라, 조철훈
펴낸이	하광옥
기획	김재민
디자인	조혜정
제작	금강기획인쇄

초판 1쇄 2022년 5월 10일 펴냄

펴낸곳	팜커뮤니케이션(협동조합 농장과 식탁)
	출판등록 제 2018-000122 호(2015. 7. 3)
주소	서울특별시 서초구 서초대로64길 55 201호(서초동, 준원빌딩)
전화번호	편집부(070.5101.6741) 영업부(070.5101.6740)
팩스	070.8240.7007
이메일	farmtable5@daum.net

ISBN 979-11-957265-3-0 부가기호 03300

책값은 뒤표지에 있습니다.
잘못된 책은 바꾸어드립니다.

이 도서의 국립중앙도서관 출판시도서목록(CIP)은
서지정보유통지원시스템 홈페이지(http://seoji.nl.go.kr)에서 이용하실 수 있습니다.

팜커뮤니케이션은 독자여러분의 책과 관련한 아이디어와 원고투고를 열린 마음으로 기다리고 있습니다.
책 출간을 원하시는 분은 도서기획서(기획의도, 목차, 저자소개)와 샘플원고를 이메일 farmtable5@daum.net 로 보내주세요.
도서출간 머뭇거리지 말고 도전해 주세요. 전문가들이 도와 드리겠습니다.